Eigenverlag

Claudia & Walter Lämmermeyer

SCHICHTBLICK

2. Auflage, 2017
1. Auflage, 2013
Claudia & Walter Lämmermeyer

SCHICHTBLICK

© Engelalm Lämmermeyer OG, 2013

Gestaltung und Layout: Steinerei (www.steinerei.at)
Steinfotografien: Walter Lämmermeyer
Makrofotografien: Karola Sieber (www.makrogalerie.de)

Herstellung: Eigenverlag
Lektorat: Sophie Kübler, Jürgen Huprich
Druck und Bindung: Finidr
Alle Rechte vorbehalten

ENGELALM Eigenverlag
Brückenstraße 5
5110 Oberndorf
Österreich

www.schichtblick.at
post@schichtblick.at

ISBN 978-39503104-2-9

Hinweis des Verlags:
Die Angaben in unserem Buch sind nach bestem Wissen und Gewissen recherchiert und zusammengestellt, dennoch erfolgen alle Angaben ohne Gewähr. Wir übernehmen keinerlei Haftung für etwaige Schäden durch die in diesem Buch vorgestellten Anwendungen. Diese ersetzen nicht den Besuch beim Facharzt/Fachärztin. Holen Sie sich bei Erkrankungen Rat bei Fachmenschen und respektieren Sie die Grenzen der Selbstbehandlung.
Bleiben Sie in Ihrer Selbstverantwortung.

INHALTSANGABE

KAPITEL A – WISSEN

Der Doktor wird's schon richten	6
Die Schichtblick-Methode	9
Die Schichten des Menschen	13
Schwingung und Resonanz	15
Heilen verboten	18

KAPITEL B – WEGE

Viele Wege führen nach Rom	20
Orakel und Orakelkarten	21
Rund ums Kartenziehen	24
Legesysteme mit den Engelalm Orakelkarten	27

KAPITEL C – WERKZEUGE

Warum Werkzeuge?	42
Edelsteine	43
Edelsteinessenzen	51
Aromatherapie	61
Affirmationen	70
Symbole	71
Erzengel	75

KAPITEL D – DIE STEINSEELCHEN

Steinseelchen	79
Die 33 Schichtblick Steinseelchen	84

KAPITEL E – DIE KARTEN

Themenkarten von A-Z	150
Erzengelkarten	216
Chakrakarten	232

DAS VORWORT ERGREIFT DAS WORT

Sehr geehrte und geschätzte Leserschaft! Ich, das Vorwort darf einige Worte vor dem eigentlichen Buch an Sie richten. Autorin und Autor **Claudia und Walter Lämmermeyer** planten eine kleine, praxisnahe Broschüre über den Umgang mit den Engelalm Produkten und deren Anwendung zu schreiben. Damals war noch gar keine Rede von mir, denn für ein kleines Praxishandbuch braucht es solche Dinge wie Vorwörter meistens nicht. Nun bin ich aber da! Dies bedeutet, dass aus den ursprünglichen 60 Praxisblättern nun ein über 250 Seiten umfassendes, sehr spannendes, interessantes und sinnliches Buch wurde. Natürlich benötigt dies ein Vorwort. Ein Vorwort, das nichts über den Inhalt verrät, Sie aber trotzdem neugierig macht.

Gemeinsam haben Claudia und Walter mit großer Geduld **ausprobiert**, in Gruppen **getestet** in Kursen **geschult**, **abgeändert** und noch einmal ausprobiert. **Zusammen entwickelten** sie die **Anwendung** und **Umsetzung der Schichtblick-Methode**. Beide mit den **eigenen Kompetenzen**. Claudia als stetig und manchmal überschäumende **Quelle** und Walter als ordnendes, strukturgebendes **Bachbett**. Sie ist die Plaudertasche mit bunten Patchwork-Stoffen und er ist der dezente, stützende Innensaum, der den Rahmen gibt. Claudia hat keine Geduld für Belichtung und Fototechnik, Walter liebt den schrittweisen Weg zum perfekten Steinbild. Claudia arbeitet in der eigenen Beratungspraxis und unterrichtet, Walter leitet Produktion und Vertrieb und hält Kontakt zu den vielen TherapeutInnen und HändlerInnen der Engelalm Produkte.

Im Buch ist **Claudia** das **ICH** und gemeinsam mit **Walter** das **WIR**. Und **Sie** sind für die Beiden ein **DU**. Denn das möchten die Beiden gerne – **per DU** mit Ihnen sein. Ich hoffe, dass macht Ihnen nichts aus? Außerdem gab es Diskussionen über die Gleichbehandlung der Geschlechter im geschriebenen Wort. Leider gibt es keine elegante Lösung dafür. Die Autoren mussten mit Krücken arbeiten. In diesem Buch werden – soweit verständlich – **geschlechtsneutrale Begriffe** verwendet. Wenn dies seltsam anmutet, wird die weibliche Form gewählt und wenn es wirklich um männliche Begriffe geht, wird das auch so ausgedrückt. Außerdem legt das Autorenpaar großen Wert auf Authentizität und wählt einen direkten und ehrlichen Schreibstil.

Ich wünsche Ihnen viel Muße und Zeit für das Lesen dieses wundervollen Buches!

Ihr Vorwort

EINFÜHRUNG

Menschen sind **ganzheitliche** Wesen. Untrennbar ist unsere **Psyche** mit dem **Geist** und dem **Körper** verbunden. Führen wir ein glückliches und gesundes Leben bemerken wir diese Aufteilung meistens nicht. Erst bei einer **Krankheit** oder bei anderen **Schieflagen** unseres Seins beginnt die Suche.

Wir beheben das **Symptom**, lösen das Problem und alles ist gut! Meistens allerdings nur für kurze Zeit. Plötzlich ist es **schon wieder schwierig.** Das Symptom, die Krankheit, der falsche Mann, die falsche Frau, das fehlende Geld, das gleiche Problem… ist schon wieder da. Und wir verstehen es nicht. **Wir haben nicht gelernt, nach den Ursachen zu fragen und in die einzelnen Schichten zu blicken.**

Daher machen wir das, was wir gelernt haben. Im guten Glauben beheben wir das Symptom. Und bleiben damit an der Oberfläche. Wieder und wieder beginnen wir von vorn. Die einen sagen dann: „Einfach Pech" und ergeben sich in die **Ausweichlichkeiten** ihres Lebens.

Aber immer mehr fragen *„Warum ist es immer wieder das Gleiche?"*. Für diese Warum-Fragenden haben wir die Schichtblick-Methode entwickelt. Auch wir sind Fragende (immer wieder) und darum sind auch wir mit den oberflächlichen Antworten nicht zufrieden.

Wenn auch Du **genauer hinschauen** willst, wenn auch Du genug hast von den fehlenden Antworten im Außen, dann finde mit der Schichtblick-Methode **Deine Antworten schichtweise in Deinem Innen!**

Wenn Du Hintergründe und Ursachen Deiner Krankheit erkennen willst. Wenn Du wirklich wissen willst, **was** dahinter steckt. Wenn Du nachhaltig Deine Probleme lösen willst und Dir Fragen stellst wie: *„Bin ich unglücklich weil ich krank bin oder werde ich erst krank weil ich unglücklich bin? Bin ich beziehungslos, weil ich mir selber nicht gut genug bin oder fühle ich mich einsam, weil ich keine Partnerin / keinen Partner habe? Scheitere ich im Beruf weil ich so unzufrieden bin oder werde ich erst durch meinen beruflichen Frust so energielos?"*. Dann hast Du das **richtige Buch** gewählt. Dieses Buch mit seinen **Wegen** und **Werkzeugen**, wertvollen **Tipps** und **Anleitungen** wird Dich von Deinem ersten bis zum letzten Schritt bei Deiner individuellen Persönlichkeitsentwicklung begleiten.

Die Methode ist **leicht verständlich**, die **Werkzeuge** und Tipps sind **einfach anzuwenden**. Du brauchst nur den ersten Schritt zu machen. Und wenn Du Dich wirklich auf diesen Weg begibst, dann führt er Dich zu einem **nachhaltigen, glücklichen und gesunden Sein**.

Edelsteine und **Ätherische Öle** begleiten die Arbeit für Körper und Seele. **Orakelkarten, Legesysteme** und **Affirmationen** verhelfen Deinem Geist zu Wissen und Erkenntnis. **Symbole** und **Steinseelchen** verbinden Dich mit Deiner spirituellen Kraft und die **Engelalm Edelstein Essenzen** unterstützen Dich bei jedem Schritt.
Sinnliche Blütenbilder, ausdrucksstarke Mandalas und tiefgehende Makrobilder entführen Dich in die zauberhafte Bilderwelt der **Erzengel**, **Chakren** und **Steinseelchen**.
Der Weg über die **Orakelkarten** führt Dich zu Deinen unbewussten Anteilen. Du wirst über die ausführlichen Erklärungen die Botschaften Deiner Seele gut erkennen. Du erhältst **neue Perspektiven** und **Lösungen**.
Die SCHICHTBLICK-Methode – die **Schatzkiste** für Deine **persönliche Entwicklung!** Wenn Du **beratend** tätig bist, wird Dir diese Technik neue Türen für die Arbeit mit KlientInnen öffnen.

Wir wünschen Dir **Selbstliebe** und **Entscheidungsfreude** für den ersten Schritt!
Wir wünschen Dir **Mut** und **Durchhaltevermögen** um auf dem Weg zu bleiben!
Und wir wünschen Dir viel **Freude**, **Neugierde** und auch viel **Spaß** beim Lesen und Schichtblicken!

Claudia und Walter Lämmermeyer

Der (Roh-)Diamant steht für die Themen Selbsttreue und Charakterstärke.
Er gibt uns Kraft und Klarheit!

KAPITEL A
WISSEN

DER DOKTOR WIRD'S SCHON RICHTEN

In unserer Gesellschaft wurden und werden wir mit einem **maschinellen Körperbild** erzogen. Das Herz als Pumpe, die rostenden Gelenke, verstopfte Leitungen, Lungenpatschen... So leben wir mit dem Bild, dass uns bei Krankheiten nur der **Arztmechaniker** mit seinem **Ersatzteillager** aus der Patsche helfen kann. Wir vertrauen seiner Begutachtung. Egal wie kaputt wir unsere Maschine gemacht haben – wir hoffen, der Arzt, die Medizinerin, die Therapeutin können das schon wieder reparieren.
Wir haben gelernt, dass wir für diese Arbeit **Fachleute** brauchen. Wir selber können nichts machen.
Das stimmt natürlich für den Bereich der invasiven Medizin (z.B. Operationen) aber auch hier müssen wir umlernen und **Selbstverantwortung** übernehmen – auch wenn es auf den ersten Blick etwas unbequem erscheint. Wenn wir verstehen, dass letztendlich immer nur **wir selber uns heilen können**, dann haben wir unsere Eigenverantwortung erkannt und sind erstmals wirklich auf dem Weg der Heilung.

Nicht nur das in der Gesellschaft manifestierte Bild der allmächtigen „Reparaturgötter in Weiß" sondern auch unsere **frühen Defizite** der Kindheit halten uns unbewusst klein. Wir glauben, dass die Medizin alles richten kann und wenn diese mit ihrem Latein am Ende ist, gibt es ja noch Wunderheiler. Wir wünschen uns den guten **Papa-Doktor**, der alles kann oder die gute **Heiler-Mama**, die alles weiß. Wir vertrauen den Heilsversprechungen von **Superguru**, **Traumarzt** und **Wunderheilerin** und fühlen uns selber unfähig und klein. Egal ob traditionell oder alternativ – oft lautet deren elitäre Botschaft: „Nur **wir** können und dürfen heilen!". Und wir glauben ihnen und geben sämtliche Verantwortung ab. Wir fühlen uns **ohnmächtig** und glauben nichts zu können und zu wissen. Wir bemerken in diesen Momenten nicht, was unbewusst passiert. Einerseits treffen wir im **Außen** – in unserer Welt auf die exklusive Heilerschaft aller Lager und andererseits sind wir im **Innen** mit unseren alten unerfüllten Wünschen an Mutter oder Vater konfrontiert. Beides gemeinsam löst in uns vielleicht ein Gefühl von Inkompetenz, Einsamkeit und Ohnmacht aus.

 Ein Beispiel
Stell Dir folgende Szene vor. Du bist beim Mediziner weil Du massive **Bauchschmerzen** hast. Schon als Kind hattest Du immer wieder unter Bauchschmerzen zu leiden, aber Deine Eltern stellten nie die Frage „warum" sondern gaben Dir nur Kamillentee. Nicht, dass Kamillentee nicht gut für den Bauch wäre, aber meistens ist bei Kindern der körperliche Schmerz nur ein Teil der Beschwerden. Du konntest Dich nicht mehr erinnern, aber bereits als

Kind hattest Du aus **Einsamkeit** Bauchweh und wolltest „eigentlich" nur in den Arm genommen werden. So bliebst Du mit Deinem Schmerz und dem Kamillentee alleine. Du hast Trauer, Schmerz, Verlassenheit und Zorn verdrängt und wurdest irgendwie wieder gesund. Seit dieser Zeit wurden Deine Bauchschmerzen (unbewusst) zu einem Hilfeschrei bei Einsamkeit. Immer wenn Du Dich alleine fühltest im Kindergarten, in der Schule, in Deinen ersten Beziehungen – schon kamen sie wieder – die Bauchschmerzen. Nie wurde genauer hingeschaut. Vor allem nicht das erste Mal als Du klein warst. Und genau mit diesem Bauchweh sitzt Du heute wieder beim Arzt, der weder Zeit noch oftmals die Kompetenz hat ganzheitliche Fragen zu stellen. In seiner Zeitnot verschreibt er Dir Magentabletten und Du fühlst Dich wieder nicht gehört. Und die nächste Runde beginnt...

Noch ein Beispiel gefällig?
Stell Dir einmal folgende Situation vor: Du gehst wegen einer **Operation** in das Krankenhaus. Sagen wir mal, es ist keine akute Situation. Es muss einfach etwas gerichtet werden. Am Donnerstag wirst Du operiert und am Mittwoch wirst Du im Krankenhaus erwartet. Es ist Mittwoch und kaum hast Du das Krankenhaus betreten, steckt Dich die nette Krankenschwester in ein den Po nicht verdeckendes hellblaues Kleidchen. Und obwohl Du noch (fast) ganz heil ankommst, wirst Du sofort in Dein Bett gesteckt und wenn die Uhrzeit stimmt, bekommst Du auch gleich ein Tablett mit Schonkost an Dein Bettchen gestellt.

Und das alles kommt uns nicht eigenartig vor. Dieses Verhalten ist ja üblich und normal. Und schon gar nicht bemerken wir, dass es uns vielleicht sogar gefällt, wie ein Kind behandelt zu werden (natürlich unbewusst) und wir haben ja auch gar keine andere Wahl. Oder? Könnten wir sagen: *„Liebe Schwester, lieber Doktor können Sie einfach ambulant die Untersuchungen machen, die für meine Operation notwendig sind, mir ein Verhaltensblatt mitgeben und dann schlafe ich noch einmal Zuhause. Ich komme dann morgen rechtzeitig zur Operation. Damit spare ich dem Gesundheitssystem Geld, Ihnen Arbeit und mir eine Nacht als gesunder Mensch im Krankenhaus!".* Wie hört sich das an? Was glaubst Du wird die Antwort sein? Wie oft müssten Menschen diesen Wunsch äußern, damit ihm nachgegangen wird? Aber meistens denken wir solche Dinge gar nicht einmal.

Auch Dr. Hüther von der Uni Göttingen schreibt im Deutschen Ärzteblatt *„Wie soll ein Mensch nun auf einmal Verantwortung für seine eigene Gesundheit übernehmen, wenn ihm bisher alle Verantwortung dafür abgenommen wurde!"*

Das bedeutet wir müssen wieder lernen Verantwortung zu übernehmen. Und auch den Mut haben, hinter die Kulissen zu schauen und erkennen, dass auch eine ehrenwerte Disziplin wie die klassische Medizin ihre Schatten hat. Wenn wir uns erlauben dort hinzuschauen, dann kann es sein, dass wir uns plötzlich sehr verlassen und einsam fühlen. Wir erkennen vielleicht, dass die Superdisziplin der Weißmäntel leider bei weitem nicht so perfekt ist, wie sie sich uns meistens darstellt.

Jörg Blech schreibt in seinem Buch „**Heillose Medizin**", dass uns Laien die negativen Seiten der „Schattenmedizin" verborgen bleiben, da die meisten unnützen Operationen und Medikamentenverordnungen ohne gravierende Spätschäden passieren oder zumindest dann nicht mehr damit in Verbindung gebracht werden können. Wenn wir dann noch erfahren, dass die meisten Ärzte die Standardbehandlungen der Medizin für sich selber und für ihre Angehörigen ablehnen wird uns klar, dass es sich um mächtige Schatten handeln muss.

Unser Wunschdenken nach den guten und allwissenden Arzt-Eltern lässt die Idee gar nicht zu, dass hier falsche Entscheidungen getroffen werden könnten. Und wir erfahren auch nicht, dass Behandlungsformen, die heute häufig angewendet und in den Himmel gelobt, morgen oftmals schon als Irrtum abgestempelt werden. Es gibt hier keine allgemeingültige und für alle geltende Wahrheit - das müssen wir einfach so hinnehmen. Die Medizin quillt über vor Pleiten, Pech und Pannen. Wie in jeder anderen Fachrichtung wäre hier der gesunde Blick nach Hinten notwendig, um diese Irrtümer zu erkennen und zu verändern.

Nur 325 verschiedene Wirkstoffe hält die Weltgesundheitsorganisation (WHO) im Gesundheitsbereich für wirklich relevant und unentbehrlich. Weißt Du wie viele Arzneimittel in Deutschland am Markt sind? Es sind ca. 50.000 verschiedene Produkte! **Die Pharmaindustrie will leben**. Und wenn wir uns so manche Studie genauer anschauen, erklärt der Blick auf die Geldgeber die Resultate der Studie. Hier wird schön gerechnet, es werden Daten weggelassen und Aussagen verdreht.

Auch das **Verschieben von Grenzwerten** bei Untersuchungen macht plötzlich ein ganzes Volk krank. Ganz überraschend hat dann die beschwerdefreie Normalpatientin einen doch etwas zu hohen Blutdruck und sollte unbedingt die Blutdrucksenker nehmen (die der Pharmavertreter ganz zufällig in der Vorwoche da gelassen hat). Und wenn irgendwann später der statistische Normwert doch wieder gesenkt wird, hat die Pharma-Industrie schon fleißig an den Medikamenten verdient.

Auch im Bereich der vielen **Operationen** die jährlich gemacht werden - ob nun an den Bandscheiben oder am Knie - vieles wird heute schon sehr kritisch diskutiert. Meistens wird von alternativen Orthopäden bei einem Bandscheibenproblem „Warten" als die effizienteste Methode empfohlen. Denn nahezu 80% der Kreuzgeplagten ging es schon nach 2 Monaten ohne Behandlung deutlich besser (und nach einem Jahr ohne ärztliche Behandlung waren es bereits 99%).

Du denkst, wir möchten Dir Angst machen? Nein! Aber wir möchten Dich aufrütteln und einladen eine selbstsichere Patientin, ein denkender Klient zu werden und sowohl Diagnosen, Medikamentenverordnungen oder auch Überweisungen zu Operationen kritisch zu hinterfragen.

Wir wünschen Dir, dass Du Dich nicht abspeisen lässt von kühlen Blicken und unleserlichen Rezepten. Sei mutig und stelle die richtigen Fragen. Eine der richtigen Fragen ist immer die **FRAGE nach dem WARUM**!
Und egal ob nun im körperlichen, seelischen, mentalen oder spirituellen Bereich – wir gehen davon aus, dass **DU** Verantwortung übernehmen willst und auch die Antworten hören willst.

Verantwortung übernehmen bedeutet, dass wir (egal welche Hilfe wir uns holen) in der **eigenen Verantwortung** bleiben. Lassen wir uns doch nicht von unseren Schatten in kindhaftes Sein und Tun drängen, sondern schauen erwachsen und mutig, was wir brauchen, um heil zu werden. **Hilfen und Werkzeuge** gibt es viele am Markt. Aber Dich als ganzheitliches Wesen mit Körper, Geist, Seele und Spirit und dem Wissen für Dein allerhöchstes Wohl gibt es nur ein einziges Mal auf dieser Welt! **Also gehe achtsam mit Dir um und lerne auf Dich zu hören und genauer hinzusehen!**

DIE SCHICHTBLICK-METHODE

Schichtblick bedeutet, dass wir **genauer hinschauen.** Wir schauen dahinter, wir schauen darunter und auch dazwischen und fragen immer wieder **WARUM**. Warum sind wir krank, warum passiert uns das oder das? Warum werden wir vom Schicksal so schwer getroffen?
Wir verwenden in der Schichtblick-Methode **33 Themen**, die uns mögliche **Antworten** auf diese Fragen geben können. 33 Themen des Lebens, denen wir alle irgendwann immer wieder in unserem Leben begegnen. Wir können tatsächlich sagen, dass sich unser Leben um diese 33 Themen dreht. Es sind nicht mehr – es sind aber auch nicht weniger. Und jedes der Themen kommt **immer wieder**. Wir entdecken immer wieder **neue** Tiefen und Betrachtungsweisen des jeweiligen Bereiches. Wir erkennen einen Teil, wandeln ihn und leben danach ein wenig glücklicher als vorher. Das ist der Sinn und Zweck unserer Übung. Es ist wie bei einer Wanderung bei der wir stetig ansteigend den Berg umrunden.

Wir kommen immer an den gleichen Stellen vorbei, aber höher und näher am Ziel. So gehen wir Runde für Runde in **achtsamer Selbstbetrachtung** und **Entwicklung**. Wir gehen so lange, bis wir alle Themen erledigt haben und während des Gehens werden wir bereits immer **glücklicher** und **zufriedener**. Schichtblick bedeutet nicht, dass sich alles sofort erledigt. Schichtblick bedeutet, dass Du Dir Schicht für Schicht näher kommst. Die schwierigste Etappe ist immer der **Beginn**. Bis wir unser Ego einmal soweit haben, dass es alle Widerstände bleiben lässt, vergeht manchmal viel Zeit. Egal in welchem Lebensalter Du bist, wichtig ist nur, dass Du beginnst.

Mit der Schichtblick-Methode können wir **in unserem Tempo**, mit einer praktischen **Anleitung** und tollen **Werkzeugen** unseren eigenen Weg gehen.

Warum sollten wir überhaupt auf den Berg gehen? Wir müssen ja nicht! Aber wenn wir unglücklich sind oder noch glücklicher werden wollen, dann sollten wir starten. Wir wollen ja **gesund**, **glücklich** und **zufrieden** sein. Unser Wunsch ist es störende, hemmende **Blockaden** und **Hindernisse**, die unserem Glück entgegenstehen, zu **erkennen** und **aufzulösen**.

Nicht immer ist uns auf den ersten Blick die Ursache einer Blockade bewusst und wir kommen in unserer Entwicklung nicht weiter. Wir sagen dann solche Sachen wie: *„…ist nur mal Pech gewesen… kann ja mal passieren…. hat mich halt einfach erwischt…."* und nehmen schicksalsergeben unsere Krankheit, unsere schwierigen Verhältnisse in Kauf und leben damit. Und hier haben wir leider unser **Teufelchen** auf der Schulter sitzen. Unser **Ego** will keine Entwicklung machen. Das Ego ist ein Teil von uns, der bewahrend, schützend und stabilisierend wirkt. Also grundsätzlich ganz nette Qualitäten mitbringt. Aber Entwicklungsschritte sind für Egos kaum auszuhalten. Das hört sich komisch an, aber es ist wahr. Egos haben furchtbaren Stress mit Veränderung. Sie fühlen sich wohl, wenn etwas so ist wie es ist – auch wenn es das „bekannte Unglück" ist. Sie würden sich auch im totalen Glück wohlfühlen, das ist nicht das Problem. Die Schwierigkeit ist der Weg dorthin. Wenn das Alte verlassen wird und das Neue noch nicht da ist. Diesen Zwischenbereich scheut das Ego, es will keine Unsicherheit, keine Verletzlichkeit, keine Instabilität und schon gar nicht Entwicklungsschmerz.

Manchmal nennen wir unser Ego auch unseren **„inneren Schweinehund"**. Gerne versteckt es sich auch hinter Sprüchen wie: *„Ach so ein Quatsch, das glaube ich überhaupt nicht."* oder *„Nein, das probiere ich einfach nicht aus…"* oder *„… lass mich doch endlich mit diesen Sachen in Ruhe…!"* Das sind typische Egosprüche. Aber wir können das Ego immer wieder liebevoll an die Hand nehmen und ihm Mut zusprechen. Wir können sagen: *„Komm liebes Ego, auch wenn wir im ersten Moment glauben das ist Blödsinn, probieren wir es doch einfach!"* Damit können wir das Ego locken. Es ist nämlich trotz aller bewahrenden Qualitäten sehr **neugierig**. Diese Neugierde nutzen wir. Auch wenn das Ego von Blödsinn redet, ist es doch irgendwie immer wieder fasziniert von der Welt der unbewussten Resonanz, ob nun in Orakelkarten oder in bedeutsamen Zufällen.

Wenn wir uns nun auf den Weg machen, hilft die Schichtblick-Methode dabei unseren Blick zu schärfen und die wahren Ursachen unserer Schwierigkeiten klarer zu erkennen. Wir beginnen mit dem Blick in die Schicht in der sich das Problem oder Symptom zeigt und dann hören wir nicht auf WARUM zu fragen – bis wir die Lösung und die wirkliche Ursache erkannt haben.

Wir können die Methode anwenden wenn wir bereits **Probleme** haben und sich Symptome zeigen oder einfach weil wir uns zu einem **neuen Entwicklungsschritt** entschließen. Hier ein kleines Beispiel für die Möglichkeiten der Schichtblick-Methode mit den Orakelkarten.

> **Susanne hat sich zum wiederholten Mal das Knie gestoßen.**
> Wenn ihr Ego sagt: „Na, so ein Pech aber auch!" dann wird vielleicht nichts weiter passieren außer, dass sich Susanne vielleicht viele weitere Male das Knie verletzen wird. Oder den Arm? Susanne kann sich aber auch denken: *„Irgendwie stimmt da was nicht, warum tue ich mir so oft weh?"*. Und mit der Schichtblick-Methode hat sie die Möglichkeit mit vier gezogenen Karten auf die Frage eine Antwort zu bekommen: „WARUM VERLETZE ICH MIR SO OFT MEIN KNIE?"

Sie zieht also vier Karten und kann sich damit die folgenden Fragen beantworten:

MENTALE SCHICHT
Warum verletze ich mich immer am Knie - was hilft mir, dies zu erkennen?
Welche Affirmationen kann ich einsetzen?
Welche Edelsteinessenz gibt es für die geistige Schicht?

EMOTIONALE SCHICHT
Wie fühle ich mich, wenn ich mich verletze - was hilft mir?
Welches Edelsteinwasser unterstützt mein Gefühlsleben?
Welcher Duft hilft mir im seelischen Bereich?
Welche Edelsteinessenz gibt es für die seelische Schicht?

STOFFLICHE SCHICHT
Welcher Edelstein hilft mir beim blauen Fleck?
Welches ätherische Öl hilft mir beim blauen Fleck?
Welches Chakra betrifft das und welche Hilfen gibt es?
Welche Edelsteinessenz gibt es für die körperliche Schicht?

SPIRITUELLE SCHICHT
Wie finde ich über Meditation zu Glauben und Vertrauen?
Welche Symbolwelt hilft mir in die Anbindung?
Welche Edelsteinessenz gibt es für die spirituelle Schicht?
Welches Steinseelchen hat Botschaften für mich?

Wir wissen jetzt natürlich nicht, welche Karten sich Susanne gezogen hätte, aber verstehst Du, welche Möglichkeiten Du mit Deinen Fragen hast?
Mit der Schichtblick-Methode erstellen wir sozusagen **energetische Diagnosen** der einzelnen Schichten und wenden für den **Entwicklungsprozess** die einzelnen Werkzeuge zur Unterstützung an. Der Vorteil von Schichtblick ist, dass wir alle Entsprechungen eines Themas beleuchten - auch die von denen wir glauben, sie hätten nichts mit der aktuellen Situation zu tun.

So wie wir das Teufelchen (unser Ego) auf der Schulter haben, sitzt auch unser Engelchen bei uns. Unsere Seele, unser höheres Selbst, unsere innere Heilkraft, unsere innere Göttin - wie auch immer Du diesen Bereich nennen magst. Und diesen göttlichen Bereichen nähern wir uns sehr gut über unser Unbewusstes.

- Wir **sind ganzheitliche Wesen** und bestehen aus vielen **Schichten** (Körper, Seele, Geist, Spirit).

- Wir haben **eine höchste, göttliche Instanz IN uns**, die **heilen** kann (Selbstheilung, Gott…) und können zu dieser **göttlichen Quelle** mit Hilfe von **Werkzeugen** über **Boten** Kontakt auf nehmen
    - **Die Körperboten sind die Symptome unseres Körpers (Krankheiten, Schmerz…)**
    - **Die Seelenboten sind unsere Gefühle**
    - **Die Geistesboten sind unsere Erkenntnisse**
    - **Die Spiritboten sind unser Wissen**

- Es gibt **keine Zufälle**, alles hat für uns eine Bedeutung wenn es in unser Leben kommt.

- Wir sind auf der Welt um **überglücklich** und **total gesund** unser Leben zu genießen. Dafür brauchen wir die **Entwicklung**!

Erkenne Deine **Ganzheitlichkeit**, glaube an eine **spirituelle Quelle, die es gut mit Dir meint.** Habe Spaß daran mit tollen **Werkzeugen Entwicklung** zu machen. Erkenne, dass es **keine Zufälle** gibt und **glaube** uns vor allem, dass auf Dich „eigentlich" ein total **erfülltes** und **glückliches** Leben wartet!

Ein Blick in unser **Schatzkästchen** verrät Dir mit welchen Werkzeugen wir uns beschäftigen werden:

- **Edelsteine, Edelsteinessenzen –**
  für die Stoffliche Schicht (Körper, Gesundheit, Finanzen, Materie, Räume)

- **Edelsteinwasser, ätherische Öle, Bilder, Edelsteinessenzen –**
  für die Emotionale Schicht (Seele, Gefühle, Liebe, Beziehungen, Familie)

- **Edelsteinessenzen, Affirmationen, Erkenntnisse, Wissen –**
  für die Mentale Schicht (Geist, Ideen, Konzepte, Beruf, Wissen, Haltung)

- **Symbole, Bilder, Meditationen, Erzengel, Edelsteinessenzen, Steinseelchen –**
  für die Spirituelle Schicht (Glauben, Vertrauen, Anbindung)

Wir haben das Schichtblick-Modell über viele Jahre **entwickelt** und **ausgetestet**. Es funktioniert! Natürlich immer vorausgesetzt – wir möchten Entwicklung machen. Unsere Werkzeuge wurden umfangreich getestet und ausprobiert. Wir haben welche dazu genommen und welche wieder weggegeben. Wir haben Legesysteme entwickelt, die sehr, sehr kompliziert waren und haben diese Legesysteme wieder in die Lade zurückgelegt. Geblieben ist nun eine **sehr effiziente, sinnliche, leicht umzusetzende und eigentherapeutische Methode zum Schichtblicken und Selbstheilen**.

DIE SCHICHTEN DES MENSCHEN
Die Energiekörper

Der Mensch ist grundsätzlich **EINS** und **GANZHEITLICH**! Er ist eine **Einheit** aus Körper, Seele, Geist und Spirit. Bitte beachte, dass wir immer wenn wir von Geist sprechen die mentalen und nicht die spirituellen Kräfte meinen. In der englischen Sprache gibt es hier einen Unterschied. Denn der Geist, das Denken heißt „mind" und der spirituelle Bereich wird als „spirit" bezeichnet. Also wir meinen mit Geist immer das mentale Denken, die Erkenntnis, das Wissen und der Spirit ist der spirituelle Überbau oder der Glaube. Jedes Symptom oder Unwohlsein zeigt sich (je nach Persönlichkeit oder Veranlagung) in jeder Deiner Schichten. Das merken wir nicht immer gleich aber jeder Schnupfen hat seine Entsprechung in allen Schichten. Du kennst das vielleicht, wenn Du verkühlt bist, kommt die liebe Freundin daher und sagt: *„Na, wen kannst Du denn nicht riechen?"* und sie macht mit dieser Bemerkung eine Brücke zwischen Körperschicht und Mentalschicht. Das heißt, sie lädt Dich ein zu überlegen, ob der Schnupfen mit dem Thema „Abstand" etwas zu tun haben könnte oder dass Du über die Blockade des Riechens (direkter Weg zu den Gefühlen) Deine Gefühle bremsen möchtest. Das wäre dann die emotionale Schicht.

Du siehst schon, es ist nicht immer leicht ein einfaches Symptom ganzheitlich zu betrachten. Die kollektive Ego-Energie sagt dann schon mal gerne: *„Na, die hört ja die Flöhe husten, es ist ja nur ein Schnupfen!"*. Aber um diese einzelnen Ebenen besser zu verstehen, zerlegen wir in der Schichtblick-Methode den ganzheitlichen Blick in einzelne Schichten, die wir uns jetzt einmal genauer anschauen werden.

Ein sehr passendes Beispiel für unser Modell ist die **Matrjoschka**. Wir kennen sie als russisches Püppchen das für Weiblichkeit und Mütterlichkeit steht. Den Ursprung hatten diese Holzpuppen in Japan, wo sie Fukurokuju-Puppen (jap. 福禄寿, *fuku = Glück, roku = Reichtum, ju = langes Leben*) hießen und für Glück, Reichtum und ein langes Leben sorgten.

Die stoffliche Schicht - Der materielle, physische Körper

Stell Dir vor die kleinste Puppe in der Mitte ist Dein materieller **Körper**. Er ist die Ebene, auf der wir **Symptome** meistens sehr schnell bemerken. Es tut uns etwas weh, wir fühlen eine körperliche Beeinträchtigung. Auf dieser Ebene sind auch körperwirksame Produkte oder Therapien sinnvoll. Ob es nun **Heilsteine** oder **Kräutertinkturen**, manuelle **Massagen** oder **Aromastreichungen** sind – hier gibt es eine große Zahl an Methoden, die wirksam sind. Hier setzt meistens auch die **klassische Medizin** an. Unsere MedizinerInnen lernen Symptome zu mildern und Beschwerden zu lindern. Selten suchen klassische ÄrztInnen nach den Entsprechungen des Symptoms in den anderen Schichten. Wie eine zweite Haut schichtet sich über unseren physischen Körper noch eine weitere Ebene, die wir ebenfalls der Körperschicht zuordnen – der Ätherkörper.

Der **Ätherkörper** gehört noch zur stofflichen Schicht. Er ist sozusagen die **energetische Verdopplung des sichtbaren Körpers**. Er ist das elektromagnetische Feld, das unseren Körper überzieht. Auch hier gibt es eine Reihe von Behandlungsmethoden. **Reiki**, **Prana** und viele weitere energetische Therapien setzen hier an. Bei unserer Schichtblick-Methode verwendest Du für die Körperschicht **Edelsteine** und **Edelsteinessenzen** der **Serie Chakra** als Werkzeuge.

Und wie bei unserer russischen Puppe stülpen wir uns die nächste Ebene über. Das ist dann unser Emotionalkörper.

Die emotionale Schicht - der Emotionalkörper

Diese Schicht ist für unsere Gefühle zuständig. Er ist die Ebene, die unsere **Emotionen** zeigt. In Aura Bildern wird diese Schicht als buntes oder auch weniger buntes Energiewölkchen angezeigt und wir nehmen diesen Körper über unsere Gefühle wahr.

Bei unserer Schichtblick-Methode verwendest Du für die Emotionale Schicht **Ätherische Öle**, Edelsteine als **Wassersteine** und **Edelsteinessenzen** der **Serie Kristall** als Werkzeuge.

Stülpen wir uns die nächste Schicht über, dann befinden wir uns in der Welt des Denkens, der Mentalkräfte und des Wissens.

Die mentale Schicht - Der Mentalkörper

Diese Schicht ist zuständig für unser **Bewusstsein**, für das **Erkennen**, für das eindeutige und klare **Wissen**. Hier finden **gedankliche** Prozesse statt, hier strukturieren wir, hier entwickeln wir für unsere anderen Körper sozusagen eine Matrize. Der Mentalkörper gibt oft für die anderen Energiekörper den Anstoß, sich mit zu entwickeln. Es gibt unzählige **mentale Techniken.** Wir bieten Dir **Affirmationen** an und als Hilfe für das Heben von tiefen Blockaden die **Edelsteinessenzen der Serie 33**.

Mit diesen drei Schichten haben wir Menschen meistens schon genug zu tun und wenn Du genauer schaust, erkennst Du auch, in welcher Schicht Du Stärken oder Schwächen hast. Natürlich gibt es noch andere Modelle, die sich mit weit mehr Schichten beschäftigen aber für unsere Arbeit im Hier und Jetzt reichen uns meistens diese drei Ebenen. Um eine Schicht möchten wir unser Modell gerne noch ergänzen. Es ist unser **Astralkörper**.

Die spirituelle Schicht - Der Astralkörper

In dieser Schicht finden wir den Sitz unserer **Spiritualität**. Hier ist der Transformations- und Treffpunkt der **materiellen und nichtmateriellen** Welt. Der Astralkörper ist sozusagen unser Telefon zwischen Unten und Oben oder Hier und Dort. Hierher begeben wir uns, wenn wir uns in **Meditation** befinden oder auf der **Traumzeitebene** bewegen. Alles sehr hoch Schwingende ist hier anzutreffen. Bei unserer Schichtblick-Methode verwendest Du für die Spirituelle Schicht **Affirmationen**, **Erzengelenergien**, **Symbole**, **Steinseelchen** und **Edelsteinessenzen** der **Serie Mystik** als Werkzeuge.

Nun reden wir immer von **Schwingung**. Was bedeutet das? Für eine einfache Erklärung machen wir einen Ausflug in die Welt der Musik.

SCHWINGUNG UND RESONANZ

Musik ist Schall. Und Schall ist eigentlich nur eine Welle, die durch ein Medium durchläuft. Meistens ist dieses Medium Luft oder auch Wasser. Übrigens im Weltall gibt es keinen Schall also auch der Urknall (sollte es ihn gegeben haben) war eher ein Urstill. Aber das nur so nebenbei.
Um **Musik** zu hören benötigen wir also einen **Sender,** einen **Empfänger** und **Schall** dazwischen. Der Sender soll was Nettes singen, damit beim Empfänger etwas ankommt.
Das ist die Basis für das Hören von Musikwellen. Nun, was hat das mit unseren Schichten zu tun? Stell Dir vor, Du möchtest, dass ich (Sender) Dir (Empfänger) ein Lied mit der Flöte vorspiele. Ich spiele Dir also ein wunderschönes Lied auf der Hundepfeife vor und freue mich, weil es so toll klingt (ich habe ganz große Hundeohren und kann das gut hören). Du schaust mich verblüfft an und kennst Dich überhaupt nicht aus, denn Du hörst gar nichts. Also kommt mein gewählter Schall (Hundepfeife) bei Dir nicht an. Das ist verständlich. Denn die Schwingung zwischen uns beiden hat nicht gepasst, weil ich die (für Dich) falsche Flöte genommen habe. Hätte ich eine Blockflöte gewählt, wäre mein Schall bei Dir angekommen. Bei der Musik merken wir sehr schnell, ob Schwingung ankommt, ob sie uns gefällt oder nicht.
In vielen anderen Bereichen wissen wir oft gar nicht, WIE wir im Moment schwingen und WAS wir benötigen. Das haben wir meistens verlernt oder verlernt bekommen.

Also müssen wir uns hier ein wenig nachschulen. Unsere verschiedenen Schichten haben verschiedene Schwingungen. Wenn wir das einfach erklären, würde es sich in etwa so darstellen:

- **Der Körper schwingt tief und laut**
- **Die Seele schwingt höher und leiser**
- **Der Geist schwingt noch höher und noch leiser**
- **Der Spirit schwingt ganz hoch und ganz leise**

Dieses Wissen über die **Schwingungsqualität** unserer **Schichten** brauchen wir, wenn wir für uns ein **passendes Werkzeug** suchen. Denn auch jedes Werkzeug hat eine eigene Schwingung und so ist es sinnvoll für eine tiefe Schwingung ein tief schwingendes Werkzeug zu verwenden. Vielleicht resultieren so einige der Erfahrungen (*„Ich habe eh schon soooo viel gemacht aber es hat nicht geholfen!"*) daraus, dass die Schwingung von Werkzeug und Schicht einfach nicht zusammengepasst haben. Das bedeutet also, wir müssen in Resonanz (in der richtigen Schwingung zueinander) sein, damit eine Methode, eine Technik oder ein Werkzeug wirksam wird.
Wir machen wieder einen Blick in die Welt der Klänge. Du kennst eine **Stimmgabel**? Das sind Klangkörper, die in einer bestimmten Tonhöhe klingen und meistens zum Stimmen von Musikinstrumenten dienen, da sie einen Leitton von sich geben, wenn sie in Schwingung gebracht werden. Wenn Du nun die erste Stimmgabel mit dem Leitton „A" anschlägst und sich direkt daneben eine zweite Stimmgabel mit einem Leitton „C" befindet, dann passiert nichts außer dass die zum Klingen gebrachte „A" Gabel den Ton „A" von sich gibt. Wenn allerdings neben der „A" Gabel eine weitere „A" Gabel steht und Du wiederum nur die erste Stimmgabel anschlägst, dann wird – wie von Geisterhand berührt – die zweite „A" Gabel auch zu schwingen und klingen beginnen – und das ohne selber berührt worden zu sein. Also ist sie in **Resonanz zu der Schwingung** und macht mit! Bei Stimmgabeln ist diese Sache nicht kompliziert. Wenn die grundsätzliche Ebene passt schwingen sie einfach gemeinsam.

Es wäre nett, wenn wir Menschen das Erkennen unserer **Grundstimmung** irgendwo lernen könnten. Und es wäre fein, wenn wir auch von all den Werkzeugen die richtige Stimmung wüssten. Damit könnten wir viel leichter entscheiden, was uns im Moment gut tut. Leider finden wir auch im Lehrplan der Schulen kein Fach mit dem Namen „Resonanzen erkennen und anwenden". Auch unsere Eltern wussten meistens nichts von diesen Schwingungen und auch die Großeltern nicht. Also wozu irgendwem die Schuld geben. Wir **lernen** und **üben** es ja jetzt mit der Schichtblick-Methode **wieder**.

Grundsätzlich würde es **ganz einfach** gehen. Stell Dir vor, Du fühlst Dich nicht ganz wohl und siehst eine Tasse heißen Tee vor Dir stehen. Daraufhin **erlaubst** Du Dir zu **spüren**, ob Du mit diesem Tee in **Resonanz** bist. Und schneller als Du denkst, wüsstest Du es genau. Ohne Verschreibung und Arztbesuch hättest Du für Dich **in Sekundenschnelle** den richtigen Tipp. Aber – wir glauben meistens unserer ersten, weisen Intuition leider nicht und fragen Freund Hirn: *„Was meinst denn Du?"*. So jetzt wird es wirklich schwierig, denn das Hirn vertraut nur dem erlernten Wissen und ist ein guter Freund vom Ego. Und da gab es Niemanden, der uns lehrte, der mit uns übte und uns ermunterte. Alle Lehrer waren ja selber so unsicher und hatten keine Ahnung, wie sie das lehren sollten! Das ist leider bis heute so!

Also **vertraue DIR!** Und wenn Du das übst, wirst Du von Mal zu Mal sicherer und eindeutiger erkennen, ob Dir der Tee gut tun wird oder nicht. Das heißt, ob Du mit ihm in Resonanz bist oder nicht.

Für die Intuition gibt es Hilfen.

Die Intuition macht sich meistens auch über eine **körpereigene Schwingung** bemerkbar. Du kannst eine **Übung** machen. Schreibe Deinen Namen auf einen Zettel und schreibe auf einem zweiten Zettel einen Namen, der Dir nicht gefällt (das sollte aber nicht der eigene Name sein). Dann knülle die Zettel so zusammen, dass Du nicht mehr siehst, welcher Name auf welchem Zettel steht. Stelle Dich gerade und locker hin, nimm einen der Zettel in die Hand und schließe die Augen. Bleibe ganz locker und erlaube Deinem Körper in eine Eigenbewegung zu gehen. Wenn Du die Richtung erkennst (also z.B. leicht nach vorn kippst), kannst Du die Augen wieder öffnen. Lege den Zettel weg und merke Dir die Bewegung. Dann nimm den zweiten Zettel in die Hand und schließe wieder die Augen. Du wirst merken, dass Du wieder eine körpereigene Schwingung erzeugen wirst. Aber dieses Mal geht es in die entgegengesetzte Richtung (z.B. kippst Du leicht nach hinten). Meistens ist die Bewegung nach vorn die Richtung, die anzeigt, dass etwas gut für uns ist oder die richtige Schwingung hat. Die Bewegung nach hinten zeigt meistens an, dass wir dieses Werkzeug nicht brauchen oder dass die Aussage nicht stimmt. Du kannst das öfter probieren. Das Loslassen braucht ein wenig Übung. Du musst übrigens nicht umfallen. Es reicht, wenn Du die Richtung erkennst. Das ist die einfachste Methode, um eine Resonanz zu erkennen. Aber es gibt auch noch **weitere Hilfen**.

Hast Du schon einmal beim Einkaufen bemerkt, dass Leute ihre **Pendel** mitnehmen und diese über verschiedene Lebensmittel halten? Was machen sie? Sie testen ob sie mit diesem Lebensmittel in Resonanz sind und verwenden dazu einen Resonanz- bzw. Schwingungsverstärker.

Für unsere Arbeit möchten wir allerdings eine **andere Methode verwenden** und daher haben wir **Orakelkarten** entwickelt. Mit den Orakelkarten (die wir auch **Resonanzkarten** nennen könnten) haben wir eine sehr effiziente Methode, um Resonanzen gut zu erkennen. Aber dazu kommen wir noch später.

Erinnerst Du Dich warum wir eigentlich die Schichtblick-Methode anwenden wollen? Ja – richtig, um **Ursachen zu erforschen** und **Blockaden zu heben** – aber letztlich, um heil zu werden.

HEILEN VERBOTEN

Wie sieht es in unserer Gesellschaft nun mit dem Thema Heilung generell aus? **Wer darf heilen?** Ganz vereinfacht gesagt - in Österreich nur **Medizinerinnen** und **Ärzte**. In Deutschland dürfen das auch **Heilpraktiker**, die es in Österreich nicht gibt. Dafür gibt es in Österreich die **Energetiker**, die es in dieser Form wiederum in Deutschland nicht gibt. Aber Energetiker dürfen auch nicht heilen. Auch rechtlich wird im österreichischen System genau unterschieden, wer sich mit welchen Schichten des Menschen beschäftigen darf und wer überhaupt die Lizenz zum Heilen erhält.

Ein Blick in die Gewerbeordnung zeigt hier wie „krank" unsere Gesellschaft wirklich ist. Wenn Du einmal die Richtlinien gelesen hast, die Du als EnergetikerIn berücksichtigen musst, damit Du Deinen lieben KollegInnen aus Medizin, Massage, Kosmetik, Psychotherapie, Psychologie, Lebens- und Sozialberatung… nicht auf die Zehen steigst, wird Dir schwindelig. Es ist fast so als ob diese Richtlinien zur Abschreckung gedacht sind, damit ja nicht zu viele alternative HeilerInnen auf den Markt kommen. Leider ist auch hier das Thema Konkurrenz und Neid sehr spürbar. Und **Gremien**, die eigentlich den neuen Gewerbetreibenden helfen sollten, gestalten sich als Mahner und Abschrecker für diesen neuen Berufszweig.

Speziell die **alternativen und naturheilkundlichen Methoden** haben es in unseren Landen schwer. Weder die Edelstein- noch die Aromatherapie dürfen in Österreich als heilende Methoden angeboten werden. Unerheblich wie viele Heilerfolge die Arbeit mit Steinen, Ölen, Bachblüten, Schüssler Salzen und vielen anderen Methoden aufweisen kann. Eine Wirkung wird über den Placebo-Effekt hinausgehend nicht anerkannt. Darüber aber, dass auch bei der klassischen Tablette ein hoher Anteil der Wirkung auf den Placebo Effekt zurückgeht, wird geschwiegen. Und dann denken wir darüber nach, ob sich wohl unsere alternativen Methoden (Naturheilkunde, Schwingungsmedizin) absichtlich der wissenschaftlichen Beweisbarkeit entziehen, um weiterhin offen verfügbar für alle zu sein?

Schauen wir uns doch an, wie es der **Homöopathie** ergangen ist. Sie reiht sich ein in die „eigentlich" nicht beweisbaren Mittel der **Informations- oder Schwingungsmedizin**. Schwingungsmedizin bedeutet, dass in den Tabletten, Globuli oder Essenzen keine Wirkstoffe mehr nachweisbar sind aber trotzdem eine Wirkung nachgewiesen werden kann. Oder kann sie nicht nachgewiesen werden?

Da sind sich selbst die Fachleute nicht einig. Eine **Studie** wirft die andere über Bord und Befürworter sowie Gegner kämpfen auf verschiedenen Ebenen.

Aber egal – auch wenn die Beweisbarkeit noch wackelt, hat sich vorsichtshalber die Fachrichtung Medizin gleich einmal die Flagge im Bereich der Homöopathie aufgestellt. Und seit längerer Zeit dürfen die „wirkungslosen" Globuli nur mehr von Ärzten (in Deutschland auch von den HeilpraktikerInnen) verschrieben und von Apotheken verkauft werden.

Und über das **WARUM** können wir vermutlich seitenlange Abhandlungen der Wissenschaft lesen.

Aber es stellt sich die Frage: *"Wenn doch die Homöopathie nicht nachweislich wirkt und sich auch jeglichem wissenschaftlichen Nachweis entzieht, WARUM dürfen Globuli und Tropfen nicht frei in jeder energetischen Praxis oder dem Einzelhandel verkauft werden?"*

Gut, dass die Schichtblick-Methode nicht mit Globuli sondern mit vielen tollen Werkzeugen wie Steinen, Düften, Edelsteinessenzen, Affirmationen, Meditationen und den eigenen Heilkräften arbeitet – und das alles ist frei verfügbar für uns alle!

Wunderwuzzis

Überall **wo Licht ist, ist auch Schatten**. Und daher möchte ich Dich gerne noch vor einer Gruppe warnen: **Den Wunderwuzzis**. Diese Leute – egal mit welchen Werkzeugen und Methoden sie arbeiten, haben ein **aufgeblasenes Ego**, das ständig gefüttert werden will. Sie erliegen der **Vorstellung** sie wären von Gott geküsst und müssen die ganze Menschheit heilen. Ganz oft sind diese Menschen **selber** völlig in **sozialer** und **finanzieller Bedrängnis**. Sie haben aber immer Erklärungen parat, wenn Du sie darauf ansprichst. Es gibt auch eine große Anzahl an **inkompetenten Ärzten und MedizinerInnen** aber gerade im alternativen Bereich sprießen die Wunderwuzzis aus dem Erdboden wie die Schwammerl (Pilze). **Wochenend-Schamanen** und **selbsternannten Geistheilerinnen ohne fachliche und soziale Kompetenz** bieten ihre Dienstleistungen an. Die eigenen Probleme oft tief im Keller verborgen, konzentrieren sie sich auf alles andere als auf ihre eigenen Schattenanteile.
Wenn Du auf Dein Herz hörst und in die **Selbstverantwortung** gehst, wirst Du genau erkennen – egal ob im alternativen oder konventionellen Bereich – wer für Dich in welchem Moment wichtig ist und wer nicht.
Wir sind felsenfest überzeugt: **"Der Mensch heilt sich IMMER selber!"**
Und das ist unabhängig davon, für welche Methoden oder Werkzeuge er sich entscheidet. Es ist letztlich immer die wunderbare **SELBSTHEILUNG**, die die Basis für jegliche Gesundung ist. Und so freuen wir uns natürlich, wenn wir Dir mit der Schichtblick-Methode eine Technik an die Hand geben können, bei der Du Deine Selbstheilung mit einfachen Wegen und Mitteln selber in die Hand nehmen kannst.

*von links nach rechts: Schneeflockenobsidian, Obsidian, Chrysanthemenstein
Gemeinsames Thema ist die Zentrierung und Stabilisierung.*

KAPITEL B
DIE WEGE

VIELE WEGE FÜHREN NACH ROM

Wie bereits im Kapitel mit der Resonanz erklärt, gibt es viele Wege, die uns zum Ziel führen.

Aber haben wir schon über das **Ziel** gesprochen? Hast Du **Dein Ziel** oder Deine Ziele schon vor Augen? Oder hat der Untertitel des Buches **„Gesundheit, Freude, Glückliches Sein"** gereicht, dass Du damit Dein Ziel gefunden hast? Oder gehen Dir die Themen wie Liebe, Erfolg, Reichtum oder Haus und Hof noch ab?
Ganz egal was **Du** als Ziel definierst – eine gute Basis ist immer **Gesundheit und Freude**! Stell Dir vor Du stehst jeden Morgen auf, streckst Dich vor dem Spiegel, lächelst Dich an und freust Dich aus vollem Herzen auf einen traumhaften Tag. Und am Abend während Du Dir die Zähne putzt denkst Du voller Dankbarkeit wieder an diesen wunderbaren Tag. Und so verbringst Du voller Freude und Achtsamkeit mit Dir und der Welt Deine Tage bis ans Ende deines Lebens. **Wir denken, das ist ein gutes Ziel!** Und womit wir dieses Ziel erreichen ist unsere Entscheidung. Wir können Spagetti mit chinesischen Ess-Stäbchen oder mit der Gabel essen. Wir können Löffel aus Silber oder auch aus Holz verwenden. Es geht nicht um richtig oder falsch. Es geht vielmehr darum, **WELCHES** Werkzeug **JETZT** für **DICH** richtig ist.
Die Schichtblick-Methode funktioniert sehr einfach. Du entscheidest!

Wie wählst Du das richtige Werkzeug?

Du möchtest für Deinen Körper etwas Gutes tun, weil Du Dich vielleicht etwas schwach fühlst. Welche Diagnosemöglichkeiten hast Du? Hier stehen Dir verschiedene Techniken zur Verfügung. Es gibt Computerprogramme mit umfangreichen Funktionen und einfache Techniken, wie eben Tensoren oder Körperpendel. Die einfachste und zugleich schwierigste Technik ist allerdings die **„Resonanz der Sinne".** Es ist Dein Bauchgefühl, Deine Intuition, deren Botschaften Du wieder lernen musst zu hören. Ein Weg zu einem guten Bauchgefühl ist der Weg über Deine Sinne. Denn ein erster Eindruck, ein erstes Bild, ein erster Geruch, eine erste Ahnung können oft schon die Antwort auf Deine Frage sein. Versuche mit all Deinen Sinnen die Werkzeuge der Schichtblick-Methode zu erfassen. Egal mit welchem Hilfsmittel Du einen Stein, einen Duft wählst, überprüfe, wie Deine Sinne und auch Deine Übersinne darauf reagieren. Spüre nach und verlasse Dich auf Deine beste Freundin, Deinen ältesten Vertrauten – auf Dich. Das ist übrigens auch eine gute Übung für die Wunderwuzzi-Abwehr.

Bei der Schichtblick-Methode verwenden wir eine sehr einfache Auswahltechnik. Die Wahl über Orakel- oder Resonanzkarten.

ORAKEL UND ORAKELKARTEN

Geschichte der Orakelkarten

Bereits in der **Antike** gab es eine Vielzahl an Orakel und Orakelstätten. Der Mensch hat schon immer versucht, sich vor wichtigen Entscheidungen **Hilfe** über die Karten oder andere Orakelphänomene zu holen. Orakel waren seit jeher willkommene Werkzeuge zur Wahrheitsfindung, Klärung von Hintergründen oder der Beleuchtung von tiefliegenden Geheimnissen.

Viele der Orakel waren sehr **schwierig** zu deuten und ein Erlernen der Orakelsprache war für die „normal" Sterblichen meist nicht möglich. Diese Macht und Verantwortung gaben die **Medizinfrauen** und **Schamanen** nicht aus der Hand. Das Wissen und die Interpretation von Wolkengebilden, Runen, Innereien… wurde immer nur an Eingeweihte weitergegeben.
Aber auch bei späteren Orakelsystemen wie dem Deuten der Handlinien und dem Lesen des Kaffeesatzes gab es ohne Orakeldeuter oder Wahrsagerin keine Antworten. Und so wurden auch diese Techniken für Betrüger eine Quelle potentieller Geldeinnahmen.
Der Wunsch des Menschen die Zukunft zu kennen oder das Unbekannte zu erforschen war schon von jeher Basis für die verschiedensten Orakel.
Einen **klaren Deutungsrahmen** erhielten Orakelsysteme aber erst durch die Karten. Dadurch waren das Erlernen und die Interpretation des Orakels etwas leichter geworden, obwohl auch hier eine umfassende Kenntnis der Kartenthemen nötig war. Und somit waren **Kartenlegerinnen** und **Magier** die Führenden in der Welt der Zukunftsdeutungen.

Orakelsysteme - ausgehend von den alten **Naturreligionen** – hatten auch mit der Zeit das regionale Brauchtum ergriffen. Viele dieser „Spiele" gibt es bis heute. Als nettes Beispiel sei hier nur der Brauch um die Barbarazweige erwähnt.

4. Dezember ist der Barbaratag. An diesem besonderen Tag ist es vielerorts der Brauch, dass sich in der Familie jeder einen Zweig (Kirsch- Apfel- oder Birnbaum) abschneidet und einen Zettel mit seinem Namen auf den Zweig bindet. Dann werden die Zweige in eine Vase mit Wasser gestellt. Wessen Zweig zuerst blüht, darf auf besonderes Glück im kommenden Jahr hoffen. In dieser Form besteht der Brauch im deutschsprachigen Raum seit dem 15. Jahrhundert.

Orakelkarten

Eine Besonderheit des Orakels sind **Kartenspiele**. In vielen Varianten sind heute Kartensets mit Anleitung erhältlich. Engelkarten, Einhornkarten, systemische Karten und eine riesengroße Palette an bunten Affirmationskarten hat Einzug in unsere Haushalte gefunden. Die Ursprünge der aussagekräftigen Karten liegen vermutlich im **Tarot**, welches nach den verschiedenen Aussagen ab dem 14. Jahrhundert in diversen Varianten zu finden war. Mittlerweile gibt es kaum noch einen Themenbereich unseres Lebens, der nicht als Tarotset zu kaufen ist. Bäume, Märchenfiguren, Indianer, Hexen, Künstler, Göttinnen, Pflanzen und viele Bereiche mehr werden in die 78 Karten des Tarot verpackt. Manche Ausführungen sind dabei besser und viele leider schlechter getroffen. Denn auch wenn sich die Künstler ihrer Freiheit erfreuen sollten, so gibt es doch im Tarot der 78 Karten fest zugeordnete Themen und Symbole, die eben das Tarot ausmachen.
Die **Engelalm Orakelkarten** sind kein Tarot sondern **analytische Resonanzkarten**.

Warum sind Orakelkarten so beliebt?

Weil wir so viele Fragen haben und sie uns die **Antworten** geben können. Und weil Orakelkarten ein **guter Weg** sind, schnell und eindeutig **intuitiv** das richtige **Thema** zu wählen. Aber es gibt noch einen Grund, den wir auch erkennen und vor dem wir uns hüten sollten. Über das Heben von Karten möchten wir gerne **Verantwortung abgeben**. Wir möchten von den Karten die objektiv richtige und absolut perfekte Antwort. Und am besten noch eine Antwort, die wir inhaltlich auch nachvollziehen können. Wenn mir die Karte gefällt, ist es ein tolles Orakel und wenn sie mir nicht gefällt ist es ja eh bloß Zufall.

Kennst Du das? Leider „ticken" wir Menschen so. Das ist nicht nett aber wahr. Wir haben alle miteinander zu wenig Unterstützung erhalten, wenn es um das Finden von Antworten geht und wir wurden nie in intuitivem Wissen geschult. Für alles brauchten wir eine rationale Erklärung. Und auch der **bedeutsame Zufall**, den wir auch **Resonanz** nennen können, war kein Unterrichtsfach in unseren Schulen. Das Lesen von Kartenorakeln das in die Welt der irrationalen Deutungslehre von Zufällen gehört, wurde schon gar nicht mehr gelehrt. Die neuen Lehrpersonen – eingezwängt in einen Lehrplan voller „Lebenspraxisunsinnigkeitsfächer" wie Mathe und Latein sind zwar schon offener für diese „Spiele" aber als Fach wird Zufallslehre nicht unterrichtet. Die SchülerInnen würde ja lernen kritisch zu denken… In einem Fach, das ihr Bauchgefühl stärken würde, könnten sie ihre individuellen Besonderheiten als Individuen erkennen – Autonomie und Selbstverantwortung!

Wir beschäftigen uns wieder mit unseren Karten, denn WIR wissen ja, dass die gezogenen Karten kein Zufall sind sondern unsere Resonanzen aufzeigen.
Hast Du eine Karte gewählt, wie gehst Du dann mit dem Ergebnis um? Die eine

Möglichkeit ist es, dass wir sofort verstehen, für welchen Bereich die Karte steht und was sie uns sagen möchte. Das ist die **„Eh-klar-Ebene"**. Wir erkennen das Thema sofort und können es zuordnen, wo es hingehört. Dieses Thema ist uns vielleicht auch gar nicht neu und vielleicht wundern wir uns höchstens, warum dieses Thema schon wieder da ist.

Spannender wird es auf der **„Was-soll-DAS-Ebene"**. Das sind Themen, die wir uns überhaupt nicht erklären können. Inhalte, bei denen wir völlig ungläubig in die Luft starren und denken: *„Was hat denn das mit mir zu tun?"*. Oder wo wir den „Zufall" bemühen und sagen: *„Es ist ja eh nur ein Spiel"*. Plötzlich wird der vorher so hoch gelobte Zufall zum Notausstieg, um ein unbewusstes Thema auch „unten" zu lassen.

Also unsere erste Hürde ist es, die Themen der Karten einfach anzunehmen – egal wie seltsam uns der Inhalt im ersten Moment auch vorkommen mag. Unsere **Engelalm Orakelkarten** sind nicht mit pastellfarbigen Kuschelbotschaften bestückt, sondern mit **klaren und eindeutigen Aussagen über den derzeitigen „Mangel"**. Wir ziehen uns immer das was uns fehlt. Das zu erkennen mag zwar nicht immer so nett sein, aber es ist wie es ist!

Wir verwenden unsere Karten als analytisches **Diagnoseinstrument** für **verdeckte Blockaden, Mangelzustände** und **Themen**, die sich nicht so freiwillig zeigen. Diese Themen zu erkennen ist aber sehr wichtig für Deine Entwicklung und das Erreichen Deiner Ziele.

Freiwilligkeit ist eine der wichtigsten Kriterien beim Kartenlegen. Nur wenn Du auch die Antwort lesen magst, ziehe eine Karte. **Diese erste Karte, die Du gezogen hast ist bedeutsam**. Egal ob sie Dir sympathisch ist oder nicht – egal ob Du in diesem ersten Moment etwas damit anfangen kannst oder nicht – sie ist **DEINE** Karte. Die Botschaft Deiner Seele für Dich! Dein nächster Schritt um endlich bei Dir anzukommen!

Stimmt die Karte überhaupt?

„Wenn ich dreimal hintereinander zur gleichen Frage eine Orakelkarte ziehe, kommt dann immer die gleiche Antwort?" oder *„Wäre es bedeutsamer, wenn ich zu einer Frage gleich zweimal dieselbe Antwort bekomme?"* – das sind Fragen, wie uns öfter gestellt werden.

Stell Dir vor Du hast einen Traum. Vielleicht hast Du eine verborgene Erinnerung, die sich darin zeigt. Du siehst in Deinem Traum den Platz, wo Du Dein altes Spielzeug-Auto in Deinem Elternhaus versteckt hast. Ganz hinten am Dachboden in der alten Kommode von Uroma Elfriede. Du wirst munter und besuchst am gleichen Tag Deine Eltern. Du sagst ihnen: *„Hey Papa ich weiß nun wo mein alter Lieblings-LKW ist, den wir so lange gesucht haben und den ich meinem Sohn schenken wollte!"* Dein Vater schaut Dich ganz fassungslos an und meint: *„Lieber Sohn, das ist sicher ein Zufall dieser Traum, bitte träume doch das Gleiche noch zweimal, sonst glaube ich das nicht"*!

Würdest Du Deinen Traumbildern vertrauen oder Dich gleich noch einmal krampfhaft schlafen legen?

In den meisten Fällen kommt bei mehrfachen Ziehen natürlich ein unterschiedliches Kartenbild – nur beweist das gar nichts.
Orakelsysteme, Kartenlegungen und Träume sind einfach Teil der irrationalen Welt, daher lässt sich eine Wiederholbarkeit mit rationalen, wissenschaftlichen Methoden nicht beweisen.

So wirst Du einfach entscheiden müssen, ob Du den Aussagen dieser irrationalen Orakelwelt **Bedeutung** schenkst oder nicht. Wenn Du lernst, die „zufällig" gezogene Karte als **Chance** zu sehen, dann bist Du mit dem Kartenorakel gut bedient. Wenn Du mit der Aussage jeder einzelnen Karte haderst, dann wird Dir diese Arbeit keine Freude machen.

RUND UM'S KARTENZIEHEN

Mischen und Auslegen

Mische die Karten und breite sie verdeckt im Fächer vor Dir aus. Manchmal wenn es keinen Platz für den Fächer gibt, mischst Du die Karten und ziehst einfach eine Karte direkt aus dem Kartenfächer in der Hand. Wenn Du für Gäste die Karten legst, dürfen sie die Karten entweder selber mischen oder breite den Fächer vor ihnen aus. Da gibt es keine dogmatische Vorgehensweise. Die Karten dürfen auch ohne Probleme berührt und angegriffen werden. Wir hatten noch nie Stress damit, dass unsere Karten „verhext" oder „energetisch verschmutzt" wurden.

Umgekehrte Karten

Es gibt manche Lehrbücher, die umgekehrte Karten als Gegenteil des gezeigten Themas werten. Wir machen das mit unseren Karten nicht. Umgekehrt gezogene Karten werden einfach wieder richtig hingelegt.

Rechts oder links?

Eine Frage, die uns immer gestellt wird, ist die nach der „richtigen" Hand. Mit welcher Hand soll die Karte gezogen werden? In der Arbeit mit den Engelalm Karten ist es unerheblich mit welcher Hand Du ziehst. Sobald die richtige Frage gestellt ist, kommt ohnehin die für Dich passende Karte - ganz egal, welche Hand sie gezogen hat. Wenn es Dir aber wichtig ist dann ziehe einfach, wie es für Dich passt. Hier gibt es kein objektives richtig und falsch. Wenn DU es so möchtest, ist es richtig. Das gilt übrigens auch für die Gestaltung Deines Umfeldes.

Wir haben schon Kartenlegerinnen kennengelernt, die hatten eine richtig **mystische Atmosphäre** geschaffen. Bei **düsterem Kerzenlicht** und **rauchschwangerer Luft** wurden die Themen gezogen, die sicherlich auch am Balkontischchen bei frischer Luft und Sonnenstrahlen gekommen wären. Die Karten brauchen keine speziellen Bedingungen. Aber vielleicht möchtest Du Dir ein Orakelumfeld bereiten, das genau für Dich richtig ist!

Einzeln oder gleichzeitig?

Eine weitere Frage betrifft das Ziehen der Karten. Wenn 3 Karten gefragt sind, kannst Du dann alle 3 auf einmal ziehen oder nicht? Auch das ist eine individuelle Geschichte. Manchmal ziehen wir drei Karten auf einmal und manchmal ziehen wir die Karten reihum und schreiben die Ergebnisse auf. Du kannst natürlich auch zwei oder drei Kartendecks zusammengeben und damit ist auch jedes Thema 2-3 mal vorhanden.

Musst Du Dich auf Deine Frage sehr konzentrieren?

Nein, es ist besser einfach locker zu lassen. Sobald Du die Frage gestellt hast, kannst Du nebenbei auch ein Eis essen und es würde die richtige Karte kommen. Allerdings macht es Sinn **vorher die Frage ganz klar zu stellen**. Manchmal ist es auch gut, die Frage **aufzuschreiben**, denn wir sind doch hin und wieder geneigt, eine Frage etwas „umzubiegen" nachdem die Karte schon gelegt wurde.

Muss ich als Kartendeuterin ein Medium sein?

Nein, überhaupt nicht! Die Interpretation der Karten ist eine Frage der **Sprache**, die letztlich jeder und jede **lernen** kann. Kennst Du die spezifische Kartensprache, dann steht Dir die Welt der Interpretationen dieses Kartendecks offen. Achte darauf, jedes Kartendeck hat seine eigene Sprache.

Viele Menschen sind auch medial begabt und **kombinieren** ihre **verschiedenen Talente**. Manchmal sieht es dann so aus, als ob die Informationen in den Karten stehen, aber das Medium hat sie aus **anderen Quellen** erhalten. Wenn Du selber mit mehreren Methoden arbeitest, achte darauf die Techniken gut zu **differenzieren**, sonst bekommst Du ein Durcheinander. Gerade wenn Du für andere Menschen Kartenanalysen machst, versichere Dich, mit welcher Methode Du Dich Deinen Klientinnen präsentierst. Nicht jeder, der eine Kartenlegung möchte, will automatisch ein Channelling haben. Kläre einfach im **Vorfeld** ab wie Du arbeitest und dann steht einem **Methodenmix** nichts entgegen.

Wie zuverlässig ist die Aussage der Karten?

Die Kartenlegung ist immer zutreffend. Ja - wirklich **IMMER**! Auch wenn Du im Moment der Legung noch keine Ahnung hast, was genau dieses (blöde) Thema jetzt soll. Du kannst mit Sicherheit davon ausgehen, dass Dein Höheres Selbst, Deine Seele, Dein göttlicher Anteil oder wie auch immer Du diesen Teil in Dir nennen magst, genau weiß, welche Themen es über die Karten aufdeckt. Aber so manche Botschaften brauchen etwas Zeit um anzukommen – also Geduld!

Aussagegrenzen und NOGO's (was gar nicht geht)

Überprüfe gut, ob Du die Karten zu allen Themen befragen magst oder darfst. Die Grenze ist hier nicht der Wunsch der Fragenden sondern Deine **ethische und moralische Grenze**, die **DU** setzt. Wie überall geht es auch hier um **Selbstverantwortung**. Wenn Du die Karten für Deinen erwachsenen Sohn ziehen willst, dann musst Du ihn fragen, ob das in Ordnung ist. Überprüfe zusätzlich Deine Motivation. Wir dürfen für andere Menschen nur fragen, wenn wir für sie wirklich **verantwortlich** sind, also wenn es um kleine Kinder geht oder wenn wir darum gebeten wurden. Sonst sind die unbewussten Welten anderer Menschen für uns tabu.

Hier ein paar alternative Fragestellungen:

Nogo-Frage: *„Was ist denn das Problem der blöden Arbeitskollegin?"*
Besser: *„Welche Energie hilft mir, um mit der Kollegin auszukommen?"*

Nogo-Frage: *„Soll ich Peter oder Heinz heiraten?"*
Besser: *„Welche Energie brauche ich um eine Antwort zu finden?"*

Nogo-Frage: *„Was hat denn dieser blöde Kerl schon wieder?"*
Besser: *„Was ist mit mir los, dass mich dieser Kerl so aufregt?"*

Nogo-Frage: *„Wann finde ich denn endlich …?"*
Besser: *„Was brauche ich, um …. zu finden?"*

Wenn Du die Karten für Dich selber legst, kann es Dir passieren, dass verwirrende oder völlig verrückte Informationen kommen. Das passiert nicht selten, wenn Du die **Antwort „eigentlich" schon weißt**, aber zur Vorsicht noch einmal die Karten befragst. Es scheint so zu sein, als ob sich Deine Seele (die Karten) veräppelt fühlt und eben keine weitere Antwort mehr geben will, da sie über Deine Intuition schon die richtige Antwort gab. Und wenn Du sozusagen nur eine Bestätigung möchtest, dann pfeift Dir Dein Seelchen was. Achte hier besonders auf die Karten „Joker" und „Abwehr". Manchmal sind sie ein Hinweis für „Das soll ich nicht fragen!"

LEGESYSTEME MIT DEN ENGELALM ORAKELKARTEN

Unser Kartenset besteht aus 33 Themenkarten, 8 Erzengelkarten, 7 Chakrakarten und 1 Jokerkarte. Auf jeder Karte findest Du eine **Vielzahl** an Informationen. Der **Titel** verrät das **Thema** und ist gleichzeitig die **Auswahlhilfe** für die **Edelsteinessenz**. Die **Kurzbeschreibung** erläutert das Thema mit ein paar Stichworten. Die **Affirmation** ist der positive Leitspruch. Das Zeichen in der Mitte der Karte ist das **Symbol**. Der **Leitstein** wurde aus der Rezeptur der Edelsteinessenz ausgewählt und ist gleichzeitig die Auswahlhilfe für den **Meditationsstein** – **das Steinseelchen**. Auch der **Leitduft** entstammt dem Kombi-Rezept der Edelsteinessenz. Für die Beschäftigung im spirituellen Bereich haben wir bei den Karten der Serie 33 den zuständigen **Erzengel** angeführt.

Du kannst bei allen Legungen den **Joker** mit einbeziehen oder nicht – ganz wie Du es möchtest. In der Tabelle findest Du eine Kurzübersicht über die verschiedenen Legesysteme in diesem Buch. Hier kannst Du eine mögliche Frage ablesen und entscheiden, welches Legesystem für Dich gerade passt.

Die **Schichtblick-Methode** funktioniert in **zwei Schritten**. Die gezogenen Karten geben uns eine **erste Erkenntnis** zum Thema und dienen als **Diagnose-Instrument**. Wir erfahren hier eine grundlegende Richtung, wo sich die Antwort, die Lösung des Problems oder auch eine mögliche Blockade verbergen könnte. Hier erhalten wir meistens schon wertvolle Informationen. Viele unserer Antworten liegen jedoch im **Unbewussten** und die **tiefere Bedeutung** oder der **wirkliche Grund** zeigen sich erst mit etwas Geduld über die **Anwendung** der verschiedenen **Werkzeuge**.

Legemuster	Karten der Serie	Fragestellung	Werkzeuge
TAGESKARTE	33	*Was hilft mir heute?*	Affirmation Serie 33 Symbol Serie 33
THEMENKARTE	33	*Was hilft mir bei diesem speziellen Thema?*	Alle – besonders: Edelsteinessenz Serie 33
EINBLICK Die optimale Basislegung	33	*Was ist mein nächster Entwicklungsschritt im nächsten Monat?*	Alle
SCHICHTBLICK Die umfangreiche Detaillegung	33	*Was ist mein detaillierter Entwicklungsplan im nächsten Monat?*	Alle
ERZENGEL Nachtkarte	Mystik	*Welche Erzengelkraft kann mir in meiner Traumzeit helfen, dieses Problem zu lösen?*	Alle – besonders: Edelsteinessenz Serie Mystik Erzengelsymbol
ERZENGEL Tageskarte	Mystik	*Welche Erzengelkraft kann mir in meinem Tagesbewusstsein helfen, dieses Problem zu lösen?*	Alle – besonders: Edelsteinessenz Serie Mystik Erzengelsymbol

Legemuster	Karten der Serie	Fragestellung	Werkzeuge
ERZENGEL Ritualkarte	Mystik	Zeige mir den Erzengel, der mich die nächsten 21 Tage begleiten wird!	Alle – besonders: Edelsteinessenz Serie Mystik Erzengelsymbol Affirmation Serie Mystik
STEINSEELCHEN Meditationskarte	33	Welches Steinseelchen hilft mir während meiner Meditations- oder Ruhezeit Botschaften zu empfangen oder mein Problem zu lösen?	Alle – besonders: Steinseelchen Edelsteinessenz Serie 33 Makrobilder der Seelchen
CHAKRA Einzelkarte	Chakra	Welches Chakra benötigt meine Aufmerksamkeit?	Alle – besonders Edelsteinessenz Chakra
CHAKRA Kombi-Legung	Chakra 33	Welches Chakra benötigt meine Aufmerksamkeit und welches Thema blockiert dieses Chakra?	Alle – besonders Edelsteinessenz Serie Chakra Affirmationen und Symbole
CHAKRASONNE	Chakra 33	Wie ist mein gesamter Chakrenstatus?	Alle – besonders: Edelsteinessenz Serie 33 Edelsteinessenz Serie Chakra Affirmationen

Wieviele Legemuster kann ich gleichzeitig machen?

Grundsätzlich kannst Du alle Legemuster gut miteinander kombinieren. Bei längeren Entwicklungsprozessen (21 Tage – 1 Monat) solltest Du Dich zwischen der Einblick- und der Schichtblick-Legung entscheiden. Die Karten des zuerst gewählten Legesystems haben immer die oberste Priorität.

Einfach ziehen?

Das machen wir oft aus **Neugierde**. Irgendwo liegt ein Kartenfächer und ohne bewusst eine Frage zu stellen ziehen wir eine Karte. Nun bleibt es unserer **Resonanz** und **Offenheit** überlassen, ob wir dieser Karte eine Bedeutung geben möchten oder nicht.

Tageskarte

Die am häufigsten gezogene Karte ist die **Tageskarte**. Diese wird **ohne Frage** gezogen und ist als **Impuls für den aktuellen Tag** gedacht. Für diesen einen Tag kannst Du auf der Detailseite nachlesen, welche Tipps und Hinweise es für Dich gibt. Natürlich kannst Du nach Belieben alle Werkzeuge verwenden – besonders unterstützen Dich die Affirmation und das Symbol. Wenn wir aber bereits eine konkrete Frage haben, ziehen wir uns besser gleich eine Themenkarte.

Themenkarte

Mit der Themenkarte stellst Du bereits eine **konkrete Frage.** Überlege Dir vor dem Ziehen diese Frage und schreibe sie auf. Dann wähle aus den **33** Themenkarten eine Karte aus. Auf der Detailseite kannst Du die Hintergründe und Antworten nachlesen und erforschen. Du kannst auch alle angegebenen Werkzeuge unterstützend verwenden. Die Themenkarte kann für kurze oder längere Zeiträume gezogen werden – je nach Bedarf.

Hier einige Fragebeispiele:

- Was blockiert mich, …
- Welche Energie fehlt mir in diesem Bereich?
- Welche Energie benötige ich, um …zu erreichen (zu tun)?
- Was fehlt mir, um zu dieser Entscheidung zu kommen?
- Was fehlt mir, um zur richtigen Beziehung (Arbeit…) zu finden?
- Welches Thema muss ich beachten, um…?
- Welche Energie benötige ich als nächstes für meine persönliche (berufliche…) Entwicklung?
- Was brauche ich, um dieses Gespräch gut zu führen?
- Was tut mir gut, um diesen Konflikt zu lösen?
- Was ist mein nächster Schritt beim Thema…
- Was kann ich nicht sehen bei…
- Was hat mir gefehlt bei/mit… (Vergangenheit)
- Auf was muss ich achten, wenn ich…. (Zukunft)

Du kannst auch mehrere Fragen stellen und dazu eine Karte ziehen. Wenn Du in einem Deiner Fragebereiche allerdings eine nachhaltige Entwicklung einleiten möchtest, empfehlen wir Dir hier die Einblick-Legung.

EINBLICK – DIE optimale Basislegung

Mit der EINBLICK-Legung lassen wir uns auf Entwicklung ein. Wir benötigen etwas **Zeit** um **Blockaden** sichtbar zu machen, **Änderungen** einzuleiten und nachhaltige **Erkenntnisse** zu gewinnen. Die Einblick-Legung ist die **optimale Basislegung** für eine **nachhaltige Entwicklung**.
Die Frage dabei lautet immer: *„Was ist mein nächster Entwicklungsschritt?"*
Für diesen Schritt wähle Dir aus den **33** Themenkarten **EINE Entwicklungskarte**. Dann vertiefe Dich auf der Themenseite in das gewählte Thema und verwende die Edelsteinessenz der Serie 33, den Leitstein und das ätherische Öl. Beschäftige Dich mit dem Thema und den Werkzeugen **21 Tage** lang.

Mit dieser Legung möchte ich Dir **Maria**, unsere Musterklientin vorstellen. Mit ihr werden wir zum besseren Verständnis ein paar Beispiel-Legungen durchführen.

Beispiel EINBLICK Legung: Maria will wissen, was ihr nächster Entwicklungsschritt ist und zieht sich die Karte: **„Berufung erkennen"**. Sie weiß im ersten Moment nicht, warum sie diese Karte gezogen hat, ist aber offen für ihre Entwicklung. Den Leitstein **Amazonit** nimmt sie als **Armband** und als **Wasserstein**. Der Amazonit ist als Zielrichtungsstein eine gute Unterstützung für dieses Thema. Auch mit dem ätherischen Öl **Zypresse** unterstützt sie sich auf emotionaler Ebene. Sie gibt die Zypresse in ihre **Duftlampe**. Die **Edelsteinessenz „Berufung erkennen"** sprüht sie 3x täglich in ihr Aurafeld. Da sie gerne mit **Symbolen** arbeitet, hat sie das Symbol von „Berufung erkennen" auch noch auf ihren Bauch gemalt. Sie ist keine Freundin von Affirmationen und auch die Beschäftigung mit Erzengeln liegt ihr nicht so sehr. Daher lässt sie diese beiden Bereiche einfach aus. Sie sprüht mit der Edelsteinessenz, trinkt Steinewasser, schnuppert Zypresse und lässt ihr Symbol wirken – **21 Tage lang**. In der ersten Woche tut sich wenig aber Maria weiß ja, dass sie ihrem Ego ein wenig Zeit geben muss und ist schon ganz gespannt, was sich tun wird. In der achten Nacht hat sie einen Traum. *Sie träumt sich auf einer Blumenwiese mit vielen Kräutern. Jedes Kraut wird betrachtet und gesammelt. Sie fühlt sich wohl und glücklich in ihrem Traum. Plötzlich kommt eine Hexe, befüllt ihren Kräutersack mit Müll und verschwindet wieder.* Maria denkt noch eine Weile über den Traum nach. Sie hat doch mit Kräutern gar nichts zu tun und interessiert sich gar nicht so sehr dafür. Aber dennoch kann sie sich von den Traumbildern nicht lösen. In der Folgewoche fällt ihr das erste Mal auf, dass sie sich von ihrer Arbeitskollegin genervt fühlt. Lisi ist ihre um etliche Jahre jüngere Kollegin. Beide arbeiten in einem Büro und sind für die Auftragsannahme zuständig. Die Aufträge sind händisch von den Vertretern ausgefüllt und viele davon sind fast unleserlich. Maria bemerkt plötzlich, dass ihr Lisi alle schlecht leserlichen Aufträge in ihren Stapel „einschmuggelt". Das ist ihr bis jetzt nicht aufgefallen. Aber nun bespricht sie es mit Lisi, äußert ihren Ärger und kann dieses Problem klären.

In diesem Fall war das Thema „Berufung erkennen" für Maria wichtig, um ihre gleichwertige Position zu erspüren und sich von Lisi keinen „Müll in den Kräutersack" füllen zu lassen. Vermutlich wäre es auch vernünftig, dass Maria nachspürt, ob es sich generell um ein Muster in ihrem Leben handelt. Ob sie sich in anderen Bereichen auch „zumüllen" lässt.

Marias Erkenntnis ist ganz individuell. Jedes Thema kann sich in jedem Bereich Deines Lebens zeigen. Die Ergebnisse der EINBLICK-Legung sind so bunt wie die Menschen. Wenn Du nun Lust auf mehr hast, wenn Du tiefer schauen magst, wenn Du bereit bist für die **verborgenen Erkenntnisse** dann laden wir Dich ein zur umfangreichen SCHICHTBLICK-Legung.

Schichtblick – Die umfangreiche Detaillegung mit Entwicklungsplan

Der Wassermelonen-Turmalin steht für die Themen Verständnis, Liebe, Freundschaft und Geborgenheit

Einen tieferen und genaueren Blick auf die einzelnen Schichten erreichen wir mit der Schichtblick-Legung. Wir ziehen nicht nur eine Karte für ein Thema sondern teilen uns sozusagen in Schichten auf. So erhalten wir für jede dieser Ebenen detaillierte Antworten und auch die dazugehörigen Werkzeuge.

Für diese Legung ziehst Du drei oder vier Karten aus den 33 Themenkarten. Du vertiefst Dich in die Inhalte auf den Detailseiten und füllst Deinen Entwicklungsplan aus. Der Entwicklungsplan ist dann eine individuelle Vorgabe für Dich in den nächsten 21 Tagen.

Warum 21 Tage?

Diese Zeit brauchen wir, um Gewohnheiten zu verändern. 21 Tage lang braucht unser Ego, 21 Tage lang braucht unsere Zelle um sich neu zu programmieren. Also lautet die Empfehlung für die Anwendung **21 Tage**.

Wir empfehlen Dir außerdem ein **Schichtblick-Tagebuch** zu führen. Darin kannst Du Deine Legung aufzeichnen und auch die täglichen Gedanken, Träume und Erfahrungen niederschreiben.

Auf den nächsten beiden Seiten sind die vier Karten der Schichtblick-Legung detailliert beschrieben.

1. DIE MENTALE SCHICHT (Erkenntniskarte):

Hier erfährst Du was Dir momentan im geistigen Bereich fehlt. Es geht dabei um Denkprozesse, Ideen, Konzepte, Überlegungen, berufliche Angelegenheiten, Deine Haltung, Dein Wissen und Deine mentale Kraft.

Die Frage für die Erkenntniskarte lautet:
Was brauche ich für meine Entwicklung in der mentalen Schicht (Geist)?

Werkzeuge für die mentale Schicht:
Das sind so die härtesten Nüsse, die zu knacken sind, denn hier arbeiten wir mit den verdeckten Blockaden, den Ursachen im Unbewussten. Das könnte eine Karte sein, bei der Du am Allerwenigsten erkennst, WARUM Du gerade sie gezogen hast. Vertraue darauf, dass es genau die richtige Karte ist. Die Edelsteinessenz der Serie 33 hilft Dir, die möglichen Widerstände abzubauen. Sprühe dreimal täglich diese Essenz und Du wirst die Hintergründe leichter erkennen. Als mentale Unterstützung kannst Du zusätzlich mit der Affirmation des Themas arbeiten.

2. DIE EMOTIONALE SCHICHT (Seelenkarte):

Hier erfährst Du was Dir momentan im seelischen Bereich fehlt. Es geht dabei um Deine Gefühle, Emotionen, Liebe, Zuneigung und um Deine Beziehungen zur Welt. Das können Familie, Partner, Freundschaften oder auch die Beziehung zu Dir selber sein.

Die Frage für die Seelenkarte lautet:
Was brauche ich für meine Entwicklung in der emotionalen Schicht (Seele)?

Werkzeuge für die emotionale Schicht:
Hier darfst Du „Schnuppern", denn die ätherischen Öle sind der direkte Weg zu Deinen Gefühlen. Für die Seele verwendest Du Deinen Stein als Wasserstein. Außerdem kannst Du hier meistens zwischen zwei Edelsteinessenzen der Serie Kristall wählen. Lasse Deine Intuition entscheiden, welcher der beiden Sprays anhand der Beschreibung für Dich momentan stimmiger ist. Die Seelen-Werkzeuge kannst Du verwenden wie Du möchtest. Täglich, jeden zweiten Tag, jeden Abend...

3. Die STOFFLICHE SCHICHT (Körperkarte):

Hier erfährst Du was Dir momentan im materiellen Bereich fehlt. Es geht dabei um Deine Gesundheit und Deinen Körper. Aber auch Geld und der persönliche Besitz wie Haus, Wohnung, Auto… gehören in diesen Bereich.

> **Die Frage für die Körperkarte lautet:**
> Was brauche ich für meine Entwicklung in der stofflichen Schicht (Körper)?

> **Werkzeuge für die stoffliche Schicht:**
> Du kannst den angegebenen Edelstein in allen Varianten (siehe Seite 43) verwenden. Außerdem hast Du die Wahl zwischen einer oder zwei Edelsteinessenzen der Serie Chakra. Wähle den Chakraspray, der Dich anhand der Beschreibung mehr anspricht. Diesen Spray kannst Du dann jederzeit unterstützend verwenden.

4. DIE SPIRITUELLE SCHICHT (Spiritkarte optional):

Hier erfährst Du was Dir momentan im spirituellen Bereich fehlt. Es geht dabei um Deine Göttlichkeit, die Verbindung zur Quelle, Deine Spiritualität, Dein Vertrauen in die Welt der Engel und die Anbindung an die Welt der geistigen Helfer.

> **Die Frage für die Spiritkarte lautet:**
> Was brauche ich für meine Entwicklung in der spirituellen Schicht (Spirit)?

> **Werkzeuge für die spirituelle Schicht:**
> Spirituelle Entwicklung können wir nicht aktiv anstreben, sie passiert im Loslassen! Wir lassen los in der Meditation mit dem Erzengel oder dem Steinseelchen. Wir lassen los, wenn wir für die Traumzeitebene um Unterstützung und hilfreiche Träume bitten. Wir lassen los, wenn wir die Geduld aufbringen, ein Symbol wirken zu lassen.
> Der Erzengel-Spray der Serie Mystik und das Symbol helfen uns dabei.

Beispiel SCHICHTBLICK-Legung:

Kannst Du Dich an Maria erinnern? Sie hat erkannt, dass sie ein Muster im Verhalten aufweist und sich von mehreren Menschen in ihrem Umfeld „zumüllen" lässt. Mit der Schichtblick-Legung möchte sie den nächsten Entwicklungsschritt machen, um die Hintergründe dieses Musters aufzudecken und aufzulösen.
Dazu zieht sie diese 4 Karten und macht den Entwicklungsplan (siehe nächste Seite) 21 Tage lang.

Erkenntniskarte:	Körperkarte:
Mut zur Fröhlichkeit	Selbstheilung
Seelenkarte:	**Spiritkarte:**
Konzentration	Regeneration & Erholung

Marias Entwicklung ging rasant, denn bereits einige Tage nach dem Start ihres Entwicklungsplanes hatte sie viele Erkenntnisse und Aha-Erlebnisse. Es wurde ihr klar, dass sie bereits in der Ursprungsfamilie für die emotionale „Müllentsorgung" aller Familienmitglieder zuständig war und aus dieser Zeit das übernommene Muster stammte. Wie halfen ihr die verschiedenen Werkzeuge dabei?
Oft reagiert unser Körper mit hoher Empfindlichkeit, wenn wir uns den „alten" Themen nähern. Maria konnte mit dem Heliotrop ihre Abwehrkraft stärken. Aus der Serie Chakra entschied sie sich für den Wurzelchakra-Spray, den sie am Morgen sprühte und der ihr ebenfalls Stabilität und Sicherheit gab. Das Tigerauge im Wasserkrug hielt den emotionalen Stress im Rahmen und der erfrischende Duft von Lemongrass brachte ihr gefühlsmäßige Klarheit. Die Edelsteinessenz „Mut zur Fröhlichkeit" ermöglichte Maria dahinter zu blicken. Sie hatte Begegnungen, Träume und Erkenntnisse, die ihr klar machten, welche Rolle sie in der Herkunftsfamilie spielen musste. Aus Neugierde zog sie sich auch noch die spirituelle Ebene und probierte die Meditation mit dem Steinseelchen Unakit. Maria war ganz überrascht, dass sie in einer erstmaligen Kurzmeditation mit dem Steinseelchen viele klärende Bilder und Botschaften erhielt.

Natürlich ist ein Beispiel nur ein Beispiel und Du wirst sehen, dass es manchmal viel schwieriger scheint, die eigenen Karten zu deuten und zu interpretieren – ABER sei Dir sicher, auch wenn Du nicht immer gleich alles vom Kopf her verstehen wirst, die Entwicklung passiert trotzdem und im Nachhinein ist vieles klarer.

KAPITEL B – DIE WEGE
LEGESYSTEME MIT DEN KARTEN

Entwicklungsplan SCHICHTBLICK für _MARIA_   Datum: _21.6._

GEZOGENE KARTE	WERKZEUG	ANWENDUNG 21 Tage*
MENTALE SCHICHT (Erkenntniskarte)	Edelsteinessenz Serie 33 *Mut zur Fröhlichkeit*	3x täglich sprühen
	Affirmation: *„Ich bin zuversichtlich und liebe mein Leben!"*	3x täglich laut aussprechen oder in Kalender, Spiegel… schreiben
EMOTIONALE SCHICHT (Seelenkarte)	Edelsteinessenz Serie KRISTALL *Aventurin (für Inspiration)* oder *Edeljaspis (für Energie)*	Bei Bedarf sprühen
	Duft: *Lemongrass*	Duftlampe oder Körperanwendung
	Wasserstein: *Tigerauge*	Täglich 2 Liter trinken
STOFFLICHE SCHICHT (Körperkarte)	Edelsteinessenz Serie CHAKRA *Wurzelchakra* (für Lebenswillen) oder *Herzchakra* (für Liebe und Mitgefühl)	Bei Bedarf sprühen
	Leitstein: *Heliotrop*	Tragen, umhängen
SPIRITUELLE SCHICHT (Spiritkarte)	Edelsteinessenz Serie MYSTIK *Raphael*	Abends vor dem Schlafengehen sprühen
	Symbol: *der Karte Regeneration & Erholung*	Auftragen oder visualisieren
	Steinseelchen: *Unakit*	Meditation

21-Tage-Plan SCHICHTBLICK

für _____ Datum: _____

GEZOGENE KARTE	WERKZEUG	ANWENDUNG 21 Tage*
MENTALE SCHICHT (Erkenntniskarte)	Edelsteinessenz Serie 33	3x täglich sprühen
	Affirmation:	3x täglich laut aussprechen oder in Kalender, auf Spiegel… schreiben
EMOTIONALE SCHICHT (Seelenkarte)	Edelsteinessenz Serie KRISTALL	Bei Bedarf sprühen
	Duft:	Duftlampe oder Körperanwendung
	Wasserstein:	Täglich 2 Liter trinken
STOFFLICHE SCHICHT (Körperkarte)	Edelsteinessenz Serie CHAKRA	Bei Bedarf sprühen
	Leitstein:	Tragen, umhängen
SPIRITUELLE SCHICHT (Spiritkarte)	Edelsteinessenz Serie MYSTIK	Abends vor dem Schlafengehen sprühen
	Symbol:	Auftragen oder visualisieren
	Steinseelchen:	Meditation

Alle Werkzeuge sind als **Unterstützung** für Deine Entwicklung gedacht. Es steht Dir natürlich frei welche Du für Deine Entwicklung verwenden möchtest. Der Entwicklungsplan stellt sozusagen die **Vollversion** dar. Hier eine Kurzvorstellung der Werkzeuge:

Erzengel – Karten

Engel sind Boten der geistigen Welt, der göttlichen Quelle und immer für uns ansprechbar. Wir können mit den 8 Karten der Erzengel oder den 33 Themenkarten der Serie 33 einen Erzengel als Tages-, Nacht- oder Ritualkarte wählen.

Folgende Fragen können wir beim Ziehen der Karte stellen.

- *„Welcher Erzengel kann mir in meinem Tagesbewusstsein helfen, dieses (oder jenes) Problem zu lösen?".*
- *„Welcher Erzengel kann mir in meiner Traumzeit helfen, dieses (oder jenes) Problem zu lösen?"*
- *„Zeige mir den Erzengel, der mich die nächsten 21 Tage bei meinem spirituellen Ritual begleiten wird."*

Die **Tageskarte** ermuntert uns **offensiv** und **bewusst** mit den Erzengelthemen zu arbeiten. Du kannst Erzengelmeditationen mit Deinem gewählten Erzengel machen, Dich in das Bild des Erzengels mit seinem Symbol vertiefen und/oder die betreffende Edelsteinessenz aus der Serie Mystik anwenden. Beschäftige Dich zusätzlich mit Affirmation, Stein und Duft des Erzengels.

Im **Schlaf** wechseln wir auf die **Traumzeitebene** und können **Astralreisen** machen. Viele Schwierigkeiten lassen sich hier **leichter lösen** und wir haben für die wache Zeit wieder **neue Energie und Kraft**. Mit der **Nachtkarte** hilft uns der gewählte Erzengel in der Traumzeit bei der **Verarbeitung** von **Problemen** und **Schwierigkeiten**. Du kannst vor dem Einschlafen die Erzengelmeditation mit Deinem gewählten Erzengel durchführen. Betrachte das Bild und das Symbol auf der entsprechenden Seite und verwende die betreffende Edelsteinessenz aus der Serie Mystik.

Wenn Du das **21 Tage-Ritual** machen möchtest, führe die angegebenen Übungen **regelmäßig** durch.

Steinseelchen – Meditationskarte

Ähnlich wie bei der Erzengel-Nachtkarte kannst Du Dir speziell für Deine **Meditations- oder Ruhezeiten** ein Thema wählen. Mische die Karten der **Serie 33** und ziehe eine Karte mit folgender Frage: *„Welches Steinseelchen hilft mir während meiner Meditations- oder Ruhezeit Botschaften zu empfangen oder mein Problem zu lösen?".*

Du kannst vor oder während der Meditation die betreffende Edelsteinessenz aus der Serie 33 anwenden und das Steinseelchen bei der Meditation in die Hand nehmen. Vertiefe Dich vor der Meditation in die Fotografie des Steinseelchens und erlaube Dir freie Assoziationen zum Makrobild. Beschäftige Dich auch mit den Themen des Steinseelchens.

Legungen mit den Karten der Serie Chakra

Die Lehre der Chakren kommt aus der **indischen** Tradition. Sieben feinstoffliche **Energiezentren** unseres Körpers nehmen Prana (Lebenskraft) aus dem Universum auf und sorgen für eine Verteilung der göttlichen Energien in unseren Schichten. Wie kreisende und pulsierende Blüten sorgen sie für den Energieaustausch. Sie geben Verbrauchtes ab und nehmen „Prana" auf.
Sind unsere „Chakra-Blüten" ganz geöffnet und die Energien können gut fließen, befinden wir uns im Zustand absoluter **Ausgewogenheit** und **Gesundheit**.
Altes wird abgegeben, Neues wird aufgenommen. Häufig sind wir jedoch in einigen **Chakren blockiert**, dann sind unsere Energieblüten klein oder beinahe geschlossen. Daher funktioniert unsere Energiebalance nicht mehr. Es kann zu **Stauungen**, **Blockaden** oder **Mangelzuständen** kommen, die oftmals einhergehen mit **körperlichen** und/oder **psychischen Beschwerden** sowie **behindernden Symptomen**. Es gibt viele Möglichkeiten die **Chakren** zu **reinigen** und zu **aktivieren**.

Mit der Schichtblick-Methode wollen wir es immer ganz genau wissen. Wir möchten wissen, **welche Themen welche Chakren blockieren** und nicht einfach ein allgemeines Reinigungsritual durchführen. Das Wissen um die Themen bindet auch unseren Geist in den Prozess der Heilung mit ein. Meistens wird der Zustand der Chakren mit energetischen oder kinesiologischen Testmethoden ermittelt. Bei der Schichtblick-Methode verwenden wir wieder die Karten dafür.

Chakra – Einzelkarte

Obwohl unsere Chakren ein zusammengehöriges System bilden, kann es doch sein, dass ein einzelnes Chakra zu wenig Energie hat oder nicht optimal arbeitet. Wie bei den Themen- und Erzengelkarten kannst Du auch bei den 7 Chakrakarten eine einzelne Karte mit einer der folgenden Fragen ziehen:

- **Welches Chakra benötigt zurzeit meine größte Aufmerksamkeit?**
- **Welches Chakra benötigt Energie?**
- **Welches Chakra benötigt Reinigung?**
- **Wo ist meine aktuelle Schwäche?**
- …

Wenn Du weißt, welches der Chakren Deine Aufmerksamkeit benötigt, kannst Du in der Kartenübersicht bei den Chakrenseiten ab Seite 232 nachlesen ob du eine physische oder psychische Entsprechung erkennen kannst. Du kannst dann alle der angebotenen Tipps und Werkzeuge anwenden.

Chakra – Kombi-Legung

Aufbauend auf die Einzelkarte, die Du bei der vorigen Legung gezogen hast, kannst Du auch noch aus den Karten der Serie 33 eine Themenkarte für genau dieses Chakra ergänzend ziehen. Damit erkennst Du zusätzlich **WELCHES Thema** dieses **Chakra schwächt**. Verwende auch hier die empfohlenen Werkzeuge. Die Frage lautet: *„Welches Chakra benötigt meine Aufmerksamkeit und welches Thema blockiert dieses Chakra?"*. Das ist wieder eine tolle Frage für Maria.

Beispiel KOMBI-Legung: Maria Sie zieht sich als schwächstes Chakra das NABELCHAKRA aus den 7 Chakrakarten und als blockierende Energie dieses Chakras die Karte „Sprache und Ausdruck".

Chakrakarte:    Themenkarte:

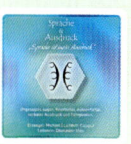

Maria liest die Themen des Nabelchakra durch und holt sich zusätzlich die Informationen von der Karte „Sprache & Ausdruck". Nun hat sie eine Idee davon, warum gerade dieses Thema ihr Nabelchakra blockiert. Sie hat Probleme ihre Wahrheiten auszusprechen und ihre Kreativität zu leben. Das schwächt ihre Mitte und damit das Nabelchakra mit all seinen Qualitäten. Sie verwendet den Nabelchakra-Spray regelmäßig und beachtet die weiteren Tipps.

Chakrasonne und das Mantra der Hilfreichen Affirmationen

Die Chakrasonne ist wieder eine umfangreiche Legung für die Du Dir etwas Zeit nehmen solltest. Lege Deine 7 Chakrakarten in dieser Form vor Dich in.

Dann mische die 33 Themenkarten und ziehe 7 Karten daraus. Diese legst Du – **beginnend mit dem Wurzelchakra** im Uhrzeigersinn auf die Chakrenkarten. Die letzte Karte kommt auf das Herzchakra. Durch diese Legung bei der wir auf **jedes Chakra** ein Thema legen, erfahren wir genauer, WARUM dieser oder jener Bereich eine Schwäche aufweist. Du kannst dann jedes einzelne Thema nachlesen und überlegen, was sich dahinter verbergen könnte. Eine sehr effiziente und wirkungsvolle Anwendung ist es ein individuelles **Mantra** für Dich zu erstellen. Ein Mantra ist ein Wort, ein Satz oder Sätze, die uns im Geist, im Denken so wie eine Affirmation unterstützen. Natürlich ist ein Mantra noch viel mehr, aber in unserer Schichtblick-Methode reicht es uns, wenn wir diese hilfreichen Affirmationen voller Bewusstheit aussprechen.

Mantra der hilfreichen Affirmationen
Du hast jetzt für jedes Chakra ein Thema gewählt. Schreibe Dir beginnend beim Wurzelchakra, die hilfreichen Affirmationen aus der Themenseite für das entsprechende Chakra heraus und bilde ein einziges Mantra damit.

Hier wieder ein Beispiel von Maria – sie hat folgende Karten gezogen:

Chakra	Thema	Hilfreiche Affirmation
Kronenchakra (Beziehung zu Gott)	Kraft & Erfolg	*Es ist in Ordnung wenn ich erfolgreich bin!*
Stirnchakra (Beziehung zum Wissen)	Intuition	*Ich weiß, warum ich intuitiv entscheide!"*

KAPITEL B – DIE WEGE
LEGESYSTEME MIT DEN KARTEN

Chakra	Thema	Hilfreiche Affirmation
Kehlchakra (Beziehung zum Wort)	Berufung erkennen	*Ich kann mein Ziel definieren!*
Herzchakra (Beziehung zur Liebe)	Mut zum Konflikt	*Ich liebe achtsame Konfliktlösung!*
Nabelchakra (Beziehung zum Beruf/Ego)	Sprache & Ausdruck	*Ich will mich ausdrücken!*
Sakralchakra (Beziehung zum DU)	Erdung & Urvertrauen	*Ich fühle mich geerdet!*
Wurzelchakra (Beziehung zum ICH)	Regeneration & Erholung	*Ich bin OK wenn ich mich erhole und regeneriere!"*

Schon alleine durch diese Legung wird Maria klarer, wie ihr aktueller Energiestatus ist und wo die Energieräuber sitzen. Somit lautet Marias Mantra der hilfreichen Affirmationen:

„Ich bin ok wenn ich mich erhole und regeneriere, ich fühle mich geerdet und will mich ausdrücken, ich liebe meinen Mut zu achtsamen Konflikten und kann meine Ziele definieren. Ich weiß, warum ich intuitiv entscheide und es ist in Ordnung wenn ich kraftvoll bin!"

Nicht vergessen!
Wir ziehen immer den **Mangel** – also könnte Maria auch sagen: *„Im Wurzelchakra fehlt mir Regeneration und Erholung", „im Sakralchakra fehlt mir Erdung und Urvertrauen"*…etc.

Wenn Du nun DEIN Mantra gefunden hast, verwende es auch wieder 21 Tage lang. Schreibe es auf und lese es Dir so oft vor wie Du magst aber mindestens 3x täglich für 3 Wochen. Du wirst sehen diese mentale Einstimmung bringt eine Veränderung mit sich.

Du kannst Dich **vertiefend** mit der **Beschreibung** der einzelnen Chakren beschäftigen und intuitiv einzelne Werkzeuge verwenden.

KAPITEL C
DIE WERKZEUGE DER SCHICHTBLICK-METHODE

WARUM WERKZEUGE?

Es kam einmal ein etwas älterer Herr in unser Geschäft. Er blickte auf die mit viel Herzensliebe ausgewählten Produkte unseres Ladens und sagte: *„Das alles brauchen wir in Wirklichkeit nicht. Es ist alles in uns, Materie ist eine Illusion und darum könnt Ihr eigentlich zusperren!"*
Im ersten Moment waren wir ganz perplex und konnten gar nichts sagen. Wir zogen uns für diese Situation unmittelbar eine Karte aus den 33 Themenkarten (es kam ABWEHR). Er ging noch ein wenig unbehelligt herum und musterte die Produkte abschätzig und verließ unser Geschäft wieder. Es dauerte schon ein Weilchen bis wir uns gefangen hatten, denn seine Worte hatten uns natürlich verärgert und aufgewühlt. Wir waren ja keine Zen-Meister mit stoischer Gelassenheit. Aber immer wenn wir Ärger in uns spüren, wissen wir, dass es eine „Goldgrube" sein kann, wenn wir den Ärger näher betrachten. Also spürten wir seinen Worten nach. Seine Abwertung und Unhöflichkeit ließen wir an uns vorübergehen, denn das hatte vermutlich mehr mit ihm zu tun als mit uns. Aber das Gesagte wollten wir noch ein wenig genauer unter die Lupe nehmen.

Brauchen wir wirklich gar nichts?

Zu dieser Zeit war gerade der Film über die Lichtnahrung in den Kinos und auch da gab es Menschen, die keinerlei stoffliche Nahrung mehr zu sich nehmen wollten. Wir kannten HeilerInnen, die ohne irgendwelche Werkzeuge arbeiten wollten. Wir spürten nach und da war es uns plötzlich klar. Es ging natürlich um das **WOLLEN**. Und nicht um ein richtig oder falsch. Wir sind (stoffliche) Menschen mit einem wunderbaren Körper, einer tollen Seele und einem genialen Geist. Es liegt in der Freiheit jeder einzelnen Person zu essen oder nicht zu essen, Edelsteine zu verwenden oder nicht, Edelsteinessenzen zu sprühen oder nicht... **In Wirklichkeit BRAUCHEN wir das alles vielleicht gar nicht aber wir dürfen es WOLLEN**. Wir schauten uns an und wussten: Wir wollen nicht nur von Licht leben, denn dazu schätzen wir ein gutes Essen viel zu sehr. Wir wollen nicht nur im geistig-spirituellen Bereich arbeiten, denn dazu lieben wir unsere Schatzkiste viel zu sehr. Ob die faszinierenden Edelsteine, die funktionellen Edelsteinessenzen, die wunderbaren Düfte, die ausdrucksstarken Symbole, die geistreichen Affirmationen oder die in die Tiefe gehenden Makrobilder der Edelsteine - wir freuen uns aus ganzem Herzen, Dir mit der Schichtblick-Methode einige unserer allerliebsten Lieblingswerkzeuge vorzustellen.

EDELSTEINE

Edelsteine sind hilfreiche Werkzeuge aus der Welt der **Steinheilkunde**. Wir verwenden bei Schichtblick in erster Linie **33 den Lebensthemen zugeordnete Edelsteine**. Wir haben uns aus mehreren Gründen bewusst für genau diese Steine entschieden.

- Sie sind am Markt in verschiedensten, auch fair gehandelten Varianten **gut erhältlich**
- Sie sind **kostengünstig**
- Sie sind einfach **wunderbar** und wir **brauchen vorerst nicht mehr** als diese 33 Edelsteine.

Wenn Du Dich mehr mit Edelsteinen befassen möchtest, dann empfehlen wir Dir die weiterführende Literatur im Anhang.

Edelsteine und Mineralien wirken bevorzugt auf der unmittelbar **stofflichen** und **emotionalen** Schicht. Sie sind treue **Begleiter** und **Freunde**. Sie sind geduldig und abwartend. Edelsteine sind nicht drängend oder fordernd sondern wollen **aktiviert** werden. Wie meinen wir das? Stell Dir vor wir stehen in unserem Geschäft der Engelalm inmitten unserer Tausenden von Steinen. Jeder dieser wunderbaren Schätze strahlt in seiner Schwingung seine Wirkungen aus und wir stehen in der Mitte. Was denkst Du das passiert? Werden wir blöd oder verrückt und drehen komplett durch weil uns die unbändige Steinenergie trifft?

Natürlich nicht! Edelsteine sind grundsätzlich **nicht offensiv** in ihrem Tun. Unsere Wahrnehmung und Erfahrung ist, dass Steine „**eingeschalten**" werden müssen damit sie klar und **eindeutig wirken**.

Der Skeptiker unter Euch wird jetzt vielleicht sagen: *„Ja, das ist ja nur Placebo, wenn ich einen Stein einschalten oder an ihn glauben muss, damit er wirkt, was ist denn das für ein Blödsinn?"* Dann würden wir sagen*: „Ja, lieber Skeptiker, dann kannst Du Deinen Ofen auch schon mal zum Müll werfen, denn ohne Einschalten würde hier auch keine Kartoffel warm werden."*

Edelsteine sind vergleichbar mit dem **Radiohören**. Wenn Du mit ihnen kommunizieren möchtest, solltest Du sie einfach kurz **aktivieren**. Das bedeutet, dass Du Dein Bewusstsein darauf richtest und das ist schon „einschalten" genug. Wir sagen zum Beispiel: *„Hallo lieber Chalcedon, es wäre jetzt total super, wenn Du mich beim Gespräch unterstützen würdest!"*

Was kannst Du nun alles mit den Edelsteinen tun?

Du kannst sie als **Handschmeichler** verwenden und einfach in Deiner Hosentasche spazieren tragen. Auch auf das Nachtkästchen oder unter den Kopfpolster lassen sich Steine gut legen. Ob nun ein großer Rohstein aus Sodalith im Garten oder eine

Pyramide aus Tigerauge auf dem Schreibtisch, als **Blickfang** eignen sich die Edelsteine wunderbar.

Wenn Du aktiv mit den Chakren arbeitest, kannst Du flache Steine auf die **Chakren** legen, Steine in Stab- oder Kugelform für Meridianaktivierung verwenden und **Steinmassagen** machen.

Hildegard von Bingen empfiehlt einen Stein in den Mund zu nehmen und den Speichel zu schlucken. Das wäre dann sogar schon eine erste **Steinessenz**. Steine lassen sich auch wunderbar in **Cremes** und **Öle** einlegen, um ihre wunderbare Schwingung zu übertragen. Aber auch hier ist zu beachten, dass jede nicht direkte Steinanwendung „eigentlich" schon eine **Potenzierung** (Verdünnung) der Steinschwingung ist.

> **Hier ein kleines Beispiel**: Nehmen wir den **Prasem** - ein wunderbarer lauchgrüner Kristallquarz. Ihm wird grundsätzlich die Eigenschaft „besänftigend" zugesprochen. Aber was soll er besänftigen? Das Gemüt, die Haut, den Geist? Um hier die für uns richtige Wirkung zu erreichen, müssen wir folgende Regeln beachten:
>
> - **Für die stoffliche Schicht (Körper): niedrige Potenz**
>   den Stein direkt auf die Haut auflegen
>   (bei Sonnenbrand/Hitzezustände)
> - **Für die emotionale Schicht (Seele): mittlere Potenz**
>   den Stein als Wasserstein einlegen und das Steinwasser trinken
>   (bei Wut /emotionale Erregung)
> - **Für die mentale Schicht (Geist): hohe Potenz**
>   den Stein als Edelsteinessenz zum einnehmen oder einsprühen
>   anwenden (wenn ich die Ursache meiner Wut erkennen und mich
>   auf einen Erkenntnisprozess einlassen möchte)
> - **Für die spirituelle Schicht (Spirit): sehr hohe Potenz**
>   mit dem Prasem Steinseelchen Meditationen machen oder mit
>   dem zugehörigen Erzengel arbeiten

Steinwasser / Wassersteine

Du kannst also je nach Wunsch für die seelische Befindlichkeit die Steine als Wassersteine verwenden. Dafür werden sie nicht zerrieben oder beschädigt, sondern ganz achtsam wird nur die Schwingung in Wasser gespeichert. Besonders in dieser „Verdünnung" wirken sie auf der Gefühlsebene. Wie geht's?

1. Stein wählen

Verwende den Stein Deiner Wahl bzw. verwende den Edelstein, der Dir auf der Themenseite vorgeschlagen wurde und kombiniere ihn eventuell mit zwei/drei Bergkristallen, die seine Wirkung noch verstärken.

Wir verwenden gerne getrommelte Edelsteine für das Einlegen in Wasser. Damit schließen wir eine Verletzungsgefahr durch mögliche Splitter aus. Im Handel werden aber oft Rohsteine wegen des Preises als Wassermischungen angeboten. Manche Menschen glauben, dass Rohsteine eine bessere Wirkung haben. Das können wir nicht bestätigen. Überprüfe einfach wie Du es gerne möchtest und achte auf die Sicherheit wenn Du mit Rohsteinen arbeitest.

2. Reinigung der Steine
Reinige die gewählten Steine unter fließendem Wasser. Beachte bitte die beiden Kapitel auf den Folgeseiten über die mechanische und energetische Reingung von Steinen.

3. Deine Wassermischung
Stelle Dir einen Krug oder ein Glas mit klarem Wasser bereit und gib die gereinigten Steine hinein. Du kannst gleich damit beginnen Dein Wasser zu trinken.

Tipp 1: Jeden Abend die Steine aus dem Wasserglas oder Wasserkrug wieder herausnehmen und über Nacht in eine Amethystdruse oder Bergkristallbettchen geben.

Tipp 2: Kalkablagerungen kannst Du mit einem milden Apfelessig entfernen. Einfach etwas Apfelessig in den Krug (mit Wasser und Steinen) geben, über Nacht einwirken lassen und am Morgen manuell Kalk abwischen (vom Krug und den Steinen) – funktioniert super!

Tipp 3: Achtung nicht alle Steine sind als Wassersteine geeignet. Entweder sind sie giftig, lösen sich auf oder können sich im Wasser verändern.

Tipp 4: Achtung Wasser wertet nicht! Es speichert nicht nur die Steinschwingung sondern auch so manches unliebe Wort, das in seiner Nähe gesprochen wird. Also lieber öfter mal das Wasser wechseln!

Einleitmethode

Die 33 Steine der Schichtblick-Methode sind **alle ungiftig**, aber bei einzelnen Steinen bietet sich die Einleitmethode an. Halit (Aurareinigung) löst sich in Wasser auf, Anhydrit (Entwünschungen) vergipst und Kupfer (Herzenswunsch) als Metall würden wir auch nicht in das Wasser geben sondern einleiten.

Genauso wie Wasser die Energien leitet und speichert, kann dies auch ein Bergkristall. Er ist also unser **Bote** zwischen **Stein** und **Wasser**. Einfach Wasserglas (oder Krug) mit Wasser befüllen. Dann eine Bergkristallspitze zum Krug oder Glas legen und zur Endfläche Deinen Wunschstein legen. Der Bergkristall soll mit Glas und Stein in Kontakt sein.

Aufladen und Entladen

Wir werden immer wieder gefragt, wie das mit dem **Aufladen** und **Entladen** der Steine funktioniert. Unsere Haltung dazu ist, hier den Steinen die steineigene Kompetenz zu lassen, die sie einfach haben. Wir sind davon überzeugt, dass ein Wesen, das bereits Jahrmillionen auf dieser Welt existiert, sicherlich keinen Menschen benötigt, der ihn auflädt und dem Steinwesen sagt, wer und was es ist.
Vielmehr denken wir, dass Steinwesen - egal welche Funktion sie für uns übernehmen, nur **von UNSEREN Energien**, die wir ihnen aufbürden, **gereinigt** werden müssen. Unter dieser menschlichen „Schmutzschicht" haben die Steine ihre Identität, die sie immer hatten. Darum halten wir jedes „Aufladen" der Steine für vollkommen unnötig. Steine gehören auch nicht in die pralle Sonne. Dort können sie ausbleichen.

Es gibt natürlich viele wunderschöne **Edelstein-Rituale** kombiniert mit **Luft**, **Sonne**, **Wasser**, **Feuer**, die **für uns** wirksam sind. ABER die Steine selber brauchen diese Rituale nicht um ihre Identität zu kennen.

Eine **Sonderfunktion** erfüllen manche Steine, die sich als "**Speicher**" zur Verfügung stellen. Sie lassen sich mit unseren Botschaften **programmieren**. Vor allem der Bergkristall (Quarz) ist hier ein toller Helferstein.
Eine besondere Stellung nehmen auch unsere **Steinseelchen** in der Welt der Edelsteine ein. Aber auch sie werden **nicht umprogrammiert** sondern stellen sich für die Arbeit in der Meditation mit ihren eigenen Themen zur Verfügung. Der Unterschied ist einfach, dass mit ihnen die Kommunikation leichter klappt, da das ihre Berufung ist. Daher sind Steinseelchen nicht manipuliert sondern lediglich in Kommunikationstechnik geschult. Ein wesentlicher Aspekt ist die Auswahl der richtigen Edelsteine und die Erlaubnis des Steinwesens mit ihm in dieser Weise zu arbeiten.

Die mechanische Reinigung von Steinen

Die mechanische Reinigung ist notwendig, um die Heilsteine von äußeren Ablagerungen, wie Staub und Schmutz zu befreien.
Abstauben mit einem Tuch oder Pinsel. Bei Steinen mit einer glatten Oberfläche ist das am einfachsten.
Mit **Wasser** abspülen – danach mit einem sauberen Baumwolltuch abtrocknen. Die Steine, an denen der Schmutz sehr anhaftet, sollten abgebürstet und dann unter fließendem Wasser gereinigt werden.
Eine gründlichere mechanische Reinigung ist vor allem dann nötig, wenn wir mit Steinen für Heilzwecke arbeiten. Besonders frisch vom Geschäft oder Laden weg empfiehlt sich das **Abbürsten** und anschließende **Abspülen** unter fließendem Wasser. Um tieferen Verunreinigungen entgegen zu wirken, ist es gut, die Steine nach der Reinigung mit Alkohol zu **desinfizieren**. Danach können sie noch einmal kurz abgespült werden und der saubere Stein ist fertig! Eine weitere Form der Reinigung ist die Energetische Reinigung.

Energetische Reinigung von Steinen

Steine können nicht nur äußerlich verschmutzen sondern nehmen auch **energetischen „Müll"** auf. Wenn wir mit ihnen im Kontakt sind können sie Informationen und Energien von uns übernehmen. Ähnlich wie überall müssen auch Steine bei entsprechender Verschmutzung wieder gereinigt werden. Der Stein kann im verschmutzten Zustand nichts mehr übernehmen und auch keine Informationen mehr abgeben. Eine sehr sanfte Methode für die Löschung dieser Energien ist das Auflegen der betroffenen Steine auf Amethyststücke oder das Hineinlegen direkt in eine Amethystdruse. Hier kann der Stein für längere Zeit verweilen. Amethyste haben eine reinigende Wirkung und entfernen die unerwünschten Fremdenergien.

Eine weitere effektive Methode ist die **Reinigung mit Salz**. Dabei wird der Stein aber nicht direkt mit dem Salz in Berührung gebracht, denn das würde seine Oberfläche beschädigen.

Nimm zwei verschieden große, neutrale Glasgefäße und fülle in das größere Glas normales Salz ein. Ob Du nun ein Salz aus dem Himalaya oder aus dem Meer verwendest ist nicht so wichtig. Das kleinere Gefäß drückst Du nun leicht in die Mitte des mit Salz befüllten größeren Glases. Den Stein legst Du dann in das innere, kleinere Glas. Da Salz zehrend wirkt, solltest Du die Verweildauer nicht zu lange machen. Zwei Stunden sind in der Regel genug.

Du kannst Heilsteine auch mit den verschiedensten **Licht- Energie- und Meditationsritualen** reinigen. Auch mit unseren Edelsteinessenzen (Aurareinigung, Entwünschung, Gabriel) ist eine Reinigung gut möglich.

Tipp für die Anwendung der Leitsteine/Edelsteine:

Wenn Du die Edelsteine bevorzugt für die körperliche Entsprechung verwenden magst, dann wähle Steine, die Du als **Handschmeichler**, **Kette**, **Anhänger**… am **Körper** tragen kannst. Flache Steine lassen sich auch gut auf die **Chakren auflegen** und mit Pflaster ankleben. Und eine einfache **Steinmassage** ist immer eine wunderbare Sache.

Die Schichtblick Edelsteine und ihre Wirkung

Leitstein	Emotionale Schicht	Stoffliche Schicht
ACHAT (Schutz & Abgrenzung)	Stabilität, Sammlung, Reife, Schutz, Geborgenheit, Sicherheit, Realitätssinn, pragmatisches Denken, einfache Problemlösung	Augen, Hohlorgane (Magen, Darm etc.), Blutgefäße und Haut, Schwangerschaftsschutzstein
AMAZONIT (Berufung erkennen)	Bestimmung des eigenen Schicksals, Stimmungsausgleich, harmonisches Zusammenwirken von Verstand und Intuition Pubertätsstein, Zielrichtungsstein	reguliert Stoffwechselstörungen (Leber), harmonisiert Gehirn, vegetative Nerven, innere Organe, zur Geburtshilfe
AMETHYST (Meditation & Innerer Frieden)	Friede, Spiritualität, Klärung, Meditation, für Intuition, gute klare Träume, verbessert unruhigen Schlaf, fördert bewusste Wahrnehmung und das Verarbeiten von Erfahrungen	Kopfschmerzen, Lunge, Haut, Nerven
ANHYDRIT (ANGELIT) (Entwünschungen)	Stabilität, Stehvermögen, extreme psychische Belastungen und Unsicherheit, löst fruchtloses Grübeln und fixe Ideen auf	regt Nierenfunktion und Wasserhaushalt an, Abbau von Ödemen
AQUAMARIN (Erweiterte Wahrnehmung)	Weitblick, Voraussicht, fördert Ausdauer, Disziplin, Leichtigkeit und Gelassenheit, klärt Verwirrungen auf, regt an Unerledigtes zu erledigen	hilft bei Allergien, Heuschnupfen, Beschwerden der Augen, Atemwege, Schilddrüse, Harnblase
AVENTURINQUARZ (Gute Träume & Zuversicht)	Unbeschwertheit, hilft bei Nervosität, Stress und Einschlafschwierigkeiten, hilft Sorgen und kreisende Gedanken loszulassen	Beugt Herzinfarkt und Arteriosklerose vor, lindert Ausschläge, Entzündungen Sonnenbrand, Sonnenstich
BERGKRISTALL (Schutzengel)	Klarheit, Neutralität, stärkt den eigenen Standpunkt, verbessert die Erinnerung, verbessert die Wahrnehmung, macht bewusst und bringt Klarheit im Denken	fördert Energiefluss, Nerven, Gehirn Drüsen, lindert Schmerzen und Schwellungen
CHALCEDON blau (Sprache & Ausdruck)	Kommunikation, stärkt Redekunst und Selbstausdruck, unterstützt beim Hinhören und Verstehen	fördert Lymphfluss, Schilddrüse, Nieren u. Blase, hilft bei Heiserkeit, Erkältungen, Allergien, wirkt blutdrucksenkend, fiebersenkend
CHIASTOLITH (Selbsterkenntnis - Wollen)	Identität, Umsetzen der Lebensaufgabe, löst Ängste und Schuldgefühle auf, fördert Realitätssinn und Nüchternheit	lindert Übersäuerung, Rheuma, Gicht hilft bei Erschöpfung, Schwächezuständen, Lähmungserscheinungen
CITRIN (Selbstvertrauen - Tun)	Lebensmut, bringt Lebensfreude, stärkt den Selbstausdruck, hilft bei Depression, unterstützt bei der Aufnahme und Verarbeitung von Eindrücken	stärkt Nerven, Magen, Milz, Bauchspeicheldrüse, Bettnässen
DOLOMIT (Mut zur Fröhlichkeit)	Stabilität bei heftigen Gefühlsausbrüchen, unterstützt Begabungen, Entwicklung von Fähigkeiten	lindert Muskelkater, wirkt krampflösend gut für Blut, Herz, Kreislauf und Blutgefäße

KAPITEL C – DIE WERKZEUGE
EDELSTEINE

Leitstein	Emotionale Schicht	Stoffliche Schicht
DUMORTIERIT (Frei von Abhängigkeiten)	Losgelöstheit, Depressionen, Nervosität und Stress, hilft zwanghafte Verhaltensmuster (Sucht) aufzulösen und das Leben leichter zu nehmen	lindert Kopfschmerzen und Krämpfe, Durchfall, gegen Übelkeit, gegen Erbrechen
EDELJASPIS (Kraft & Erfolg)	Willenskraft, macht mutig, Dynamik, bringt Energie und fördert Power, bringt Courage für unangenehme Aufgaben, macht geistig rege	durchwärmt, durchblutet, belebt regt den Kreislauf an, wirkt fiebertreibend
GRANAT (Krisenlösung)	Krisenbewältigung, Lebensqualität, fördert Gelassenheit, Mut und Ausdauer, baut Hemmungen ab, regt die Sexualität an, unterstützt das Bestreben nach Verbesserung	fördert Blutqualität und Durchblutung Hilft bei Blasenbeschwerden
HALIT (Aurareinigung)	Schutz, Reinigung, bringt Lebendigkeit und Gleichgewicht, löst unbewusste Denk- und Verhaltensmuster auf	reguliert Stoffwechsel und Wasserhaushalt, entschlackt, entgiftet, reinigt und schützt Atemwege, Darm und Haut
HELIOTROP (Selbstheilungskräfte)	Immunschutz, fördert die Abgrenzung, hilft bei der Wahrung der Kontrolle	stärkt Lymphe und Immunabwehr, hilft bei Beschwerden von Herz, Blutgefäßen und Blase, Grippe, Erkältungen, Infektionen, Entzündungen und Eiterbildung
KUPFER (Herzenswunsch)	Schönheitsempfinden, Ästhetik, Harmonie, Liebe zu allen Wesen, bringt verspielte Kreativität, fördert Gerechtigkeitssinn	macht fruchtbar, lindert Krämpfe und Menstruationsbeschwerden, stärkt Leber und Gehirn
MAGNESIT (Selbstliebe & Selbstachtung)	Nachgiebigkeit, lindert Stress, Entspannung, macht geduldig, hilft bei Nervosität, Ängstlichkeit und Gereiztheit	entgiftet, entsäuert, lindert Verspannungen und Krämpfe Migräne, Kopfschmerzen, beugt Gefäßablagerungen und Herzinfarkt vor
MARMOR (Veränderung & Neubeginn)	Selbstbefreiung, unterstützt bei der Abwehr gegen Unterdrückung, bessert ständige Unzufriedenheit hilft Resignation zu überwinden	fördert Entschlackung und Ausscheidung, lindert Allergien, stärkt Milz, Nieren, Darm, Gewebe und Haut
MONDSTEIN (Intuition)	Intuition, bringt Gefühlstiefe, hilft bei Mondsüchtigkeit, macht offen für Eingebungen und Impulse	Bringt Hormonzyklen mit den Naturrhythmen in Einklang, Menstruationsbeschwerden, Geburt, Klimakterium
OBSIDIAN (Schattenseiten integrieren)	Auflösung, löst Schock, Traumata und Blockaden, Integration eigener Schattenseiten, brachliegende Fähigkeiten	Löst Schmerzen, Verspannungen und Gefäßverengungen auf, fördert Durchblutung und Wundheilung auch bei extremer Unterversorgung, bringt warme Hände und Beine
PRASEM (Sanftmut & Vergebung)	Beherrschung, erleichtert das Loslassen von Zorn und Wut, hilft bei Kontrollverlust	lindert Strahleneinflüsse, Sonnenbrand Sonnenstich, Hitzschlag, Insektenstiche Blasenbeschwerden
RAUCHQUARZ (Entspannung)	Entspannung, baut Spannungen ab, hilft bei Stress, fördert eine nüchterne und pragmatische Haltung	hilft bei Kopfschmerzen, Nacken- und Rückenverspannungen, lindert Schmerzen, stärkt die Nerven
RHODOCHROSIT (Sinnlichkeit & Leidenschaft)	Aktivität, macht munter und fröhlich, fördert Sexualität und Erotik, macht dynamisch, lässt die Arbeit leicht von der Hand gehen	bringt den Kreislauf in Schwung, erhöht den Blutdruck, hilft bei Unterleibsbeschwerden, Migräne
RHODONIT (Mut zum Konflikt)	Seelische Wundheilung, hilft zu verzeihen, fördert gegenseitiges Verstehen	Verletzungen, Wunden, Blutungen, Insektenstiche, stärkt Muskeln, Herz, Kreislauf, hilft bei Autoimmunerkrankungen, Magengeschwüre

Leitstein	Emotionale Schicht	Stoffliche Schicht
ROSENQUARZ (Liebe & Beziehungen)	Empfindsamkeit, steigert das Einfühlungsvermögen, hilft bei sexuellen Schwierigkeiten, Liebesfähigkeit, Herzöffnung, Romantik	Harmonisierung Herzrhythmus, fördert Geschlechtsorgane und Fruchtbarkeit.
SARDONYX (Trauer & Loslassen)	Sinneswahrnehmung, Tugend, Aufrichtigkeit und Charakterstärke, verfeinert die Wahrnehmung und fördert deren Verarbeitung	fördert alle Sinne, hilft bei Ohrenbeschwerden und Tinnitus, stärkt die Milz, verhindert Krankheits-Rückfälle
SELENIT (Heilkräfte aktivieren)	Abschirmung, Kontrolle, fester Halt, beruhigt bei Gereiztheit und Hyperaktivität, schützt vor Kontrollverlust, hilft sich zurückzuziehen, bewusste Wahrnehmung, Auflösung eigener Muster	festigt das Gewebe und wirkt schmerzlindernd
SODALITH (Selbstbewusstsein - Sein)	Wahrheitssuche, löst Schuldgefühle auf, Authentizität, steigert Bewusstheit, Idealismus und Wahrheitsstreben	fördert die Flüssigkeitsaufnahme, hilft bei Heiserkeit, Stimmverlust, Fieber, Übergewicht, hoher Blutdruck
TIGERAUGE (Konzentration)	Durchblick, Distanz, hilft bei Stress, Belastung und von außen einstürmenden Stimmungen, schärft die Sinne	reguliert die Nebennieren, lindert Asthmaanfälle
TURMALIN SCHÖRL (Abwehr)	Neutralität, fördert Gelassenheit, lindert Stress, schützt vor äußeren Einflüssen, verbessert den Schlaf, macht nüchtern, klar, logisch und rational	Strahleneinflüsse, Schmerzen, Verspannungen, Taubheitsgefühl, entstört Narben
UNAKIT (Regeneration & Erholung)	Genesung, wirkt aufbauend und stärkend, Frustrationen durch Fehlschläge, Abwertung bei Fehlern	stärkt Leber und Galle, fördert die Regenerationskraft, beschleunigt Heilungsprozesse
VERSTEINERTES HOLZ (Erdung & Urvertrauen)	Bodenständigkeit, Stabilität, Verwurzelung, Erdung	kurbelt Verdauung an, regt Stoffwechsel an, stärkt die Nerven, hilft bei Übergewicht aufgrund mangelnder Erdung

Quellenangabe und Buchempfehlung: Michael Gienger „430 Heilsteine von A-Z"

Der gebänderte, blaue Chalcedon steht für die Themen Kommunikation, Redekunst und Selbstausdruck

EDELSTEINESSENZEN

Vom Heilstein zur Edelsteinessenz

Wir haben uns gerade an die „dekorativen" Steine im Wasserkrug gewöhnt. Wir freuen uns, wenn wir einen „Glücksstein" zum Geburtstag geschenkt bekommen. Wir lieben schöne und dekorative Kristalle auf unserem Buchregal, am Finger oder um den Hals. Rosenquarz und Turmalin Schörl in Rohsteinform neben dem Laptop oder Fernseher – ob die eine Wirkung haben? Aber es schadet ja nicht. Also stellen wir die edlen Kristalle einfach hin. Im Urlaub eine Edelsteinmassage – welch wunderbare Entspannung. Und der Schutzengel aus Achat oder Amethyst strahlt Sicherheit und Ruhe aus.

Sehr zögerlich aber dennoch haben wir uns an die „strahlende" Welt der Mineralien und Edelsteine gewöhnt. Und nun gibt es auch noch Essenzen, die die Schwingung der Steine in Wasser speichern? Seltsam? Werfen wir doch einen Blick in die Technik. CDs, USB-Sticks… und viele weitere Speicher oder Energiewandler nehmen Inhalte oder Energien auf, wandeln und speichern diese. Wir können dann später Musik hören, Daten runterladen, Wärme genießen. Wir kennen diese Dinge aus unserem täglichen Leben und überlegen nicht mehr, was Radio- oder Mikrowellen sind – auch wenn wir sie nicht sehen.

Und jetzt erzählen wir Dir, **dass Wasser die spezifische Schwingung eines Steines speichern kann** und sich dadurch die heilende **Wirkung dieses Steines** sogar noch **intensiviert.**
Wasser als Speichermedium? Viel wird geschrieben über energetisiertes, levitiertes oder informiertes Wasser. Wusstest Du, dass erst seit dem 18. Jahrhundert bekannt ist, dass Wasser kein Element sondern eine Verbindung von Wasser- und Sauerstoff ist?

Professor **Dr. Bernd Kröplin**, Leiter des Institutes für Statik und Dynamik der Luft- und Raumfahrtkonstruktionen in Stuttgart (ISD) ist davon überzeugt, dass in 200 Jahren alle darüber lächeln, dass die Naturwissenschaft so lange Zeit geglaubt habe, Wasser könne keine Informationen aufnehmen und weitergeben (P.M. Magazin 07/2005 „Mikrokosmos – Das geheimnisvolle Wesen Wasser**).**
Also sind wir mit den Edelsteinessenzen unserer Zeit einfach ein wenig voraus und informieren unser Wasser heute schon mit den wunderbaren Themen, die die Welt der Mineralien für uns bereithält.

Herstellung der Edelsteinessenzen

Bei dem Herstellungsverfahren werden als Ausgangssubstanz **energetisch und physisch gereinigte** Mineralien (bevorzugt aus **fairem Handel**) verwendet. In einer Glasschüssel mit Quellwasser – mit Bergkristallspitzen abgeschirmt – verbleiben die Steine für etwa 3 bis 4 Stunden im **Wasser**. Anschließend wird das informierte Wasser mit Bio-Alkohol gemischt und die **Urtinktur** ist fertig. In den Engelalm Edelstein Sprühessenzen werden dann bis zu 20 verschiedene, zueinander passende Urtinkturen vermischt, verschüttelt und aktiviert.

Bereits die Wassersteine im Wasserkrug produzieren eine Edelsteinessenz. Das ist zwar die allererste Potenzierung aber die Schwingung des Steines ist bereits im Wasser spürbar. So können Edelsteinschwingungen – ähnlich wie in der Homöopathie – in vielen verschiedenen Potenzen mit verschiedenen Wirkungen „verschüttelt" werden.

Potenzierung (Verdünnung) und Wirkung von Edelsteinessenzen

Kannst Du Dich an das Kapitel mit der Resonanz erinnern? Da haben wir doch festgestellt, wie die verschiedenen Schichten des Menschen schwingen. Hier noch einmal die Übersicht zur Erinnerung:

- **Der Körper** schwingt tief und laut
- **Die Seele** schwingt höher und leiser
- **Der Geist** schwingt noch höher und noch leiser
- **Der Spirit** schwingt ganz hoch und ganz leise

Und so wie wir das auch bei der menschlichen Schwingung erleben, ist es auch bei Edelsteinen möglich diese verschiedenen Qualitäten zu differenzieren.

- Der **Körper des Steines** (also der materielle Teil) schwingt tief und laut
- Die **Seele des Steines** (leichte Verdünnung) schwingt höher und leiser
- Der **Geist des Steines** (stärkere Verdünnung) schwingt noch höher und noch leiser
- Der **Spirit des Steines** (ganz hohe Verdünnung) schwingt ganz hoch und ganz leise

Erinnere Dich an das Stimmgabel-Beispiel. Zwei Stimmgabeln der gleichen Stimmhöhe beginnen unabhängig voneinander zu schwingen, sobald eine angeschlagen wird. So ähnlich ist es auch mit unseren verschiedenen Schichten und den dazugehörigen Werkzeugen:

- **Der Stein** an sich wirkt am besten auf der **stofflichen Schicht**
- **Der Wasserstein** (leichte Verdünnung) wirkt am besten auf der **emotionalen Schicht**
- **Die Edelsteinessenzen** wirken je nach Verdünnung in der **emotionalen, mentalen** und **spirituellen Schicht**.
- **Und Steinseelchen** wirken am besten auf der **spirituellen Schicht**

Steine kaufen und Steinwasser herstellen ist eine leichte Angelegenheit und macht Freude. Edelsteinessenzen zu produzieren erfordert schon ein wenig Know-How. Das haben wir für Dich gemacht und so kannst Du auf eine breite Palette von fertigen Edelsteinsprays in verschiedenen Verdünnungen zurückgreifen.

Engelalm Edelstein Essenzen

Unsere Engelalm Edelsteinessenzen nennen wir auch gerne **„Stein-Homöopathie zum Sprühen"** wobei sie natürlich nicht wie Homöopathie nach dem Simileprinzip funktionieren. Simileprinzip bedeutet, dass einem kranken Menschen eine Arznei in verdünnter Form gegeben wird, die in hoher Dosierung bei einem gesunden Menschen die gleiche Krankheit auslösen würde. Außerdem wird Homöopathie (meistens) oral eingenommen und unsere Edelsteinessenzen sind über Nase und Aura wirksam. Die Engelalm Edelsteinessenzen sind **Komplexmittel** aus bis zu 20 verschiedenen Steininformationen pro Spray. Komplexmittel im Gegenteil zu Einzelmittel bedeutet, dass nicht nur eine Steinschwingung sondern viele im Spray wirksam sind. Diese **Kombi-Rezepturen** werden dann noch ergänzt mit wohlriechenden und für die Seele hochwirksamen ätherischen Ölen.

Wir verzichten bewusst auf jegliche zusätzliche Energetisierung. Wir sind überzeugt, dass die göttliche Eigenschwingung der Edelsteine ausreicht, um uns in den verschiedenen Anwendungen zu unterstützen und unsere Selbstheilung zu aktivieren.

Engelalm Edelsteinessenzen sind also ähnlich wie Bachblüten, Schüssler Salze oder auch die Homöopathie **Schwingungsmittel.** Alle diese Mittel des **medizinisch komplementären Einsatzbereiches** entziehen sich bis heute jedem wissenschaftlichen Nachweis. Da wird herumgestritten und es werden Studien in Auftrag gegeben, die dann von den Studiengegnern wieder entkräftet werden und so geht es hin und her. Wir haben ja schon ein wenig über diesen Bereich geplaudert. Wir machen bei diesem Kräfteringen gar nicht mit. Wir vertreten die Haltung: **„Wer heilt, hat Recht und was funktioniert das stimmt (wenn auch nur für mich)".**

> Und ein kleiner Hinweis:
> „Niemand muss an Edelsteinessenzen glauben
> um ihre Wirksamkeit zu erleben".

Die Serien der Engelalm Edelstein Essenzen im Überblick

Gerne stellen wir Dir unsere vier Serien vor, damit Du die verschiedenen Potenzen mit ihren Wirkungen differenzieren kannst. Alle Serien wirken zusätzlich auf der **emotionalen Ebene**, da über die Kombination mit **ätherischen Ölen** hier die Wirkung erzielt wird.

Du kannst jede der Edelsteinessenzen **einmalig als Impuls** für ein bestimmtes Thema oder **therapeutisch** für einen Entwicklungsprozess anwenden. Hier eine Übersicht der Serien:

- **SERIE KRISTALL:**
  Die Wohlfühl- und Kinderserie für Körper und Seele in niedriger Verschüttelung.
  Punktuell und bei Bedarf wenn Du im Hier und Jetzt auf der Symptomebene eine Unterstützung möchtest (besonders gut für Kinder geeignet).

- **SERIE CHAKRA:**
  Chakrenbalance für Körper und Geist in niedriger und mittlerer Verschüttelung.
  Punktuell und bei Bedarf wenn Du im Hier und Jetzt eine Wirkung willst und therapeutisch wenn Du zusätzlich einen persönlichen Entwicklungsschritt machen möchtest.

- **SERIE 33:**
  Persönlichkeitsentwicklung für die Seele und den Geist in hoher Verschüttelung.
  Therapeutisch wenn Du eine nachhaltige, persönliche Entwicklung mit speziellen Themen machen möchtest.

- **SERIE MYSTIK:**
  Die Erzengelserie in Hochpotenz für Geist und Spirit.
  Punktuell und bei Bedarf therapeutisch wenn Du über die Traumzeit- oder Meditationsebene Entwicklung machen möchtest.

Von den insgesamt 55 Sorten gibt es für drei der Serien (Serie 33, Serie Chakra, Serie Mystik) Orakelkarten. Für die Serie Kristall haben wir auf eine Kartenauswahl verzichtet. Hier kannst Du einfach anhand der Themen Deine Wahl treffen.

Wie wendest Du Edelsteinessenzen an?

Je nach Gefühl kannst Du **drei bis vier Sprühstöße rund um Deinen Körper sprühen**, dabei solltest Du die Edelsteinessenz auch gut riechen können. Wenn Dir ein Duft so gar nicht gefällt oder Du im Gegenteil in einem Duft versinken könntest, besteht ebenfalls eine starke Resonanz und das dazugehörige Thema ist momentan für Dich sehr wichtig.

Punktuell bei Bedarf bedeutet, immer wenn Du das Gefühl hast diesen Spray zu verwenden ist es in Ordnung. Das kann an einem Tag 10x sein und dann wieder 1 Woche nicht. Diese Edelsteinessenzen wirken symptombezogen und prompt. Die **therapeutische Anwendung** bedeutet durchgängig an **21 Tagen 2-3x täglich sprühen.**

Serie Chakra

Die Serie Chakra besteht aus 8 Sprays, die alle bevorzugt in den ersten drei Schichten (Körper, Seele, Geist) wirksam sind. Daher eignen sie sich vor allem für Menschen, die gerne gleichzeitig auf **mehreren Ebenen aktiv** sein möchten. Körper, Seele und Geist werden über das indische Chakrensystem aktiviert.

Wir verwenden sehr gerne bei Aromastreichungen oder Steinmassagen die Serie Chakra. Einen guten Dienst leistet dabei zu Beginn der Arbeit der **Chakra-Shuddhi** Spray. Das ist der **„Chakren-Basis-Reiniger"** und hilft als Universalspray gleich für eine Grundharmonisierung der Chakren. Danach werden die einzelnen Chakren ausgetestet und mit einem oder mehreren Sprays und Edelsteinen aktiviert. Nach Abschluss der Behandlung wird noch einmal getestet, welches Chakra eine nachhaltige Betreuung benötigt und diesen Spray bekommt die Klientin für ihre 21-Tage-Hausarbeit mit.

Die **Chakraserie** eignet sich also sowohl **punktuell** (einmal) als auch zur **therapeutischen** Nachbehandlung (21 Tage). Bei den Kartenerklärungen der Chakren ab Seite 232 findest Du viele wertvolle Hinweise für die Arbeit mit Chakren.

Serie KRISTALL oder KINDERSERIE

Die Serie Kristall besteht aus 6 Sprays, die hauptsächlich in der **emotionalen** Schicht wirksam sind. Sie sind unsere **Wohlfühl-, Kinder-** und **Kuschelsprays**. Entstanden sind sie über die Anregung einer Freundin die sagte: *„Also Eure Sprays sind ja super*

toll aber irgendwie ist immer Arbeit damit verbunden. Könnt Ihr nicht einmal was so richtig zum Wohlfühlen und Ausruhen entwickeln?"

Diese Anregung haben wir gerne angenommen, denn wir sind zwar auf dieser Welt um uns zu entwickeln und weiterzukommen, aber wir dürfen natürlich auch genüsslich **entspannen** und uns **ausruhen** oder einfach nur einmal **steinheilkundlich-aromatisch gestreichelt** werden. Das machen unsere 6 Sprays der Serie Kristall.

Immer dann, wenn es nicht um Entwicklung geht sondern um die **Pause** oder nur eine Funktion für das **Hier und Jetzt**, dann kannst Du die Serie Kristall anwenden.

Bei Wanderungen ist der Edeljaspis-Spray dabei und beim kreativen Nachdenken begleitet uns der Aventurinquarz-Spray. Regentage versüßen wir uns mit dem Bernstein-Spray und das Einkaufszentrum sieht uns nur mit dem Schutz des Turmalin-Sprays. Der Rosenquarz-Spray öffnet unser Herz und der Amethyst-Spray beruhigt die Seele.

Warum Kinderserie?

Die Serie Kristall nennen wir auch gerne Kinderserie. **Niedrige Potenzen** und **einfache Rezepturen** sorgen für eine **sanfte und liebevolle Begleitung**. Die Kristallserie eignet sich sowohl zur punktuellen Anwendung oder auch zur Begleitung über längere Zeiträume.

Warum ist die Serie KRISTALL **besonders für Kinder** geeignet? Ganz oft kommt es vor, dass Eltern bei uns im Geschäft oder auch in der Praxis mit Problemen der Kinder ankommen und gerne sofort einen Spray der Serie 33 für ihre Tochter oder den Sohn ziehen möchten.

Das Kind soll das Verhalten ändern, denn das ist anstrengend, lästig oder die Eltern wollen den Kindern das **So-Sein** auch abgewöhnen, weil es sich ja selber damit so schwer tut. Unsere Erfahrung zeigt uns aber eine andere Wahrheit, die wir nicht ganz so leicht sehen wollen. Kinder sind im familiären System meistens „nur" Symptomträger. Das eigentliche Problem liegt bei den Bezugspersonen. Das Kind zeigt nur über sein vielleicht kreatives, unruhiges, lautes Verhalten an, dass hier etwas nicht stimmt. Wir wissen, das ist eine unbequeme Wahrheit, da sie uns ständig einen Spiegel vorhält, aber in Wirklichkeit funktioniert die ganze Welt immer so. Das führt uns wieder zu den Zufällen, die keine sind. Aber das ist eine andere Geschichte.

Natürlich kann es sein, dass Kinder Themen mitbringen und Eigenes zum Bearbeiten haben. Aber ganz oft geht es darum, dass die Eltern, Großeltern, Kindergärtnerinnen, LehrerInnen… erkennen sollten, dass ein „unbequemes" Benehmen oder auch Symptom oftmals nur der Anstoß für eine Entwicklung der Erwachsenen sein kann.

Hier stellen wir Dir unsere 6 Wohlfühl- und Kindersprays etwas genauer vor.

KAPITEL C – DIE WERKZEUGE
EDELSTEINESSENZEN

Der kräftige **Edeljaspis** ist einer der großen **Muntermacher** in der Edelsteinwelt. Er fördert Willenskraft und Mut. Er hilft dabei, die eigenen Ziele im Auge zu behalten und sie voller Nachdruck umzusetzen. Pläne und Vorhaben können zielgerichtet und tatkräftig realisiert werden. Der strahlend, frische Duft der **Pfefferminze** regt uns an und ist Impulsgeber bei Antriebsschwäche und Abgespanntheit. Das warm nach Holz duftende Rosenholz wirkt stärkend gegen Nervosität und Müdigkeit und verhilft so zu energievoller Lebendigkeit. Die Stimmung erhellende **Orange** vermittelt Lebenslust, Freude und Optimismus.

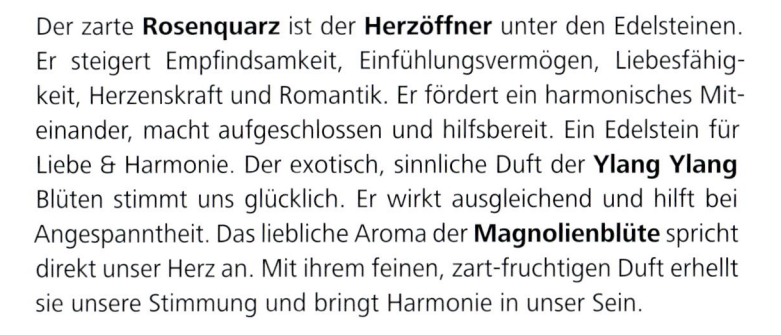

Lebendigkeit & Energie

Der zarte **Rosenquarz** ist der **Herzöffner** unter den Edelsteinen. Er steigert Empfindsamkeit, Einfühlungsvermögen, Liebesfähigkeit, Herzenskraft und Romantik. Er fördert ein harmonisches Miteinander, macht aufgeschlossen und hilfsbereit. Ein Edelstein für Liebe & Harmonie. Der exotisch, sinnliche Duft der **Ylang Ylang** Blüten stimmt uns glücklich. Er wirkt ausgleichend und hilft bei Angespanntheit. Das liebliche Aroma der **Magnolienblüte** spricht direkt unser Herz an. Mit ihrem feinen, zart-fruchtigen Duft erhellt sie unsere Stimmung und bringt Harmonie in unser Sein.

Liebe & Harmonie

Der grüne **Aventurinquarz** regt an, die eigenen Träume zu verwirklichen. Er hilft Sorgen loszulassen. Mit großer **Phantasie** und **Inspiration** können neue Ideen entwickelt werden. Er hilft, unsere kreativen Gedanken und Ideen auf die Welt zu bringen und fördert Selbstbestimmung und Individualität. Das anregende und erfrischende **Litsea** Öl stärkt die Seele und regt den Geist an. Die fruchtige Note der Zitrone verleiht Leichtigkeit und Frische und die Limette begleitet mit ihrer Spritzigkeit einen fröhlichen und leichten Weg in die Inspiration. Der feurig, aromatische Klang des **Rosmarins** stärkt Selbstbewusstsein, Antrieb und Lebenswillen.

Phantasie & Inspiration

Der ruhige **Amethyst** zählt in der weiten Welt der Edelsteine als der Stein des **Friedens**. Er hilft alle gemachten Erfahrungen und Wahrnehmungen zu verarbeiten und zu klären. In seiner friedlichen Ausstrahlung gelingt das ohne große Mühe und Anstrengung. Er fördert den inneren und äußeren Frieden und wirkt beruhigend und entspannend.
Der **Lavendel** löst Ängste und bringt uns zur Ruhe. Er hilft Stress und Anspannungen abzubauen. Der balsamisch, warme Duft der **Vanille** schenkt uns Trost und wir fühlen uns auf wunderbare Art vom Leben in den Arm genommen. Der kuschelige Duft der **Benzoe Siam** führt uns zu Gelassenheit und innerer Ruhe.

Erholung & Entspannung

Der goldige **Bernstein** ist versteinertes Harz mit der Kraft der inneren **Sonne**! Mehr als 1 Million Jahre hat er seine Sonnenkraft für uns gespeichert. Er bringt damit Sorglosigkeit und Lebendigkeit in unser Leben. Er hilft uns freudig und voller Zuversicht unser Leben zu genießen und unserer Kreativität Ausdruck zu verleihen. Auch die **Orange** trägt das Sonnenthema in sich. Sie gleicht innere Unruhe aus und bringt uns Freude ins Leben. **Litsea** regt unseren Geist an und lässt unsere Gefühle erwachen. Sie stärkt die Seele und führt uns zu tiefer Freude. Die erhebende Schwingung der **Rose** öffnet unser Herz und reinigt es von krankmachenden Gefühlen.

Lebenslust & Freude

Der schützende **Turmalin Schörl** ist unser treuer Freund und Helfer im Bereich **Schutz** und **Abgrenzung**. Er leitet eigene und fremde Energie ab und löst Blockaden auf. Er vermindert negative Gedanken und hilft bei Stress und Belastungen. Mit ihm können wir eine gelassene und neutrale Haltung einnehmen, die als energetischer Schutzwall für uns wirkt. Die sehr seltenen Blüten des **Frangipanibaums** mit ihrem exotischen, blumigen Duft gelten im Buddhismus als Symbol der Unsterblichkeit und wurden seit jeher als Tempel- und Opferpflanzen verwendet. Sie sind unsere Bitte an die Götter um Energetischen Schutz. Die Leichtigkeit der **Zitrone** hilft uns, klare Grenzen zu setzen.

Energetischer Schutz

Serie 33

Die Serie 33 ist höher potenziert und bildet das **Kernstück** unserer Edelsteinessenzen wenn es um das Thema **Persönlichkeitsentwicklung** geht.

Immer wenn die Frage „**Warum**" im Raum steht ist die erste Wahl ein Spray aus der Serie 33. Wenn Du **alte Verhaltensmuster** auflösen möchtest und einen bewussten Schritt in Richtung **Erkenntnis** machen willst, sind diese Sprays die perfekten Begleiter. Die Serie 33 wird bevorzugt therapeutisch verwendet (21 Tage) und ist sehr gut geeignet um **Hintergründe aufzudecken**, verborgene **Muster** zu **erkennen** und wirklich Schritte im **Entwicklungsweg** zu gehen. Die Detailinformationen findest Du ab Seite 150.

Serie MYSTIK

Die 8 Sprays der Serie Mystik sind die thematische Entsprechung der 8 Erzengel in Form von Steinrezepturen und das in Hochpotenz. Durch ihre hohe Verschüttelung eigenen sie sich vor allem für die Arbeit in der spirituellen Schicht über die Traumzeit- und Meditationsebene.
Wann immer Du in der Meditation, im Schlaf oder anderen tranceartigen Zuständen Begleitung möchtest, bist Du mit der Serie Mystik gut beraten.

Was passiert nach der Anwendung der Edelsteinessenzen?
Du gehst in Resonanz mit dem entsprechenden Thema. Wie wir bei dem Stimmgabel-Beispiel gesehen haben, wählst Du (unbewusst aber absichtlich) Dein aktuelles Thema. Und damit schwingst Du mit dem gewählten Bereich mit und ladest auch weitere Situationen und Begebenheiten ein, die ebenso in dieser Schwingung sind, sich zu zeigen. Das bedeutet also

1. Das **Thema** zeigt sich über die **Karte** (meine Diagnose-Resonanz)
2. Du sprühst mit der entsprechenden **Essenz**
   (öffnest Deine Resonanz nach Außen)
3. Dadurch **öffnest** Du Dich für weitere gleichschwingende **Resonanzen**
   (Zufälle, Begegnungen, Bücher, Gespräche, Träume)
4. Dadurch **erkennst** Du leichter, was die tieferen **Beweggründe** oder **Ursachen** für Dein Problem sind

Also entscheidest Du selber **durch die Anwendung** Dich allen bedeutsamen Zufällen, Begegnungen, Einfällen, Träumen oder auch Gefühlen (die zu diesem Thema relevant sind) zu **öffnen**. Wir könnten auch sagen, Du drehst das Radio auf und stellst Dich auf die richtige Frequenz ein, um genau das Programm zu hören, für das Du bereit bist.

Gleiches Thema – verschiedene Serie?

In manchen Serien gibt es gleiche Themen – aber in verschiedenen Potenzen. Die **Unterschiede** zeigen sich dann im **Wirkungsbereich**, denn es kommt darauf an, was Du möchtest.

Nehmen wir ein Beispiel – die **ENTSPANNUNG**. Dieses Thema gibt es in zwei Serien (Serie 33 und Serie Kristall). Den Amethyst-Spray aus der Serie Kristall verwendest Du punktuell, wenn Du im Hier und Jetzt entspannen möchtest und den Spray aus der Serie 33 verwendest Du therapeutisch (21 Tage 2-3x tgl.) wenn Du Dir selber auf die Schliche kommen möchtest, WARUM Du so gar nicht in die Entspannung gleiten kannst. Ein weiteres Beispiel ist das Thema **SCHUTZ**. Hier haben wir ebenfalls in sogar drei Serien das Thema. Der Turmalin-Spray aus der Serie Kristall ist für die Sofortwirkung, Schutz & Abgrenzung aus der Serie 33 hilft nachhaltig draufzukommen, warum Du Deinen Schutz nicht gut aufbauen kannst und MICHAEL aus der Serie Mystik unterstützt Dich auf der Traumzeitebene um dabei ganzheitlichen Schutz aufzubauen.

Thema	Spray	Wirkungsbereich
ENTSPANNUNG	AMETHYST / Serie Kristall	Punktuelle Entspannung
	ENTSPANNUNG / Serie 33	Erkenntnis, warum Du so gestresst bist
SCHUTZ	TURMALIN / Serie Kristall	Punktueller Schutz
	SCHUTZ & ABGRENZUNG / Serie 33	Erkenntnis, warum Du so ungeschützt bist
	MICHAEL / Serie Mystik	Schutz über die Traumzeitebene und die Erzengelenergien

Reinigung mit Edelsteinessenzen

Das Thema Reinigung kennen wir meistens vom Räuchern mit verschiedenen Räucherstoffen wie Weihrauch oder Salbei. Eine Alternative dazu ist die energetische Reinigung mit Edelsteinessenzen. Nicht immer ist eine Rauchentwicklung erwünscht (Hotel, Kinderzimmer...) und so können wir ohne belastenden Rauch eine tiefgehende Reinigung bewirken. Mit den Edelsteinessenzen können wir sogar differenziert „sauber machen".

Wenn wir uns auf der stofflichen, körperlichen Schicht gut reinigen wollen dann gehen wir grundsätzlich in die Dusche. Aber um die unmittelbaren, energetischen Probleme abzustreifen können wir sehr gut mit dem **CHAKRA SHUDDHI** (Reiniger) aus der Serie Chakra arbeiten.

Für die etwas nachhaltigere Reinigung verwenden wir **AURAREINIGUNG** aus der Serie 33. Hier geschieht nachhaltig eine energetische Klärung. Diesen Spray verwenden wir sehr vielseitig. Sowohl für menschliche Auren als auch für Räume und Gegenstände finden wir diesen Spray sehr funktionell. Wenn es um die Reinigung von „klebrigen" Fremdenergien geht, dann bietet sich der Spray **ENTWÜNSCHUNGEN** aus der Serie 33 an.

Eine Klärung und Reinigung auf der Traumzeitebene – im Schlaf – bewirkt der Spray **GABRIEL** aus der Serie MYSTIK. Wenn wir Edelsteinessenzen herstellen, reinigen wir unsere Edelsteine gerne mit diesem Spray.

Ätherische Öle in unseren Edelsteinessenzen

Wie Du vielleicht schon erschnuppert hast, sind alle unsere Edelsteinessenzen mit ätherischen Ölen kombiniert. Je nach Thema haben wir eine ganz **individuelle Duftmischung** für jede einzelne Sorte entwickelt. Durch die Zugabe dieser wunderbaren Düfte ist jede der 55 Sorten als **„Seelenspray"** geeignet. Denn Aromatherapie wirkt auf die emotionale Schicht. Im nächsten Kapitel erfährst Du mehr über die Welt der wirksamen Düfte. **Zusammen mit der Steinheilkunde verbinden sich hier zwei Geschenke zu einem Schatzkästchen!**

AROMATHERAPIE – ÄTHERISCHE ÖLE

Was ist Aromatherapie?

Unter Aromatherapie versteht man die kontrollierte Anwendung von **100% naturreinen ätherischen Ölen**, um die körperliche und psychische Gesundheit zu erhalten. Die Aromatherapie ist also eine besondere Form der **Kräuterheilkunde**.
Gewonnen werden die ätherischen Öle aus den **Blättern, Blüten, Samen, Früchten, Zweigen und Wurzeln therapeutisch wirksamer Pflanzen**. Die Qualität und somit die chemische Zusammensetzung der gewonnen Öle ist entscheidend für die Wirkung.

Ätherische Öle sind die **„Seele der Pflanze"**. Als aromatische Duftstoffe sitzen sie in Öldrüsen in der Schale, in Früchten, in den Wurzeln und oftmals an der Unterseite der Blätter. Die freigesetzten Düfte sind sozusagen das „Telefon" der Pflanze, das für den **Fortbestand** oder auch für deren **Schutz** sorgt. Zu einem Schädling sagt die Blume *„Stopp"* und zur Biene sagt sie *„Komm"*.

Der Mensch in der Welt der ätherischen Öle

Eine Vielzahl an Studien untersucht und beweist die **Wirkung** von Aromaölen sowohl im **psychischen** als auch im **körperlichen** Bereich. In vielen Kliniken ist die Aromatherapie bereits fester Bestandteil des Behandlungsplanes.

Ätherische Öle wirken sowohl am Körper als auch in unserer Gefühlswelt. Wie funktioniert das? Und vor allem musst Du daran glauben? Oder fühlen wir uns einfach wohl, weil alle sagen, wenn es gut riecht, dann muss es uns ja gut gehen? Aromatherapie ist weit wissenschaftlicher als die Ärzte oftmals selber wissen. Denn die Geruchsmoleküle bewirken einerseits in der Luft eine ganze Menge und wenn dann diese Luft auch noch eingeatmet wird, dann gibt es einen **doppelten Nutzen**.

Riechen ist im Grunde eine elektrochemische Reaktion. Und Aromatherapie ist somit weit weniger esoterisch als die klassische Medizin uns oft glauben lassen möchte. Leider können wir hier jetzt weder Anatomie noch die Chemie genauer unter die Lupe nehmen aber eine wichtige Erkenntnis ist, dass es sich bei der Wirkung von ätherischen Ölen **nicht** um eine **Glaubensfrage** handelt.

Unsere **Gefühlswelt** wird massiv von Düften **gesteuert** und dabei ist uns nicht immer bewusst, dass wir Duftmoleküle einatmen. Unter dieser bewussten Wahrnehmungsschwelle geschieht die sogenannte „unterschwellige" Information. Ob wir nun in Flugzeugen ruhiger gemacht oder in Einkaufszentren einkaufsfreudiger gestimmt werden - die Welt der ätherischen Öle hat Einzug in unsere Welt gehalten.
Wir werden vom Aufstehen bis zum Niederlegen **mit Düften manipuliert**. Aber nicht nur mit den unter dieser Schwelle liegenden Duftmolekülen werden wir gesteuert. Sobald wir uns oberhalb der Erkennungsschwelle von Düften befinden wird es drastisch. Denn speziell mit „überschwelligen" Düften und Parfums tobt sich eine ganze Industrie aus. Diese **Aromen** sind dann meistens **künstlich** hergestellt und eine „Vergewaltigung" für unsere Nasen. Leider verwenden auch Hersteller von Naturkosmetik oft Parfums. Und es stellt sich die Frage, warum das bis jetzt noch immer erlaubt ist.

Die große **Kosmetik- und Pharmabranche** ist leider **nicht grün.** Wir stehen hier einer riesengroßen Maschinerie an Megabetrieben gegenüber, denen weder Natur noch Achtsamkeit Bedürfnisse sind. Hier gibt es **kein konkurrenzloses Miteinander zum Wohle aller**. Da geht es um **Gewinnmaximierung** und **Marktanteile**. EU-Regelungen werden so getroffen, dass sich nur mehr die Großen die Einhaltung von (teils sinnlosen) Regelungen leisten können. Parlamentsmitglieder, die wenig oder oftmals gar keine Kompetenz zur Abstimmung dieser Fachfragen haben entscheiden wichtige Dinge. Und eine Frage drängt sich dabei auf: **„Wer steckt dahinter?"** Die riesengroßen Pharmabetriebe, die Lebensmittelindustrie oder Kosmetikkonzerne? Sie alle haben keine Freude mit den kleinen Naturschutzgruppen, SaatenhüterInnen, Umweltfreunden, Biomenschen, NaturheilpraktikerInnen, AromatherapeutInnen. Es könnte ja sein, dass die **permanente Aufklärung und Emanzipation** plötzlich zu **Kritik** und **unbequemen Fragen** führt. Markanteile könnten an die mit Herzblut geführten kleinen Bio- und Naturkosmetik KMU's (Klein- u. Mittelunternehmungen) verloren gehen. Also besser vorsorgen und ein paar EU-Verordnungen und Regelungen einführen. Das können sich die Kleinen dann eh nicht mehr leisten und dann sind sie schließlich selber schuld, wenn sie die Regeln nicht einhalten.

Auch die **Lebensmittelindustrie** macht hinter dem Aufpeppen, Aromatisieren und Stylen ihrer Produkte nicht Halt. Naturidentes Aroma hat gar nichts mit Natur zu tun und leider bedeutet auch ein natürliches Aroma nur, dass es in der Natur lediglich vorkommt.
Hanns Hatt und Regine Dee schreiben in ihrem Buch Das Maiglöckchen-Phänomen:
„Eine duftfreie Welt hat es nie gegeben. Im Gegenteil: Früher stank es gewaltig. Nach Abfällen, nach Fäkalien, nach toten Tieren und nach Menschen ohne Bad und

Waschmaschine. Heute leben wir in einer nie dagewesenen Kultur der künstlichen Beduftung. Und wir tragen selbst einen gehörigen Teil dazu bei. Wir verwenden Parfums,, um unsere Mitmenschen damit einzufangen und positiv für uns zu stimmen, Deos, Raumsprays und WC-Steine. Was können wir also tun?"

Wir können einiges tun. Wir können **chemische** Parfums **vermeiden** wo es geht. Wir können uns wieder auf die **natürlichen** Düfte **besinnen** und wenn wir wissen, dass Maiglöckchen, Flieder und Erdbeere als natürliche Düfte NUR an der blühenden Blüte oder an der Frucht vorkommen, dann verzichten wir doch auf unseren WC-Spray mit Fliederduft. Wir können **künstlich** aufgepeppte **Lebensmittel vermeiden** und unsere Nase auf Erholung in den Wald schicken. Und wir können mit unserer **Macht als KonsumentInnen** viel tun. Wir können uns und andere **informieren**. Wir können **bewusst einkaufen**, wir können **nachfragen** und **lästig werden** und vor allem können wir uns **vernetzen**! Wir können ganz **bewusst** und **achtsam** mit unseren **Naturölen** umgehen und sie **zweckmäßig** für unsere Methode einsetzen.

Einkauf ätherischer Öle

Wie kommst Du nun zum richtigen Öl? Beim Einkauf ätherischer Öle lasse bitte **Vorsicht** und Deinen **gesunden Hausverstand** walten. Es ist wie in allen Bereichen – wo Licht ist – ist auch Schatten.

Leider gibt es am Markt immer wieder Firmen (meist aus Amerika kommend), die mit **Gehirnwäsche-Wochenend-Workshops**, peppigen Phantasienamen und einem **aggressiven Vertriebssystem** völlig überteuerte Öle auf den Markt bringen wollen. Gleichzeitig versuchen sie oder die Wochenend-Beraterinnen den guten Ruf bestehender Firmen in den Dreck zu ziehen. Damit wird ebenfalls wieder ein schmutziger Krieg über Marktanteile geführt. Die meistens gehirngewaschenen Hobby-Beraterinnen haben **weder** eine **qualifizierte Ausbildung** im Umgang mit ätherischen Ölen noch merken sie, dass sie hier von einem gut durchdachten amerikanischen System funktionalisiert werden und so den Firmenchefs zu Milliarden verhelfen. Wohlgemerkt sind es die wenigsten der Beraterinnen, die sich mit den Provisionen eine selbständige Basis aufbauen können.

Hände weg von Schnäppchen!

Ebenso möchten wir Dich vor den günstigen Preisen warnen. In manchen **Großmärkten** erhältst Du oftmals schon um € 1,-- ein Fläschchen ätherisches Öl. Da stimmt weder die Qualität noch die Handelsethik.

Und auch wenn sich die großen Märkte um Bioqualität bemühen, ersuchen wir Dich uns gedanklich kurz zu folgen. Ätherische Öle in Bioqualität sind hochwertigste Konzentrate, die ihren Preis haben. Wenn nun Großmärkte den Bauern, die sich um das Überleben bemühen, unmoralisch tiefe Preisen für ihre Produkte anbieten nur um 1,-- Euro-Fläschchen in die Schütte zu bekommen, dann ist das nicht O.K. Natürlich sind die Bauern unter Druck - speziell die Biobauern - aber dieses Angebot der Großen an die Kleinen ist unethisch. Damit ist zwar das Produkt einigermaßen „sauber" aber die Energie rund um das Produkt nicht stimmig.

Also liegt unserer Meinung nach die Lösung darin, **ätherische Öle** im **qualifizierten Fachhandel** zu kaufen. Weder im Supermarkt noch auf irgendwelchen hippen Duftparties oder amerikanischen Superfirmen.

Wirkung ätherischer Öle

Jedes Öl ist aus einer Vielzahl unterschiedlichster Inhaltsstoffe zusammengesetzt, die ihre ganz spezifischen Wirkungen haben. Von der Rose wissen wir mittlerweile, dass sie ca. 400 bis heute erforschte Inhaltsstoffe aufweist. Und die Forschung ist hier noch nicht am Ende. Was können nun **ätherische Öle**?

In der **Raumluft** wirken sie **reinigend** und **klärend**. Wenn wir davon ausgehen, dass sich die **Keimzahl in der Luft** bei einer Beduftung mit Rosmarin und Zitrone **um ca. 80% verringert**, darf es uns doch wundern, warum Räume in denen sich viele Menschen aufhalten nicht längst mit Aromaölen beduftet werden. Das wäre Duftmanipulation zum Wohle aller! In so einigen Warteräumen praktischer Ärzte kommst Du erst so richtig krank nach Hause. Das müsste nicht sein! Wie kann uns die Aromatherapie helfen gesund zu werden und zu bleiben?

In der **stofflichen Schicht** (physiologisch / Körper) wirken ätherische Öle **antiseptisch** (infektionshemmend) und **desinfizierend** (keimtötend). Sie sind wirksam auf **Muskeln** und **Gefäße** und regen den **Lymphfluss** an. Viele ätherische Öle unterstützen das **Verdauungssystem** und harmonisieren den **Rhythmus** des Körpers.

In der **emotionalen Schicht** (psychologisch / Seele) wirken sie je nach Duft **entspannend** oder **anregend**, **belebend** oder **ausgleichend**, **aphrodisierend** oder **dämpfend**. Sie fördern die **Konzentration** beim Lernen und **hellen die Stimmung** auf. Generell regulieren sie das **Nervensystem**.

Wir nehmen die Düfte über **Nase** (Duftlampe, Spray, Inhalation), **Haut** (Massage, Einreibung, Bad, Kompresse), **Schleimhaut** (Zäpfchen, Tampons) und den **Mund** (Nahrung, Tropfen, Kapseln, Inhalation) auf.
Dr. Kurt Schnaubelt vom Pacific Institute of Aromatherapy schreibt, dass die Anwendung ätherischer Öle bei 95% aller Infektionen, 75% aller psychischen, nervlichen und hormonellen Störungen, 50% der äußerlichen Entzündungen, Hauterkrankungen und Allergien und 25% aller Stoffwechselerkrankungen erfolgreich ist.

Für die Verbesserung der Raumluft kann vorbeugend mit einem Vernebler, einem Aromastream, einer Aromalampe oder einem Aromabrunnen sehr viel für die psychische und physische Gesundheit getan werden. Besonders **Vernebler**, die mit Hilfe von Ultraschall **Wasser sehr fein zerstäuben** und dadurch die Duftmoleküle in die Luft bringen tun sehr viel für unsere Gesundheit.

Besonders in der Heizperiode reduziert sich die Luftfeuchtigkeit auf nur mehr **25 bis 30 Prozent**. **Idealerweise** sollte die Raumluft jedoch eine Feuchtigkeit von **40 bis 60 Prozent** aufweisen. **Viren**, so hat der Atmosphärenforscher Jeffrey Shaman von der Oregon State University in Portland (USA) herausgefunden**, lieben trockene Luft**: *„Bei geringer Luftfeuchtigkeit leben die Grippeviren deutlich länger, und sie werden auch leichter übertragen."* Zusammen mit Melvin Kohn hat Shaman nachgewiesen, dass die **Grippeerreger in trockener Kälte zwei- bis dreimal so lange überleben als in feucht-warmer Luft**. Und die fehlende Luftfeuchtigkeit verursacht ein **Austrocknen** der **Schleimhäute** in Nase und Rachen. Dieser Umstand erleichtert Viren den Weg in den menschlichen Organismus.

Anwendung ätherischer Öle

Die wenigsten ätherischen Öle werden in 100%iger Konzentration angewendet. Es gibt schon ein paar tolle Öle (Lavendel, Manuka), die pur verwendet werden können aber das sind eher Ausnahmen. Bei Wanderungen ist stets ein Fläschchen Lavendel pur mit einem kleinen Rhodonit-Stein dabei. Diese beiden sind **Ersthelfer** bei Schürf, Prell- und Schnittwunden. Die meisten Aromaöle werden allerdings verdünnt.

Ätherische Öle in Wasser

Die wohl bekannteste Art ätherische Öle einzusetzen ist vermutlich die **Duftlampe** mit einer **Kerze**. Vom asiatischen Markt werden wir mit einer Fülle an Produkten überschwemmt. Die meisten davon sind von schlechter Qualität und entsprechen nicht den Kriterien einer qualitativ hochwertigen Duftlampe. Was ist zu beachten? Wenn Du Dir eine Duftlampe besorgst, achte darauf, dass der **Wasserbehälter groß genug** ist und der **Abstand zwischen Kerze und Wasser** ebenfalls weit genug ist (ca. 10cm). Wenn Du zuwenig Füllvolumen für das Wasser hast, musst Du ständig Wasser nachfüllen und wenn die Kerze zu knapp an der Wasserschüssel ist, wird das Wasser zu heiß und das ätherische Öl verbrennt.

Zum **Test** kannst Du das Teelicht unter Deiner Duftlampe anzünden. Das Wasser in der Schale soll auch nach 5-10 Minuten nur lauwarm sein.

Weitere Methoden mit Wasser sind der **Duftbrunnen** und der **Vernebler**. Wobei der Vernebler doppelt effizient ist, weil er eben auch Feuchtigkeit bringt. Es gibt auch elektrische Duftlampen.

Trägermaterial Keramik oder Stoff

Diese wunderbaren Produkte nennen sich „Duftträger". Sie bestehen aus saugendem Material. Keramische Herzchen, Glöckchen, Engelchen oder gefilzte Blüten und Figuren - bei Duftträgern sind Deiner Phantasie keine Grenzen gesetzt. Auch ein Stoffsäckchen mit Dinkelspelzen, Zirbenholz oder auch einer Baumwoll-Füllung ist wunderbar geeignet um die Ätherischen Öle aufzunehmen.

Ein besonders netter Duftträger für Kinder ist die **Duftdose**. Wenn Du eine kleine Dose hast und ein Stück Stoff, Filz oder Watte hineinlegst, kannst du – je nach Thema den Duftträger betropfen. Dann hast Du eine tolle **LERNDOSE** (Lemongrass, Grapefruit, Ysop), eine **RELAXDOSE** (Lavendel, Mandarine), eine **EROTIKDOSE** (Ylang Ylang, Pfeffer), eine **FREUDENDOSE** (Orange, Litsea)… Sei erfinderisch!

> **Grundsätzlich ein Tipp:**
> Nimm immer weniger Tropfen ätherisches Öl als Du glaubst. Denn schneller als Du denkst ist der Raum angereichert mit Duft und Wirkung.

Wenn Du das ätherische Öl in der Duftlampe anwendest und das Gefühl hast, nichts mehr zu riechen, gehe bitte kurz aus dem Raum und trinke ein Glas Wasser. Erst wenn Du dann wieder den Raum betrittst merkst Du, ob wirklich kein Duft mehr vorhanden ist. Wenn wir längere Zeit in einem beduftetem Raum sind, werden wir „**duftblind**" und müssen uns sozusagen aus der Duftspur begeben, um den Geruch wieder wahrzunehmen. Das ist der Grund, warum Hunde wenn Sie eine Fährte aufgenommen haben immer Zick-Zack über der Duftspur hin und her gehen.

Ätherische Öle in Cremen und Kosmetik

Für die Anwendung direkt am Körper kannst Du die ätherischen Öle in **fette Basisöle** oder andere **Naturkosmetik** tropfen. Da die Trägerflüssigkeit meistens in Litern angegeben ist, brauchst Du auch für die ätherischen Öle eine Literumrechnung.

Die ätherischen Öle, die Du im Fachhandel kaufen kannst haben meistens eine Füllmenge von 5ml oder 10ml. Ganz besonders edle und kostbare Öle werden im 1ml-Fläschchen mit Pipette angeboten. Um die Handhabung zu erleichtern hier ein Richtwert für die Tropfenmenge: **1ml = ca. 20 Tropfen.** Natürlich gibt es hier eine Differenz zwischen harzigen, klebrigen (Myrrhe) und dünnflüssigen (Zitrone) Ölen aber als Richtlinie kannst Du diesen Wert schon nehmen.

Du kannst mit Duftölen auch **Bäder** (Vollbäder, Fußbäder, Ölbäder) machen. Für Mischungen mit Wasser benötigst Du einen **Emulgator** (Badesalz, Kaffeesahne, Honig) um das ätherische Öl vorzumischen sonst schwimmt es auf dem Wasser oben auf und vermengt sich nicht mit dem Badewasser.

Für ein **Massageöl** brauchst Du das nicht. Hier mischt sich der Duft gut mit dem fetten Basisöl. Mandel-, Aprikosen oder auch Jojoba-Öl sind sehr gut geeignet. Du kannst auch mehrere Öle miteinander mischen und dann das ätherische Öl dazugeben.

Meistens werden **Mischungen mit einer Konzentration von 0,5 - 3%** gemacht. **Je zarter das ätherische Öl gemischt wird, desto wirksamer ist es im psychischen, seelischen Bereich. Je intensiver die Mischung, desto mehr wirkt sie am Körper.**

Hier ein paar Mischungsbeispiele:

- 100 ml Basisshampoo mit 1 % Ätherischem Öl (20 Tropfen)
- 100 ml Badeessenz mit 2 % Ätherischem Öl (40 Tropfen)
- 100 ml Massageöl mit 3 % Ätherischem Öl (60 Tropfen)
- 50 ml Massageöl mit 3 % Ätherischem Öl (30 Tropfen)
- 10 ml Duftöl mit 10 % Ätherischem Öl (20 Tropfen)
- 50 ml Duftspray mit 0,5 % Ätherischem Öl (5 Tropfen)

Ätherische Öle in den Engelalm Edelstein Essenzen

Eine sehr gelungene Kombination der „Disziplinen" haben wir mit den Engelalm Edelstein Essenzen gemacht. Hier verbinden wir **Steinheilkunde** und **Aromatherapie**. Als **Komplexmittel** haben wir die Sprays mit vielen Steininformationen - je nach Serie in verschiedenen Potenzen - und ätherischen Ölen bereits **fix und fertig** für eine bestimmte Thematik verfügbar gemacht.

Die Schichtblick Aroma-Öle und ihre Wirkung

Ätherisches Öl	Emotionale Schicht	Stoffliche Schicht
BERGAMOTTE (Selbstvertrauen – Tun)	Hellt die Stimmung auf. Hilft bei Angst, Depressionen und Stress. Bringt Licht ins Leben und entspannt die Nerven.	Entzündungen (Mund, Hals, Blase, Scheide), Fieber, Appetitmangel, Magersucht, Blähungen, entkrampfend
BLUTORANGE (Frei von Abhängigkeiten)	Erweitert das Gefühl von Freiheit und Ausdehnung. Erheitert und entspannt.	stimuliert die Zirbeldrüse (Sitz der Seele) und gleicht die Hypophyse aus, Hormon ausgleichend, schmerzstillend
CAJEPUT (Sprache & Ausdruck)	Schafft Klarheit bei Entscheidungslosigkeit und Verwirrung. Verleiht Energie und bringt Antrieb.	Infektionen der Atemwege, Herpes, Strahlenschutz, Blasenentzündung, Östrogenmangel, Haarausfall
DOUGLASFICHTE (Regeneration & Erholung)	Aktiviert und belebt. Wirkt erfrischend und anregend. Bringt uns Erholungsqualität.	Infektionen der Atemwege, Muskel- und Nervenschmerzen, Rheuma, Langzeitbehandlung bei Asthma, antiseptisch, Durchblutung fördernd
EISENKRAUT – Verbene (Entwünschungen)	Licht bringend und gut für einen klaren Geist. Unterstützt bei mentaler Erschöpfung und hilft bei Stress. Hilfreich bei geistigen Arbeiten.	Herz stärkend, Wehen fördernd, Hautentzündungen, antibakteriell, antiviral, schmerzlindernd, Immunsystem stärkend
HO-BLÄTTER (Mut zur Fröhlichkeit)	Sanft aufrichtend und Stimmung stärkend. Hilft bei Nervosität und Schlaflosigkeit. Unterstützend bei Burn-Out-Syndrom und Ängsten.	Antimykotisch (Pilze), antibakteriell, Immunsystem stärkend, Husten, Ohrenschmerzen, Hautunreinheiten, Narben, Wundliegen
IMMORTELLE (Intuition)	Entlastet Körper, Geist und Seele von Ballast. Hilft bei schwierigen Übergangsphasen leichter Zugang zur eigenen Intuition zu finden.	Blutergüsse, blaue Flecken, Venen, Akne, entzündungshemmend, zellerneuernd, Ausscheidung von Giften

Ätherisches Öl	Emotionale Schicht	Stoffliche Schicht
IRIS (Trauer & Loslassen)	Das Öl für Übergänge und Verabschiedungsprozesse. Gibt Geborgenheit und hilft den Trennungsschmerz zu überwinden.	schleimlösend, schmerzstillend, wundheilend, Akne, Narben, Bronchialerkrankungen, Stirn- und Nebenhöhlenentzündungen, Hustenreiz, Asthma
JASMIN (Schutzengel)	Erleichtert den Umgang mit Ängsten und beruhigt die Nerven. Löst Blockaden und hilft bei Geburtsprozessen. Aphrodisierend und sinnlich anregend.	krampflösend, Wechseljahre, Geburt, Übergänge, blutdrucksenkend, schmerzstillend
KAMPFER (Aurareinigung)	Vitalisiert bei Erschöpfung, Mutlosigkeit und Schwäche. Wirkt reinigend und erfrischend.	antibakteriell, antiviral, schleimlösend, fiebersenkend, Schnupfen, Ohrenschmerzen, Muskelschmerzen, Gelenkschmerzen
LAVENDEL (Entspannung)	Stark beruhigend bei Stress. Angstlösend und besänftigend. Hilft Spannungen abzubauen und wirkt bei Schlaflosigkeit, Reizbarkeit und Depression.	entzündungshemmend, pur auf Wunden möglich, gut für Desinfektion und Heilung, unzählige Wirkungen....
LEMONGRASS (Konzentration)	Schafft Klarheit und Frische und regt die Konzentration an. Gibt Ausdauer bei geistigen Arbeiten und fördert Tatkraft und Optimismus.	Cellulite, Akne, bei extremer Schweißbildung, Lymphstau, entgiftet, strafft die Haut
MIMOSE (Sanftmut & Vergebung)	Gleicht aus, entspannt und beruhigt. Wirkt psychisch stärkend und ist hilfreich bei Depressionen, Verstimmungen und Schlafstörungen. Besonders hilfreich bei seelischen Verhärtungen.	entzündungshemmend, wundheilend, herzstärkend, hautpflegend,
MAGNOLIENBLÜTE (Erweiterte Wahrnehmung)	Löst blockierte Gefühle und ist ein Herzöffner. Beruhigt und entspannt bei gleichzeitig anregender Wirkung auf die Phantasie und Vorstellungskraft.	Herzbeschwerden, Hoher Blutdruck, Nervosität, ausgleichend
MUSKATELLERSALBEI (Veränderung & Neubeginn)	Öffnet den Geist und regt die Phantasie an. Ermutigt ungewöhnliche Wege zu gehen und hilft bei negativer Lebenseinstellung und geistigen Blockaden. Wirksam bei Ängsten. Für Übergänge und Neuanfänge.	blutdrucksenkend, Bronchitis, Asthma, Geschwüre, Migräne, Keuchhusten, trockene Haut (nicht in der Schwangerschaft oder während starker Menstruation)
NEROLI (Selbstheilungskräfte)	Wirksames Schock-Öl. Stimmung aufhellend und daher wirksam als Antidepressivum. Stresslösend, entspannend und leicht erotisierend.	Pseudo-Krupp, Asthma, krampflösend, blähungswidrig, beruhigend, Besenreißer, Schwangerschaftsstreifen, Falten
ORANGE (Krisenlösung)	Gleicht innere Unruhe aus und harmonisiert bei negativer und gereizter Stimmung. Stabilisiert seelische Schwankungen und bringt bei schwierigen Problemen die Freude wieder ins Leben.	krampflösend, beruhigend auf Magen-Darm, reinigt die Raumluft besonders gut
PALMAROSA (Gute Träume & Zuversicht)	Hilfreich bei Erschöpfung, Lustlosigkeit und Depression. Bringt wirkliche Entspannung durch Abbau von Überspannung und Verstimmungen.	antibakteriell (Kolibakterien), antimykotisch (Pilze), antiviral, entstauend, antiallergisch
PFEFFER (Herzenswunsch)	Hilft bei Müdigkeit und Traurigkeit. Bringt Mut, Energie und Wärme. Vertreibt Schüchternheit, regt an und bringt Feuer ins Leben.	Durchblutung fördernd, kalte Füße, niedriger Blutdruck, Muskelkater, Magenverstimmung, Rheuma
PFEFFERMINZE (Kraft & Erfolg)	Erfrischt die Seele und befreit den Kopf. Wirkt konzentrationsfördernd und bringt in die Mitte. Zentriert und gibt Kraft.	antimykotisch (Pilze), Übelkeit, abkühlend, Schmerzen im Kopf und Nackenbereich, Rheuma, Zahnschmerzen

KAPITEL C – DIE WERKZEUGE
AROMATHERAPIE

Ätherisches Öl	Emotionale Schicht	Stoffliche Schicht
ROSE (Liebe & Beziehungen)	Harmonisiert das Gefühlsleben und öffnet die Herzensenergie. Heilt emotionale Wunden und besänftigt die Nerven. Hilft zu verzeihen und ist gut für Übergänge. Hilft zu tiefen Gefühlen und Zuneigung.	Herzklopfen, Asthma, Leberstauungen, PMS, Ekzeme, Gebärmutterleiden, Bindehautentzündungen
ROSENGERANIE (Selbstliebe & Selbstachtung)	Gleicht aus und entspannt. Wirkt beruhigend, ausgleichend und aufbauend. Besänftigt Aufregung und Ärger. Gut für die Selbstliebe!	Erkältungen, Hormonstörungen, PMS, Zyklusstörungen, Wechseljahre, Wundheilung, Narben, Ekzeme, Akne, reinigend, desinfizierend, hautfreundlich
ROSENHOLZ (Selbstbewusstsein – Sein)	Stellt emotionales Gleichgewicht wieder her und löst seelische Blockaden, die uns daran hindern uns selber wahrzunehmen. Wirkt ausgleichend und harmonisierend.	Hautstreichler, Bindegewebe stärkend, HNO, desodorierend, antibakteriell
ROSMARIN (Heilkräfte aktivieren)	Stärkt das Selbstbewusstsein und steigert den Antrieb und Lebenswillen. Wirkt auch nach schwerer Krankheit belebend und anregend.	Durchblutung fördernd, Lymphstauungen, Ödeme, Massageöl bei Rheuma, Sport, Gicht
SANDELHOLZ (Meditation & Innerer Frieden)	Gibt Ruhe und Gelassenheit. Wirkt ausgleichend, entspannend und stark meditativ. Erleichtert das Loslassen. Gut für die Erdung.	desinfizierend, Viren hemmend, krampflösend, Immunsystem stärkend, Haut und Haar pflegend
TEEBAUM (Abwehr)	Stärkt das vegetative Nervensystem und lindert psychosomatische, stressbedingte Beschwerden. Schutz und Stabilität bei Hektik.	keimtötende Wirkung auf Pilze, Viren und Bakterien bei gleichzeitiger hoher Hautverträglichkeit. (Achtung verdirbt schnell!)
TONKA (Erdung & Urvertrauen)	Die „Glücksbohne" hilft bei Kummer und Sorgen. Bringt Entspannung und Ausgeglichenheit. Grübeleien und Nachdenken dürfen zugunsten einer guten Erdung und Anbindung weichen.	Durchblutung fördernd, erwärmend, Lymphfluss anregend, entkrampfend, Menstruation, Wechseljahre, Schmerzen, Muskelkater, Rheuma
WACHOLDER (Selbsterkenntnis – Wollen)	Gibt Zuversicht und Stärke und hilft sich von negativen Gedanken zu lösen. Wärmt innerlich, kräftigt und unterstützt bei seelischer Erschöpfung. Gibt wieder Kraft, das eigene Wollen zu erkennen.	Gicht, Rheuma, beschleunigt Herz und Nieren, Geschwüre (Nicht bei Nierenbeschwerden anwenden!), Ekzeme, nach Schlaganfall.
WEIHRAUCH (Schutz & Abgrenzung)	Schützt bei emotionaler Verwirrung, Sorgen, unruhigem Geist und Ängsten aller Art. Wirkt antidepressiv und entspannend.	lungenwirksam, Infektionen, Leberstau, Menstruation mit viel Blutverlust, harntreibend, wundheilend, auswurffördernd
YLANG YLANG (Sinnlichkeit & Leidenschaft)	Gibt das Vertrauen, sich fallenlassen zu können. Wirkt ausgleichend, entspannend und gleichzeitig sexuell anregend. Löst blockierte Gefühle und regt die Sinne an.	Leicht blutdrucksenkend, entzündungshemmend, Hormon regulierend, PMS, Wechsel, immunstärkend
YSOP (Schattenseiten integrieren)	Stärkt die Nerven und steigert die Aufmerksamkeit. Wirksam bei Überarbeitung und Ängsten. Hilft Kummer und Schuldgefühle loszulassen.	antiviral, Fieberblasen, stabilisiert bei MS, Asthma, allergischer Schnupfen
ZITRONE (Mut zum Konflikt)	Verleiht Leichtigkeit und Frische. Regt den Geist und Mut an. Macht munter und fördert die Klarheit und Konzentration für Auseinandersetzungen.	Venenbeschwerden, reinigt die Raumluft, bei Verdauungsbeschwerden, Übersäuerung, Blutreiniger, schützt vor Infektionen
ZYPRESSE (Berufung erkennen)	Der „Baum der Hoffnung" hilft bei Ziellosigkeit und mangelnder Zentrierung. Er stabilisiert das Selbstvertrauen. Hilft bei emotionalem Chaos und begleitet auch durch Trauer und Hoffnungslosigkeit.	Krampfadern, wirkt regulierend auf den Hormonhaushalt, Bindegewebe, blutstillend, schleimlösend, schweißhemmend

AFFIRMATIONEN

Affirmationen, Leitsätze, Selbstunterstützung, Bejahungssätze... Es gibt viele Begriffe für diese positiven Gedanken. **Was möchten wir mit Affirmationen bewirken?**
Wir möchten **uns selber** alles Gute, viel Erfolg, die glückliche Liebe, viel Können wünschen.
Affirmationen sind wunderbare **Ergänzungen** zu ganzheitlichen Methoden der persönlichen Entwicklung.
Für sich alleine oder nur eingebettet in die unzähligen "Wünsch-Dir-Was-Bücher" wirken Affirmationen meistens etwas dürftig. Sie verflüchtigen sich so schnell wie wir sie ausgesprochen haben und von einer mentalen Umprogrammierung ist meist nichts zu bemerken. Manche Mentaltheorien bleiben somit wirklich in der Welt der Theorie und bewirken kaum Veränderungen im täglichen Leben.

Betrachten wir doch einmal eine Affirmation etwas genauer. Wir verwenden dazu den **Mustersatz**

"Ich bin schön!"

Wir stehen frühmorgens vor dem Spiegel, gerade frisch dem Bett entschlüpft, noch mit einem geschlossenen Auge und schauen uns an. Mehr oder weniger glücklich über unser Antlitz. Und gerade in diesem Moment zwängt sich die mit Lippenstift auf den Spiegel gemalte Botschaft durch die noch halbgeschlossenen Lider: *"ICH BIN SCHÖN!"*. Wir denken uns: *„Du meine Güte, wie schau ich denn aus?"* (falsche Aussage) oder vielleicht sagen wir uns sogar *„Schon wieder ein Pickel/eine Falte... mehr!"* (ganz falsche Aussage). Und ganz dienstbeflissen sprechen wir nun noch einmal ganz laut aus: ***"ICH BIN SCHÖN!"***
Wie geht es nun weiter mit unserem Zauber? Reicht das? Müssen wir noch meditieren, um die Botschaft zu verinnerlichen? Oder lenken wir jedes Mal beim Aussprechen genau mit dieser Affirmation den Fokus auf unseren **Mangel**? Wird uns der Pickel wichtiger als vorher? Widmen wir unseren Kuschelröllchen rund um die Hüften und damit mehr negative Aufmerksamkeit als ihnen zusteht? Wie machen wir es denn, damit es wirklich klappt?

Was sagt die Wissenschaft?
Also die einen sagen, wenn Du Dir etwas lange genug vorsagst, dann programmierst Du Dich schön langsam um. Die anderen sagen so direkte Formulierungen helfen nur dabei in den Widerstand zu gehen und den Mangel zu manifestieren. Ja bitte, wem glauben wir denn nun?

Und vor allem wie machen wir das dann mit unseren 33 Affirmationen der Schichtblick-Methode?

Eines wissen wir – unsere 33 Affirmationen sind **nur** ein Teil unserer Arbeit und nicht der ganze Inhalt. Also können wir ganz locker und gelassen folgende Möglichkeiten in Betracht ziehen:

Wenn Du das Gefühl hast, Affirmationen fühlen sich für Dich nicht gut an, weil Du Dich zu viel mit dem Mangel beschäftigst, dann verzichte einfach auf diesen Teil der Methode – das ist gar kein Problem.

Wenn Du beim Sprechen der einzelnen Affirmationen ein gutes Gefühl hast dann lasse die Sätze positiv auf Dich wirken. Genieße einfach im Vertrauen auf eine tolle Wirkung die wohlwollenden Worte und lasse Dich davon inspirieren!

SYMBOLE

Die Symbole der 33 Themen des Lebens für das Modell Schichtblick bekamen wir von einer befreundeten Therapeutin und Malerin zur Verfügung gestellt. Sie erhielt diese 33 Themen- und 8 Erzengelsymbole für uns durch ihre Geistführer übermittelt. Sie schreibt zur Symbolarbeit:

> „Symbole sind **Kraftträger** in gebündelter Energie. In ihnen ist **altes spirituelles Wissen** und **Heilung** in einer Form integriert, die den Menschen über den **Verstand** und das **Herz** anspricht. Um das Heilgeschenk eines Symbols erfahren und erspüren zu können, ist es wichtig, dass Ihr Euch **Zeit** nehmt. Ihr habt eine Karte aus dem Orakel gezogen und nehmt die Aussage wahr. Über das dazugehörige Symbol könnt Ihr den Heilprozess in Eure Entwicklung integrieren, denn das **Symbol wirkt direkt und ganzheitlich auf Euer seelisches und körperliches Befinden**. Für die Heilung ist es wichtig, sich öfter mit dem Symbol und der Karte zu beschäftigen und zu meditieren."
>
> *(Anne Müller †)*

Symbole sind also eine sehr **effektive Methode** um mit unserem **Unbewussten** zu arbeiten. Die einfachen und klaren Strukturen sind gut geeignet, um schnell, direkt und ohne Missverständnisse Informationen auszusenden oder aufzunehmen.

Die insgesamt 41 Symbole der Engelalm Edelstein Essenzen dürfen von Dir für den **privaten** Gebrauch gerne nachgezeichnet, kopiert, aufgeklebt... werden. Wenn Du in Deiner therapeutischen Praxis mit den Symbolen arbeiten magst, kannst Du natürlich das Kartenset vielseitig verwenden.

Ähnlich dem System von Dr. Körbler können auch alle Symbole zur **Umkehr der Störinformation** verwendet werden.

Jedes Symbol hat seine eigene Schwingung. Jedes Mal wenn Du eines dieser Zeichen im Sinne der ursprünglichen Bedeutung verwendest, stärkst Du damit zusätzlich die wunderbare Energie des Symbols.

Tipp für die Anwendung der Symbole:
1. Aufmalen auf Papier: Zeichne das Symbol auf einen Zettel. Gib ihn unter Deinen Kopfpolster, auf die Pinwand oder klebe ihn auf den Spiegel...
2. Wasserübertragung: Für die Wasserübertragung stellst Du einfach ein Glas Wasser auf die Karte. Hilfreich dabei ist, wenn Du die Karten in eine Folie gibst, damit sie durch das Wasser nicht beschädigt werden.
3. Visualisierung: Du kannst Dir natürlich auch das Symbol gedanklich so oft vorstellen wie Du möchtest.
4. Aufmalen auf den Körper: Eine weitere Möglichkeit ist es, die Symbole direkt auf den Körper zu malen. Dazu gibt es hautfreundliche Stifte oder wenn Du es "unsichtbar" machen möchtest auch UV-Stifte. Du kannst auch mit Henna eine Paste machen und mit einem Pinsel die Symbole als Tattoo aufmalen. Die vorgeschlagenen Positionen für das Auftragen der Symbole sind nur Empfehlungen. Wenn Du das Symbol gerne auf eine andere Stelle zeichnen willst, dann tu es einfach. Das Symbol wird dort die größte Wirkkraft haben, wo es sich für Dich am besten anfühlt. Wenn das eine Stelle ist, zu der Du selber nicht hinkommst (z.B. Rücken), bitte einen Freund/eine Freundin um Hilfe.

Thema	Symbol	Affirmation	Position
ABWEHR		„Ich halte Abstand"	Solarplexus (Nabelbereich)
AURAREINIGUNG		„Ich bin Licht"	Herzbereich
BERUFUNG ERKENNEN		„Ich erkenne meine Berufung"	Stirnbereich oder Solarplexus (Nabelbereich)
ENTSPANNUNG		„Ich bin ruhig und entspannt"	Beide Fußsohlen
ENTWÜNSCHUNGEN		„Ich erlöse"	Nacken
ERDUNG & URVERTRAUEN		„Ich bin geerdet und vertraue"	Beide Fußsohlen
ERWEITERTE WAHRNEHMUNG		„Ich erweitere meine Wahrnehmung"	Stirn
FREI VON ABHÄNGIGKEITEN		„Ich bin frei"	Herzbereich

KAPITEL C – DIE WERKZEUGE
SYMBOLE

Thema	Symbol	Affirmation	Position
GUTE TRÄUME & ZUVERSICHT		„Ich vertraue und fühle mich geborgen"	Herzbereich
HEILKRÄFTE AKTIVIEREN		„Ich darf heilen"	Handinnenflächen (Handchakren)
HERZENSWUNSCH		„Ich heiße Dich Willkommen"	Unterbauch (oberhalb der Scham)
INTUITION		„Ich vertraue meiner Intuition"	Stirn
KONZENTRATION		„Ich schaffe es"	Bereich der Thymusdrüse (Brust)
KRAFT & ERFOLG		„Ich bin erfolgreich und mutig"	Solarplexus (Nabelbereich)
KRISENLÖSUNG		„Die Lösung ist in mir"	Kopf am Scheitel
LIEBE & BEZIEHUNGEN		„Ich liebe mich und dich"	Herzbereich
MEDITATION & INNERER FRIEDEN		„Tiefer Frieden in mir"	Bereich der Thymusdrüse (Brust)
MUT ZUM KONFLIKT		„Ich konfrontiere mutig und in Achtsamkeit"	Solarplexus (Nabelbereich)
MUT ZUR FRÖHLICHKEIT		„Ich bin zuversichtlich und liebe mein Leben"	Herzbereich
REGENERATION & ERHOLUNG		„Ich schöpfe Kraft"	Beide Fußsohlen
SANFTMUT & VERGEBUNG		„Ich versöhne mich und vergebe"	Herzbereich
SCHATTENSEITEN INTEGRIEREN		„Ich erkenne und integriere meine Schattenseiten"	Stirnbereich
SCHUTZ & ABGRENZUNG		„Ich bin geschützt"	Solarplexus (Nabelbereich)

Thema	Symbol	Affirmation	Position
SCHUTZENGEL		„Ich bin bereit"	Handinnenflächen (Handchakren)
SELBSTBEWUSSTSEIN – SEIN		„Ich weiß wer ich bin und was ich kann"	Solarplexus (Nabelbereich)
SELBSTERKENNTNIS – WOLLEN		„Ich erkenne wer ich bin und was ich will"	Stirn
SELBSTHEILUNGS- KRÄFTE		„Heilung ist in mir"	Herzbereich
SELBSTLIEBE & SELBSTACHTUNG		„Ich achte mich in Liebe"	Herzbereich
SELBSTVERTRAUEN – TUN		„Ich verfolge im Vertrauen auf mich selbst meine Ziele"	Solarplexus (Nabelbereich)
SINNLICHKEIT & LEIDENSCHAFT		„Ich bin sinnlich und schön"	Unterbauch (oberhalb der Scham)
SPRACHE & AUSDRUCK		„Sprache ist mein Ausdruck"	Kehlbereich (Hals)
TRAUER & LOSLASSEN		„Ich lebe meine Trauer und lasse los"	Magengegend (zwischen Brust und Nabel)
VERÄNDERUNG & NEUBEGINN		„Ich lasse los und beginne neu"	Handinnenflächen (Handchakren)

Hennapaste selber machen:
- 2 TL Henna Pulver
- 1 TL Zitronensaft
- 2 TL Kaffee
- Tee oder Wasser (heiß)

ERZENGEL

Die Erzengel sind **Boten** Gottes, Boten des Schöpfers, Boten der allumfassenden Mutter, der universellen Energie, der Liebe... wie auch immer Du ES/IHN/SIE nennen magst. Sie sind zuständig für die **Kommunikation zwischen der geistigen und unserer Welt**.
Bei der Schichtblick-Methode haben wir uns für die Arbeit mit den acht bekannten Erzengeln **Metatron, Raphael, Michael, Chamuel, Zadkiel, Gabriel, Uriel und Jophiel** entschieden.

Wie können wir nun mit den Erzengel-Energien arbeiten? Wie überall gibt es natürlich auch hier viele Möglichkeiten. Von Bitten um **gute und hilfreiche Träume** bis zum Schreiben von **Briefen** und dem Sprechen von **Gebeten** ist die Arbeit mit Erzengeln meistens sehr auf die spirituelle Ebene ausgerichtet. Besonders wirken Erzengelenergien über die **Astralebene** während der **Schlafenszeit**.

Im Kapitel „Legesysteme" (ab Seite 27) findest Du einige Varianten, die Du mit den Erzengelkarten durchführen kannst. Eine sehr schöne Art der Arbeit mit den Erzengel-Energien ist die **Meditation**.

Die Erzengelmeditation

Wenn wir Meditationen machen möchten, benötigen wir immer eine CD oder eine VorleserIn. Bei unserer Erzengelmeditation kannst Du diese **alleine** durchführen. Du liest ein Stück, schließt die Augen, vertiefst Dich, liest wieder ein Stück, schließt die Augen wieder... und so kannst Du Dich durch die ganze Meditation selber anleiten.

Vorbereitung für die Meditation:
Bereite Dir einen **ungestörten Raum** vor, schalte Dein Handy aus und die Türglocke ab. Du kannst den Raum etwas **abdunkeln** und eine **Kerze** anzünden. Gib ein paar Tropfen des passenden **ätherischen Öls** in die Duftlampe. Auf alle Fälle mache es Dir möglichst **gemütlich** – in diesem Fall im **Sitzen**. Lege Dir den ausgedruckten Meditationstext vor Dich hin und wähle mit den Orakelkarten einen Erzengel. Dann schlag im **Kapitel E** (ab Seite 216) Deinen Erzengel auf.
Vertiefe Dich in das **Pflanzenbild** auf der linken Seite des Buches und zeichne sein **Symbol** in die Luft, auf einem Zettel oder auch auf Deinem Körper nach. Dann setze Dich hin und **lies** (laut oder leise) jeweils den **Meditationstext** bis zum Satz *"Ich schenke mir Zeit"*. Dieser Satz, der innerhalb der Meditation fünf Mal vorkommt, lädt Dich ein, Deine Augen zu schließen und die Zeit, die für Dich angenehm ist in Ruhe zu verbringen. Das kann nur kurz oder auch länger sein. Entscheide Du wie es Dir angenehm ist. Bleib offen für Bilder, Gefühle und Empfindungen. Jeder hat in seiner persönlichen Meditationszeit andere Wahrnehmungen und erlebt es unterschiedlich.

Manche Menschen genießen einfach die Ruhe und denken an nichts. Andere Menschen sehen Bilder oder Farben. Manche erleben richtige Geschichten oder nehmen sogar Gerüche und Geräusche wahr. Alles ist richtig – es gibt kein falsch!

Meditationstext:

Ich setze mich gemütlich hin und nehme ein paar tiefe Atemzüge. Ich bin ganz locker und bin entspannt. **Ich schenke mir Zeit!**

(Genieße das Bild, das Symbol und dann schließe Deine Augen. Nimm Dir die Zeit, die Du möchtest. Anschließend öffnest Du wieder die Augen und liest weiter.)

Ich bin in einem geschützten Raum und mein Erzengel, meine Helfer aus der geistigen Welt achten auf mich. Wenn ich Geräusche von draußen höre, Autos, eine Katze oder auch ein lachendes Kind – lasse ich die Geräusche einfach kommen und gehen. Ich halte mich nicht auf dabei - sie stören mich nicht!
Ich atme noch einmal ganz bewusst und dann überlasse ich das Atmen meinem wunderbaren Körper, der mich bereits mein Leben lang atmet. Ich brauche überhaupt nichts zu tun – ich lasse einfach los!

Ich fühle meine Beine und bringe sie in eine gemütliche Position. Sie sind meine Wurzeln, die sich ganz fest mit Mutter Erde verbinden. Diese Energie schützt, trägt, behütet und wärmt mich.
Ich spüre diese Wärme über meine Füße kommend in meinen Waden und ich lasse die Muskeln ganz locker und entspannt.

Ich fühle die Wärme in die Oberschenkel steigen und beginne auch hier die Muskeln, die mich durch das Leben tragen, zu lockern. Ich bedanke mich bei meinen Beinen für ihre Arbeit und gönne ihnen eine Pause – ich lasse einfach los.

Nun fühle ich die Wärme in mein Gesäß aufsteigen. Viele Stunden wartet es geduldig auf mich wenn ich sitze oder liege. Ich bedanke mich auch bei meinem Gesäß, dass es für mich da ist. Vielleicht mag ich ein wenig herumrutschen. In diesen Bewegungen fühle ich die Muskelgruppen links und rechts der Wirbelsäule. Die zentrale Verbindung für mein aufrechtes Sein. Ich richte mich etwas auf und lasse mich wieder sinken. Ich wiederhole diese Bewegung ein paar Mal und dann lasse ich wieder los.

Von meinen **Schultern** aus verströmt sich Wärme und Entspannung über meinen Rücken. Die Wärme dehnt sich aus und hüllt mich ein. Ganz geschützt und geborgen fühle ich mich. Ich lade nun meinen Erzengel, den ich gewählt habe ein, hinter mir Platz zu nehmen. Ich fühle seine Wärme. Er nimmt mich unter seine Flügel und stützt mich. Es ist mein besonderer Engel. Er schenkt mir seine Wärme – er schenkt mir seine Liebe direkt in mein Herz und begleitet mich, wann immer ich es möchte. Ich bin behütet und geliebt! **Ich schenke mir Zeit!**

(Genieße das Bild, das Symbol und dann schließe Deine Augen. Nimm Dir die Zeit, die Du möchtest. Anschließend öffnest Du wieder die Augen und liest weiter.)

Nun spüre ich noch meine **Hände** und **Finger und bewege sie ein wenig.** Sie schreiben, malen, musizieren, streicheln, liebkosen, halten und lassen Reiki-Energie, Prana oder eine andere universelle Lebenskraft fließen. Ich schaue auf meine Hände und fühle sie in Dankbarkeit. Meine Handflächen sind die kraftvollen Eingänge der universellen Energie und ich fühle sie als warme Stellen.

Das Universum hat unendlich viel Energie für mich zur Verfügung. Ich nehme nun meine Hände und lege sie auf mein Herz. Ich erlaube der kraftvollen Energie in mein Herz zu wandern. Ganz sacht und behutsam fühle ich die Liebe in mein Herz strömen. **Ich schenke mir Zeit!**

(Genieße das Bild, das Symbol und dann schließe Deine Augen. Nimm Dir die Zeit, die Du möchtest. Anschließend öffnest Du wieder die Augen und liest weiter.)

Dann bedanke ich mich bei meinen Händen und lasse sie ganz entspannt auf meine Oberschenkel sinken. Von meinem Herzzentrum aus sende ich nun in Gedanken die Wärme weiter in meinen Bauch, in meine Arme und zu meinem Hals. Alles **entspannt** sich und genießt die Ruhe.

Mein Hals, mein Nacken – er ist meine Verbindung zwischen Fühlen und Denken. Er hält alle Spannungen aus. Ich bewege ganz vorsichtig den Kopf auf meinem Nacken etwas hin und her. Dann bringe ich den Kopf in eine angenehme Position und entspanne die Zunge und lasse meinen Unterkiefer locker. Nichts kann passieren – Ich bleibe ruhig und entspannt sitzen. **Ich schenke mir Zeit!**

(Genieße das Bild, das Symbol und dann schließe Deine Augen. Nimm Dir die Zeit, die Du möchtest. Anschließend öffnest Du wieder die Augen und liest weiter.)

Nun lädt mich mein Erzengel ein, eine kleine Reise zu machen. Ich reise in Gedanken in eine Gegend, die ich mag und die mir angenehm ist. Ein Platz im Wald, eine Düne, am Fluss, am Berg… Es hat eine angenehme Temperatur und nur ich und mein Erzengel sind an diesem wunderschönen Ort. Ich wähle einen guten Platz und lasse mich von meinem Erzengel wieder in die Arme nehmen. Ich achte auf Bilder, Gefühle, Gedanken, Empfindungen. **Ich schenke mir Zeit!**

(Genieße das Bild, das Symbol und dann schließe Deine Augen. Nimm Dir die Zeit, die Du möchtest. Anschließend öffnest Du wieder die Augen und liest weiter.)

Nun lasse ich meine Bilder und Gedanken weiterziehen - verblassen…. kleiner werden, bis sie nicht mehr sichtbar sind.

Ich folge nun mit meiner Aufmerksamkeit wieder meinem Atem. Ich schaue ihm zu und atme 3x bewusst ein und wieder aus. Ich spüre dann wieder meinen Körper und nehme ihn wahr. Ich bedanke mich bei meinem Erzengel für seine Begleitung und seine Botschaften.
Ich kehre jetzt mit meiner Aufmerksamkeit zurück in mein Tagesbewusstsein. Ich kehre jetzt zurück in diesen Raum, zurück in diese Zeit, zurück in diese Welt!

KAPITEL D
STEINSEELCHEN

Ein weiteres Werkzeug für die spirituelle Schicht sind die Steinseelchen. Lasst uns mit ihrer Geschichte beginnen:

STEINSEELCHEN - Meditationssteine aus der Welt der lichtvollen Tiefe

„Es war einmal in einem Land der lichtvollen Tiefe. Dort lebten sehr viele verschiedene, wunderschöne Edelsteinkinder. So bunt wie bei den Menschen ging es auch in der Welt der Steine zu. Sie waren alle verschieden alt und hatten verschiedene Berufungen. Es gab Erdenhüter-Steine, Wassersteine, Heilsteine, Dekosteine, Medizinsteine und es gab die Gruppe der kleinen Meditationssteine – der Steinseelchen. Die Steinseelchen waren wirkliche Seelenspezialisten. Sie waren Seelenflüsterer und jedes hatte sein eigenes Herzensthema.

Mutter Erde hatte schon längere Zeit einen Gedanken. Sie beobachtete seit langem die Menschen und sah, dass viele unglücklich waren. Sie sah, dass viele Menschenseelen den Zugang zu ihrer Herzensweisheit verloren hatten. Und sie sah die Menschen immer öfter traurig und suchend. Mutter Erde war eine weise Frau. Sie sah ihre Steinseelchen mit dieser ganz besonderen Begabung an und begann sie für die Menschen zu schulen. Die große Mutter der lichtvollen Tiefe rief nun ihre Seelchen zu sich und sprach: „Meine lieben Kinder, ich habe eine wichtige Aufgabe für Euch. Ihr dürft den Menschen Eure Herzensweisheit überbringen und sie wieder mit ihrem Herzenslicht verbinden." Die Steinseelchen waren ganz aufgeregt und alle plauderten durcheinander. Eines der Steinseelchen blieb plötzlich stehen und sagte ganz eifrig: „Mutter, Mutter wir müssen aber noch die Sprache der Menschen lernen!" Mutter Erde nahm das aufgeregte Steinseelchen auf ihren Schoß und sprach: „Mein liebes Seelchen, deine Aufgabe ist das Erzählen deiner Herzensweisheiten. Und die Aufgabe der Menschen wird es sein, EURE Sprache zu lernen!" So kamen die Steinseelchen zu uns! Und wenn Du Dein Herz öffnest, ganz leise wirst und ihnen lauschst - Ja, dann wirst Du sie verstehen!"

Eine Kindergeschichte? Eine Geschichte für unsere inneren Kinder? Was hier wie ein Märchen anmutet kann uns erwachsene Menschen in der Tiefe unserer Seele berühren. Erzengel sind himmlische Botschafter der Göttlichkeit. Die Steinseelchen sind unsere irdischen Botschafter der Göttlichkeit. Durch Mutter Erde bahnen sie sich mit ihren Botschaften ihren Weg zu uns. Über Jahrmillionen gesammelte Weisheit für uns nun bereit zum Abrufen.

Die Steinseelchen sind besondere Steine für **spirituelles Tun** auf der **Meditations- oder Traumzeitebene**. Anders als die Edelsteine für unsere körperlichen Probleme, anders als Wassersteine für die seelischen Befindlichkeiten und anders als ihre potenzierten Steinessenzen für die geistig-mentale Ebene sind Steinseelchen für die spirituelle Schicht unserer Persönlichkeit. Sie sind nun bereit uns in der Meditation oder im Traum die Geschichten zu erzählen, die uns zu einem ganzheitlich ausgefüllten Leben helfen.

Edelsteine haben verschiedene Berufungen

Die Edelsteine zeigen sich uns in ihrer Verschiedenheit. Sie präsentieren sich in einer bunten **Vielfalt**. Wir erfreuen uns an Schmuck- und Dekorationsmineralien. Für die Kommunikation mit Edelsteinen müssen wir langsamer werden. Um ihre Geschichten zu verstehen sollten wir runter vom Tempo. Wir sind meistens **zu schnell** unterwegs in dieser Welt um die Botschaften der Steine wahrnehmen zu können. Wenn Du Dir erlaubst **langsam** zu **werden** und hineinzufühlen, dann wird es klar und eindeutig, warum manche Kristalle in der Massage nicht so gut einsetzbar sind und plötzlich wird auch schlüssig warum so manche Steinkette sehr lange in der Auslage liegen geblieben ist. Vielleicht wollte der Kristall kein Praxisstein sein und die Kettenperlen lieber Wassersteine werden. Und so müssen wir hören und fühlen lernen und unsere Sensoren für die Sprache der Edelsteine erweitern.

Wie weiß Du, ob ein Stein ein Steinseelchen ist? Frage es einfach!

Du kannst entweder bereits energetisch veredelte (geschulte) Steinseelchen kaufen oder Du lernst mit Steinen zu kommunizieren. Das ist nicht so schwer wie es sich anhört aber es erfordert **Stille und Achtsamkeit**. Wir haben das nicht gelernt und das Tempo der Steine ist sehr langsam.

Wenn wir im Gebirge gefaltete Gesteinsschichten sehen, dann glauben wir meistens das wäre ein statisches Bild. Wir stellen uns vor irgendwann hat es einen flotten Minuten-Rums gemacht und die Falten waren im Stein. Wir stellen uns diese Bilder laut und schnell vor und auch die Naturdokumentationen im Fernsehen sind ja meist mit Zeitrafferaufnahmen gespickt. Aber die Wirklichkeit ist, dass es immer noch andauert. Auch **jetzt** falten sich die Steine - aber so langsam, dass wir es kaum bemerken.

Jetzt aber beginnt die Zeit, wo wir uns wirklich **berühren lassen** dürfen. Wir dürfen **langsam werden** und den Steinseelchen **zuhören**. Durch die Steinseelchen verbinden wir uns mit unseren **inneren, göttlichen Instanzen**. Sie öffnen Türen für uns, die wir ansonsten verschlossen halten. Sie verhelfen uns zu **spontanen Erkenntnissen und Gefühlsempfindungen** und unterstützen uns auf dem Weg zu wirklichem inneren Frieden und Glück. Sie lassen uns zur **Ruhe** kommen und ganz leise werden. Die Seelchen berühren uns ganz achtsam inmitten unseres Herzens und verbinden uns mit unseren weisesten und liebevollsten Anteilen. Sie sind unsere **Seelenflüsterer**, wenn wir es erlauben.

Steinseelchen laden uns ein **weibliches Wissen**, unsere Intuition, unseren **Zugang zu unserem Höheren Selbst** zu fühlen und mit ihm zu leben. Dazu müssen wir aber **HALT** machen. Steinseelchen helfen uns dabei. Ob nun in der Meditation oder einer kurzen Pause, sie aktivieren unsere weibliche Seite in uns. Sie helfen uns mit all unseren Sinnen zuzuhören, zu empfangen, zu lassen, zu erlauben.

Wie kannst Du mit Steinseelchen kommunizieren?

- Nimm Dir möglichst jeden Tag 5 Minuten Steinseelchen-Rückzugs-Zeit.
- Schaffe Dir einen ruhigen Platz, wo Du ungestört sein kannst.
- Setze oder lege Dich bequem hin und sorge dafür, dass Deine Wirbelsäule sanft aufgerichtet ist.
- Vergegenwärtige Dir vor Deiner Steinseelchenzeit kurz das Thema Deines Steinseelchens. Jeder Stein trägt ein Hauptthema (Bergkristall = Klarheit, Amethyst = Entspannung...)
- Bevor Du beginnst, atme einige Male tief durch.
- Entspanne Deinen Körper ganz bewusst bei der Ausatmung.
- Lasse alle Erwartungen los. Alles ist wie es ist. Du bist einfach DU!
- Sei geduldig und gehe sanft mit Dir selber um.
- Genieße die Zeit mit Deinem Steinseelchen und lausche Deinen inneren Weisheiten!

Zusätzlich kannst Du Dein Steinseelchen in der Nacht einfach auf das **Nachtkästchen** oder unter das **Kopfkissen** legen oder Du hältst es vor dem Einschlafen in Deiner **Hand**.

Trage Dein Steinseelchen einfach ab und zu bei Dir! Die Verbindung zwischen Deinem Steinseelchen und Dir wird immer stärker, je öfter Du mit ihm meditierst. Du solltest darauf achten, dass nur Du mit ihm in Verbindung bist, dadurch baut sich eine klarere Kommunikation auf. Eine besondere Reinigung ist nicht erforderlich. Wenn Du möchtest kannst Du Deine Steinseelchen hin und wieder unter fließendes Wasser halten - das ist genug.

Die Original Engelalm Steinseelchen

Wenn wir Erdbeeren pflücken ist das keine große Herausforderung für uns. Wir besuchen ein Erdbeerfeld und pflücken uns die herrlichen Früchte in den Mund. Aufmerksam wie wir sind, werden wir uns vorher bei den Erdbeeren bedanken aber damit ist die Aufgabe für uns erledigt. Ganz anders ist es beim **Pflücken von Steinseelchen**. Abgesehen davon, dass wir sie nicht essen, sind wir hier aufgefordert ganz **langsam** zu werden. So erforderte es auch für uns eine längere **Schulung der Achtsamkeit** um auf die **richtige Frequenz** zu kommen **ein Steinwesen zu verstehen**. Zu unserer großen Freude dauerte das nicht sehr lange. Und so pflückten wir Seelchen um Seelchen, um sie anschließend in einem **Reinigungs- und Einführungsritual** auf ihre **Aufgabe vorzubereiten**. Nicht manipulativ, nicht eingreifend und nicht den Weg weisend sondern wie gute Eltern zeigten wir dem Steinseelchen nur seine eigenen Möglichkeiten, um aus seinem Können einen Beruf zu machen. Und so stehen uns heute viele Steinseelchen zur Verfügung, die Dich bei den 33 Themen der Schichtblick-Methode in der Meditation begleiten möchten.

Wie findest Du Dein richtiges Steinseelchen?

Du kannst entweder die Steinseelchen anschauen und auf eine **Resonanz** warten oder Du ziehst Dir einfach eine **Orakelkarte** aus den **33** Themenkarten. Du kannst auch die Wahl mit dem **Tensor** oder dem **Pendel** treffen oder Dir ein Seelchen schenken lassen. Auch hier gibt es wieder kein richtig und kein falsch. Achte darauf welcher der Steinseelchen-**Namen** Dir besonders interessant vorkommt oder welchen Namen Du so richtig seltsam findest. Auf welchem Namen, welcher **Farbe**, welchem Begriff bleibt Deine Aufmerksamkeit hängen? Das alles können Hinweise sein, die Dich zu Deinem Steinseelchen führen.

Steinseelchen verbinden uns - ähnlich wie Erzengel - **mit unseren spirituellen Energien**. Anders als die sphärische und hoch schwingende Kraft der Engel verbinden uns die Steinseelchen mit den **Weisheiten von Mutter Erde**. Und das passiert nicht in einer Form des TUNS sondern des **LASSENS**. Wenn wir uns erlauben von den fixen Bildern abzuweichen und **in die Tiefe schauen**, dann erblicken wir plötzlich Welten, die wir bis jetzt nicht gesehen haben. Eine wunderbare Analogie für dieses besondere Sehen bildet die **Makrofotografie**. Die Bilder fliessen direkt in unser spirituelles Zentrum und verbinden sich mit unseren Kräften in der ruhigen und langsamen Art der Meditation oder Traumzeitebene.

Die Bilder

Wir haben vor vielen Jahren die Gemmologin (Edelsteinkundlerin) und Kunst-Fotografin Karola Sieber kennen gelernt. Ihre berufliche Arbeit verbindet die wissenschaftlich basierten Einblicke mittels eines Mikroskops mit dem Blick der ästhetisch geschulten Künstlerin.

Dabei taucht sie mit ihrer Kamera und mit besonderer Achtsamkeit in die geheimnisvolle Welt der Edelsteine ein und ermöglicht uns einen abstrakten „Lupenblick" auf die verborgenen Wunderwerke von Mutter Natur. Durch ihre Fotografien eröffnet sie uns magische Welten, die zum Träumen und Meditieren einladen. Jedes Bild ist für sich eine eigene Themenwelt und gemeinsam mit einem Steinseelchen in der Hand eröffnet sich Dir ein Stück Magie.

*„Die **inneren Welten** der Edelsteine*
sind für mich wie ... eine grüne Sommerwiese.
Die darin entfaltete Blütenpracht, mit Ihren einzigartigen
und farbenfrohen Blumen, erzeugen
in ihrer Gesamtkomposition eine besondere Ausstrahlung.
Auch die Innenwelten der Mineralien & Edelsteine bilden
*in ihrer Einheit ein **Gemälde mit intensiver Ausstrahlungskraft**.*
Die vielfältigen Einschlüsse aus Gasen, Flüssigkeiten
und Mineralkörnern wirken wie bunte Blumen,
die den unverwechselbaren Charme eines Steines ausmachen".
(Karola Sieber)

KAPITEL D
STEINSEELCHEN

Bergkristall „Herkimerquarz" für Klarheit, Bewusstheit und gute Traumerinnerungen

Tipp! Blättere die Fotografien durch und achte aufmerksam bei welchem Bild Du länger verweilen möchtest. Betrachte das Bild in Ruhe und lies immer wieder einen der Begriffe durch, die im unteren Bereich des Bildes stehen. Du kannst auch eine Orakelkarte aus den 33 Themenkarten für Deine Bilderwahl ziehen.

Unterstützung

Widerstand

Schutz

Gelassenheit

Abwehr　　　　　lassen

Verteidigung

ABWEHR
TURMALIN SCHÖRL

Defensive

Abstand

abwehren

Grenze

Auflehnung

Sicherheit

Vorsicht

Blockade

entwirren

strahlend

Reinheit

Sauberkeit　　Licht

Unschuld　　　　　　　　Natürlichkeit

AURAREINIGUNG
HALIT

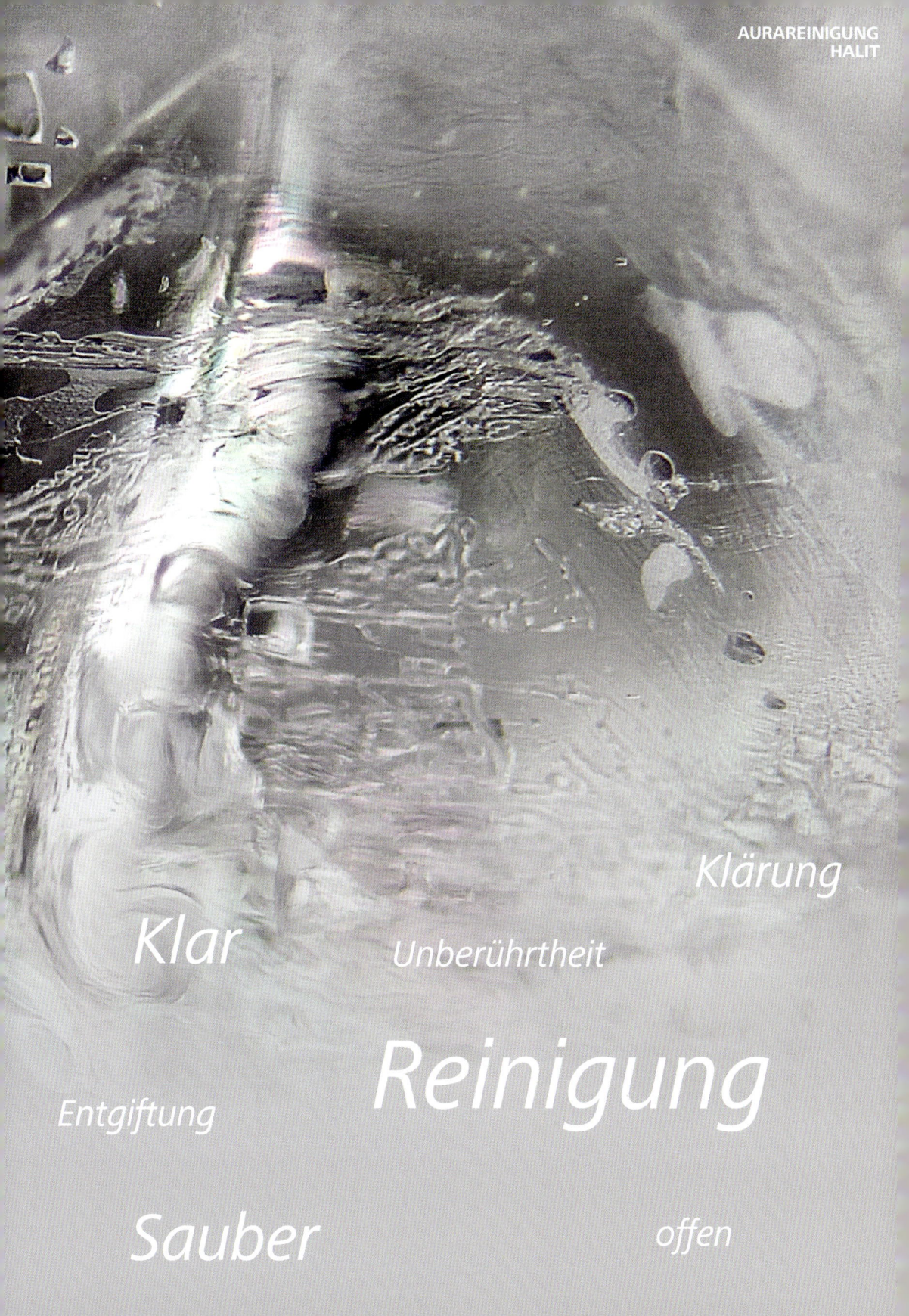

Klärung

Klar   Unberührtheit

               Reinigung
Entgiftung

Sauber   offen

Schicksal

Meines　　　　*Ziel*　　　　Erkennen

Gehen

Jobsuche

Wunsch

Ankommen

BERUFUNG ERKENNEN
AMAZONIT

Weg

Erleuchtung

Finden

Aufrichtig

Sehnsucht

Beruf

Lebensziel

schlafen

Ferien

ausgeglichen

Meditation

Entlastung

sich fallen lassen

friedlich

**ENTSPANNUNG
RAUCHQUARZ**

Leichtigkeit　　　　　Wellness

entspannt

　　　　　Ruhe

Erholung　　　Einklang

　　　　　　Ausgleich

Errettung

Transformation

Licht

Stabilität

Entwünschung

erlösen

Aufhebung

ENTWÜNSCHUNGEN
ANGELIT

Entlastung   Freiheit

              Befreiung

                                    entwirren

         Schutz

                    Entflechtung
Sicherheit

Wurzel

Wärme

Körperlichkeit

Vertrauen

Boden

Daheim

Erdung

ERDUNG & URVERTRAUEN
VERSTEINERTES HOLZ

genießen   Sicherheit

Zuhause

Mutter Erde

Geborgenheit   Manifestation

Stabilität   Beständigkeit

Erkennen   Möglichkeiten

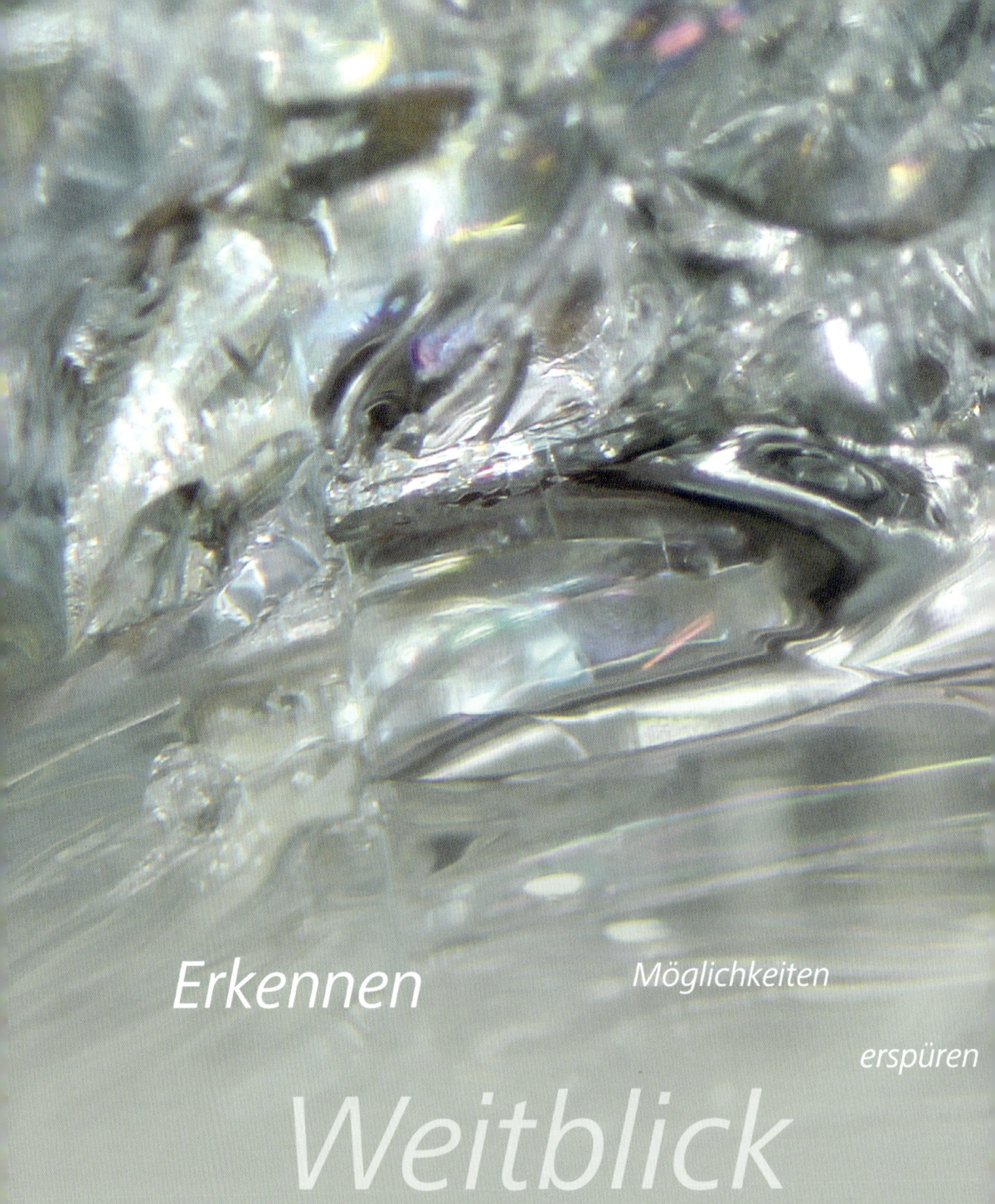

erspüren

Weitblick

Durchblick

Beobachtungsgabe

ERWEITERTE WAHRNEHMUNG
AQUAMARIN

schauen

Scharfblick

Ausdauer

schmecken

Voraussicht

hören

erfühlen

sehen

frei   Offene Wege

                    Verhaltensänderung

Mut

         losgelöst

                    unbefangen

FREI VON ABHÄNGIGKEITEN
DUMORTIERIT

Zuversicht

ungebunden

zwanglos

Freiheit

Freiraum

unabhängig

Sorgen loslassen

Gute-Nacht-Geschichte

Zuversicht

Entlastung

Sicherheit

Müdigkeit

GUTE TRÄUME & ZUVERSICHT
AVENTURIN

träumen

Geborgenheit

Schlaflied

Ruhe

behütet sein

Unbeschwertheit

Atlantis

Öffnung

Bewusstheit

Potential

Schamane

Kraftquelle

Tun

fließen

HEILKRÄFTE AKTIVIEREN
SELENIT

Heilwissen

Wahrnehmung heilen

 Praxis
 auflösen

Gesundheit Medizinfrau

Ziele   Belohnung   Kreativität

Herzenskraft   Kinder

Suche   Ästhetik

Harmonie   Schöpfung

HERZENSWUNSCH KUPFER

Phantasie   Motivation

Wunder

Entwicklung

Offene Türen

Willkommen   Gefühle

Gedankenblitz

Einfühlung

Wahrnehmung

Öffnung

Intensität

Eingebung

Träume

**INTUITION
MONDSTEIN**

Bauchgefühl

Weiblichkeit

Gefühlstiefe

Intuition

erster Impuls

Offenheit

spontan

Wissen

Genauigkeit

Abschluss

Navigation

Sicherheit

Durchblick

Wissen   Lernen

**KONZENTRATION
TIGERAUGE**

Wesentliches

Sammlung

Klarheit

Ziel

durchhalten

Prüfung bestehen

Können

Fokus

Durchhaltevermögen   Erfolg

Willenskraft   *Elan*

Ausdauer

Umsetzung   Energie

Kraft

KRAFT & ERFOLG
EDELJASPIS

Mut   Power   Erdung

Stärke

Kompetenz   Einfluss

Stabilität

Selbstdisziplin

Handlungsfähigkeit

Mut

Lösung   Chance

Krisenbewältigung

Handbuch   Durchblick

Selbsthilfe

**KRISENLÖSUNG
GRANAT**

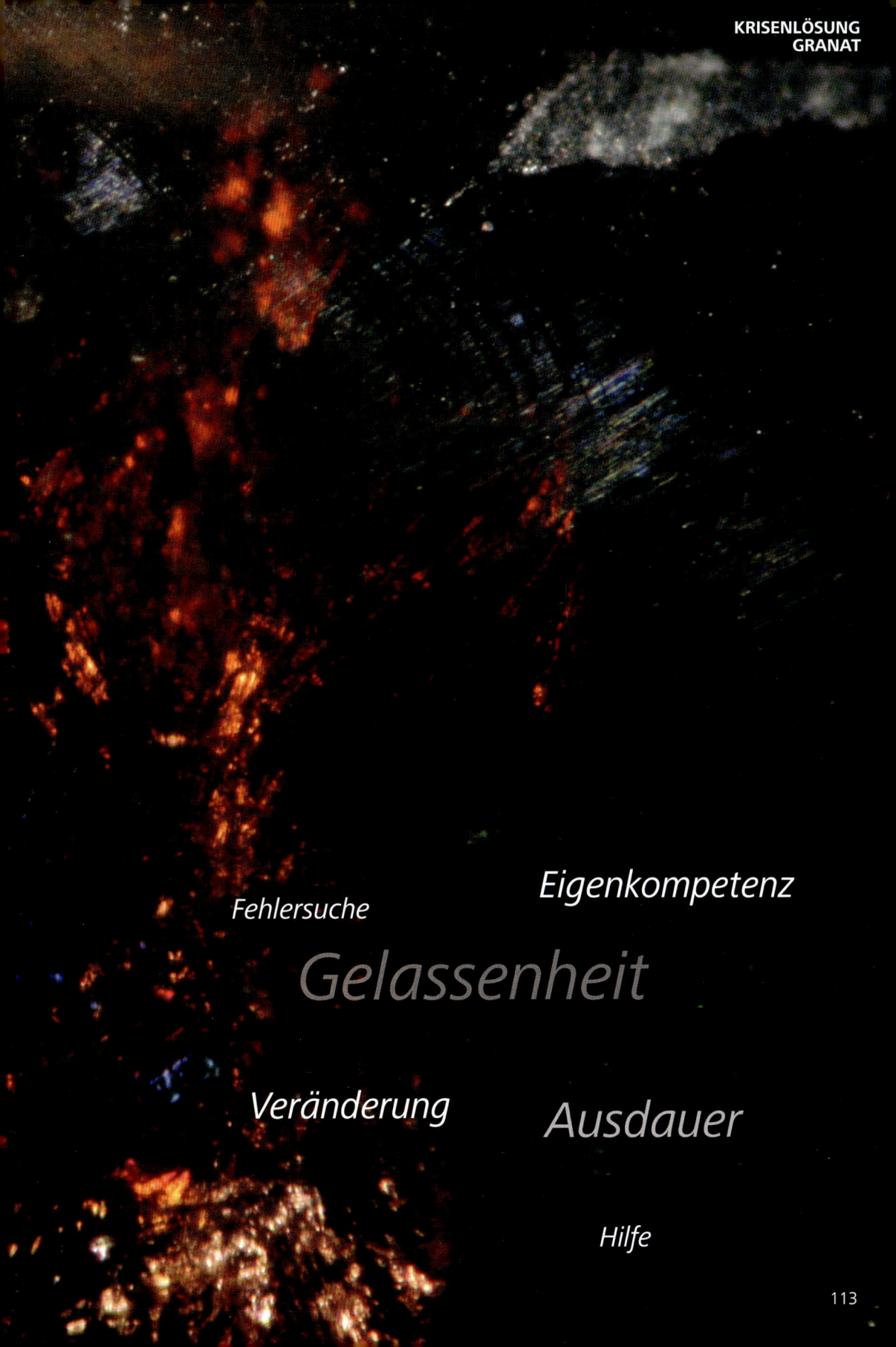

Fehlersuche   *Eigenkompetenz*

Gelassenheit

Veränderung   *Ausdauer*

Hilfe

Beziehungen

Wärme

Hilfsbereitschaft

Herzenswärme

Demut

Liebe

Empfindsamkeit

Geborgenheit

Harmonie

LIEBE & BEZIEHUNG
ROSENQUARZ

Öffnung   Rosa

Einfühlung

Verbundenheit
                    Vertrauen

Liebesfähigkeit

Hingabe

Entspannung
Rückzug
Klärung   Besinnung
Stillstand
                    Schweigen
          Frieden
                    Ruhe
     Kontemplation

MEDITATION & INNEREN FRIEDEN
AMETHYST

Muße

Spiritualität

Vertrauen

Guter Schlaf

Träume

Einklang

Meditation

Gelassenheit

Heilung

Verzeihen
Konstruktivität

Elan

Achtsamkeit

Offenheit

Beherztheit

MUT ZUM KONFLIKT
RHODONIT

Klärung

Schwung
Courage

Lösung

Mut
Ehrlichkeit

Wachsamkeit
Verstehen

Gelöstheit

Ausgleich

Vertrauen

Genuss

Lebensfreude

Frohmut

Zukunft

MUT ZUR FRÖHLICHKEIT
DOLOMIT

Offenheit

Glück

Heiterkeit

Lockerheit

Selbstverwirklichung

Zuversicht

körperliche Regeneration

Selbstheilung   Kraft schöpfen

Erholung

Geduld

Heilung

Geistige Ruhe

REGENERATION & ERHOLUNG
EPIDOT

Entspannung

Rückzug

Besserung

Seelische Harmonie

Energie tanken

Kuren

Ferien

Friedfertigkeit

Selbstbestimmung

nachgeben

Versöhnung

Sanftmut

vergeben

SANFTMUT & VERGEBUNG
PRASEM

Beruhigung *Gelassenheit*

wieder gut sein

verzeihen *Einigung*

sanft

Nachtlicht

Klarheit

Schocklösung

integrieren

Verbindung

Selbstakzeptanz

SCHATTENSEITEN INTEGRIEREN
OBSIDIAN

Schatten

erkennen

Wandlung

Selbstehrlichkeit

Blockaden auflösen

Licht

Annahme

Schutzwall

Rand   Trennwand

Stabilität   Graben

Grenze
            Sicherheit

SCHUTZ & ABGRENZUNG
ACHAT

Distanz

Schutz

Barriere

Geborgenheit

Grenzlinie

Sammlung

Abgrenzung

Sperre

Gebet

Wächter Schutzengel

Spiritualität

Stärkung Obhut

Licht

Verbindung Neutralität

**SCHUTZENGEL
BERGKRISTALL**

Einhüllen   Himmel

  Klarheit   Anbindung

Vertrauen

           Reinigung

Guter Geist

      Glaube

Individualität

Identität

Ich

Bewusstheit

Selbsttreue

Selbstbewusstsein

SELBSTBEWUSSTSEIN - SEIN
SODALITH

Wahrheitssuche

Selbstwert

selbstsicher

Idealismus

sein dürfen

Persönlichkeit

Ziel

Erkenntnis

Spiegel

Lebensaufgabe

Einsicht

Bewusstheit

Nüchternheit

SELBSTERKENNTNIS - WOLLEN
CHIASTOLITH

wollen

Logik

mich wahrnehmen

Realitätssinn

Rationalität

Selbstbild   *Lebenssinn*

Aktivierung   Regeneration

Grenzziehungen

Heilung

Selbstheilung   Vitalität

Kontrolle

Spontanheilung

SELBSTHEILUNGSKRÄFTE
HELIOTROP

positiv   Abwehr

Schutz

Unterstützung

Gesundheit   *Erkenntnis*

Belebung

Hilfe

Entspannung

Annahme

Selbstachtung   Eigenliebe

Selbstakzeptanz

Geduld

Zuwendung

SELBSTLIEBE & SELBSTACHTUNG
MAGNESIT

sich mögen 　　　　　　　　　　Selbstliebe

Harmonie

Hingabe 　　　　　Gelassenheit

Selbstbejahung

　　　　　　Liebe

Kraft Ziel Lebensfreude

Selbstvertrauen Dynamik

Selbstsicherheit
Aktivität

SELBSTVERTRAUEN - TUN
CITRIN

Umsetzung

Lebensmut

Energie   Das Tun

                              Tatkraft

     Selbstausdruck

              Selbstwert

Sexualität

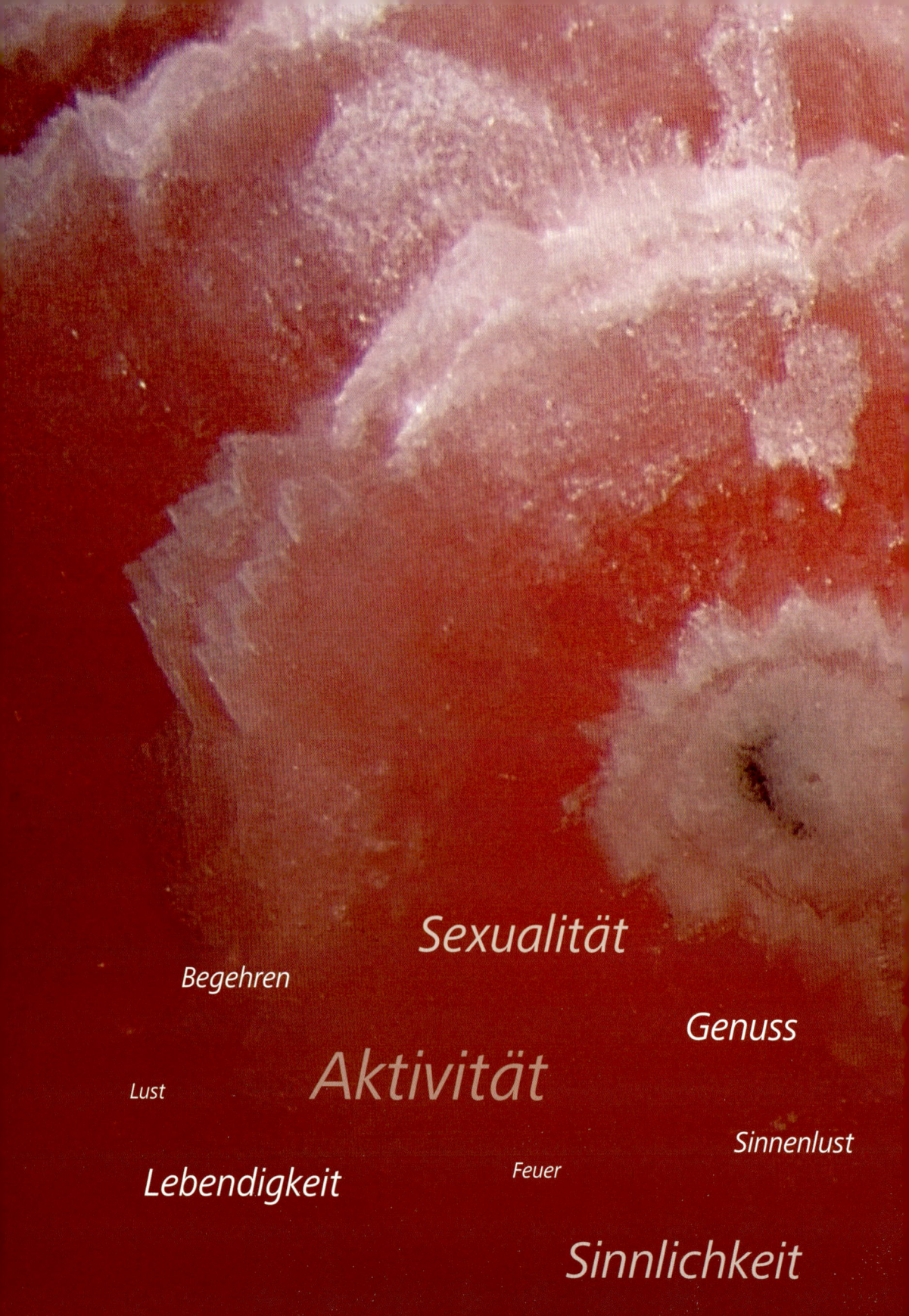

Begehren

Genuss

Lust

Aktivität

Sinnenlust

Lebendigkeit   Feuer

Sinnlichkeit

SINNLICHKEIT & LEIDENSCHAFT
RHODOCHROSIT

Anregung

Leidenschaft

Dynamik

Erleben   alle Sinne

Körper

Phantasie

Erotik

Drang

Haltung

Verständnis Offenheit

Aussage

Zeichen

Kommunikation

SPRACHE & AUSDRUCK
CHALCEDON

Sprache

Leichtigkeit

Wort

reden

Selbstausdruck

Kontaktfreude

Authentizität

Meinung

Ende

Weinen dürfen

Auferstehung

Trauer

Zuversicht

Schwarz

TRAUER & LOSLASSEN
SARDONYX

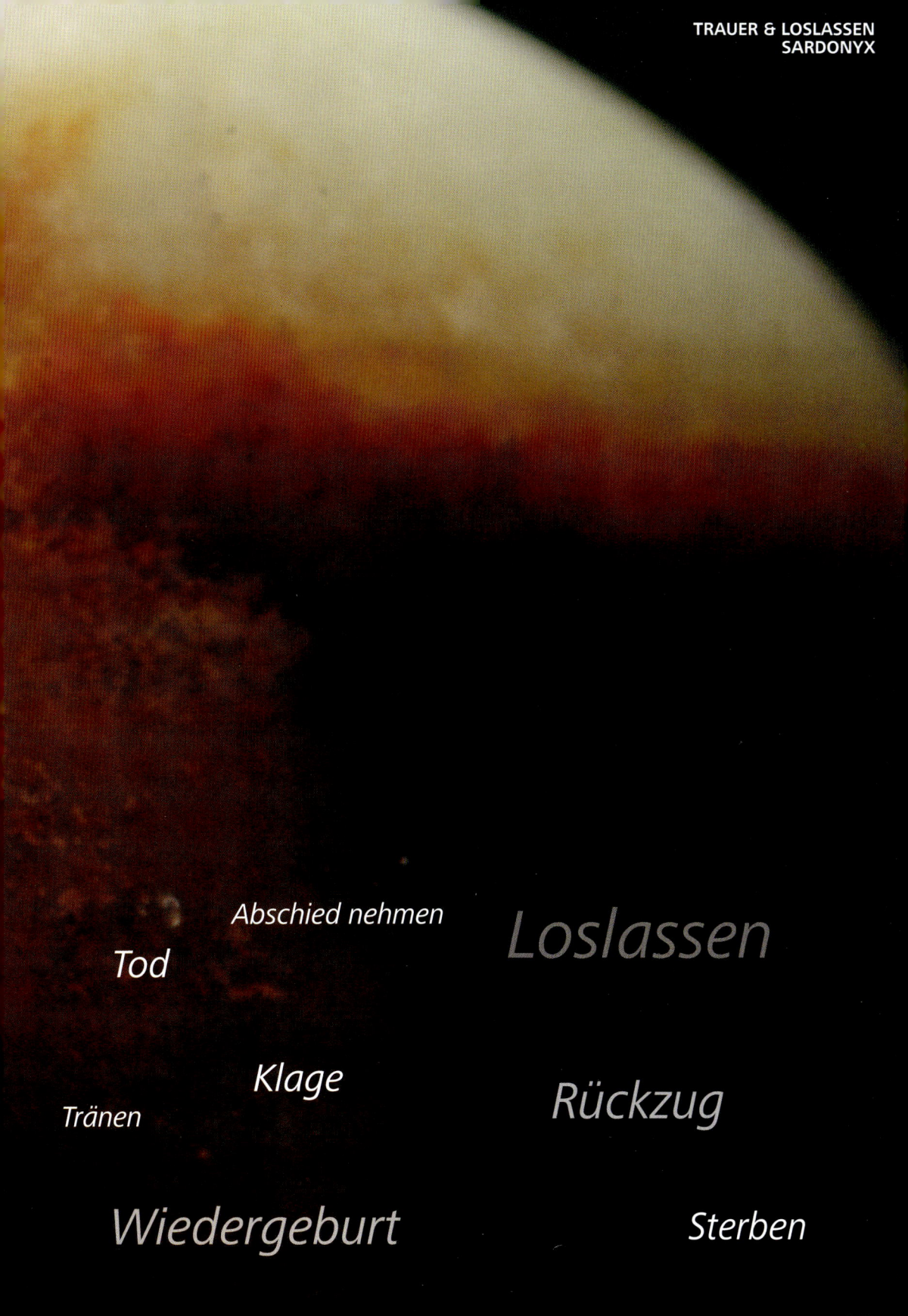

Abschied nehmen

Tod

Loslassen

Klage

Tränen

Rückzug

Wiedergeburt

Sterben

Übergang Veränderung

Mut

Selbstbefreiung

Vertrauen

Erneuerung neue Perspektiven

VERÄNDERUNG & NEUBEGINN
MARMOR

Loslassen

Problemlösung

Neubeginn

Reform

Aufbruch

Verbesserung

Selbstüberwindung

Wandlung

ABWEHR
„Ich halte Abstand"

Abwehr
„Ich halte Abstand"

Eigener Widerstand, Distanz, Neutralität, Verwerfungen, Elektrosmog, Strahlen, Wasseradern.

Erzengel: Alle | Leitduft: Teebaum
Leitstein: Turmalin Schörl

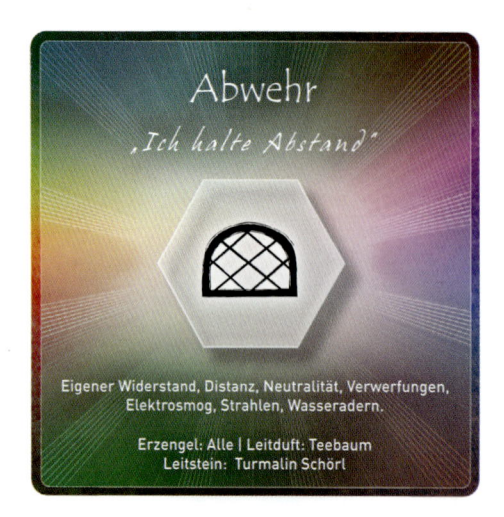

ALLGEMEINE BEDEUTUNG DER KARTE

Abwehr zeigt an, dass Du in einem Bereich Deines Lebens Abstand und Distanz brauchst. Das kann den Abstand zu Menschen, Dingen oder auch Ideen betreffen. Vielleicht gibt es Konzepte, Pläne, Themen, die Dir unaufhörlich durch den Kopf geistern. Oder Du fühlst Angst, weil Du zu manchen Dingen keinen Abstand mehr findest. Erst in der notwendigen Distanz schaffen wir es wieder einen neutralen Blick zu bekommen. Überprüfe in Deinem Umfeld, wo Dich diese Themen vielleicht beschäftigen.

Wenn Du nicht erkennen kannst, welcher Bereich in Deinem Leben gemeint ist, befindet sich dieses Entwicklungsthema im unbewussten Bereich und kann über die Edelsteinessenz „Abwehr" in Dein Bewusstsein gehoben werden.

DIE ERZENGEL / SPIRITUELL

Edelsteinessenz Serie Mystik:
Alle 8 Erzengel können für diesen Prozess wirksam sein.

Du kannst den Erzengel-Spray zu Meditationen oder vor dem Einschlafen anwenden. Bitte um Unterstützung auf der Traumzeit- oder Meditationsebene.

STEINSEELCHEN

TURMALIN SCHÖRL – Gesunder Abstand

- Neutralität
- Abstand
- Gelassenheit
- Schutz vor zuviel Nähe
- leitet Energien ab
- vermindert negative Gedanken

HILFREICHE AFFIRMATIONEN FÜR DIE CHAKREN

Kronenchakra
Es ist in Ordnung wenn ich Abstand halte!

Stirnchakra
Ich weiß, warum ich Abstand möchte!

Kehlchakra
Ich kann sagen, dass ich Abstand möchte!

Herzchakra
Ich liebe Grenzen!

Sakralchakra
Ich fühle mich gut abgegrenzt!

Nabelchakra
Ich will Abstand!

Wurzelchakra
Ich bin OK wenn ich mich begrenze!

ABWEHR

MENTALE SCHICHT *(Geist, Ideen, Konzepte, Beruf, Wissen, Haltung...)*

GEISTKARTE	SYMPTOM / HINTERGRUND	HILFREICHES WERKZEUG

- Gibt es Schwierigkeiten in Deinem Beruf oder hast Du Nähe/Distanz-Probleme mit ArbeitskollegInnen oder Deinem Chef/Deiner Chefin?
- Brauchst Du etwas Abstand, um genauer zu erkennen, was für Dich wichtig und wesentlich ist?
- Hast Du zu viele Ideen, was Du machen möchtest und kannst darum nicht klar denken?
- Überfordert Dich Deine Entwicklung oder Dein Lerntempo?

Beschäftige Dich mit allen Aspekten der Karte (auch wenn Du das Gefühl hast, dass genau dieses Thema überhaupt nicht passt)!
Verwende die Edelsteinessenz **ABWEHR** aus der Serie 33 um die Hintergründe zu erkennen und Blockaden aufzulösen mindestens 21 Tage 3x täglich!

Zusatztipp:
Affirmation
„ICH HALTE ABSTAND"

EMOTIONALE SCHICHT *(Gefühle, Liebe, Beziehungen, Familie...)*

SEELENKARTE	SYMPTOM / HINTERGRUND	HILFREICHES WERKZEUG

- Bist Du in einer Abwehrhaltung oder solltest Du dich mehr begrenzen?
- Fühlst Du Dich ungeschützt und ausgeliefert?
- Kommen Dir manche Menschen unangenehm zu nahe?
- Lebst Du in einer Beziehung die nicht gut für Dich ist?
- Möchtest Du auf Distanz gehen, um eine gute Sicht auf die Dinge zu haben?
- Möchtest Du eine Trennung?
- Fühlst Du Dich zu gebunden?

Als Edelsteinessenz für die Seelenebene kannst Du aus der Serie Kristall den Spray **SCHUTZ** für eine gute Abgrenzungsenergie unterstützend verwenden.
Der Leitduft **TEEBAUM** hilft als ätherisches Öl bei stressbedingten, psychosomatischen Beschwerden. Es ist hilfreich bei seelischer **Überforderung** und unterstützt den Aufbau von **Grenzen**.

Zusatztipp:
Turmalin Schörl
als Wasserstein!

STOFFLICHE SCHICHT *(Körper, Gesundheit, Finanzen, Materie, Räume...)*

KÖRPERKARTE	SYMPTOM / HINTERGRUND	HILFREICHES WERKZEUG

- Brauchst Du Distanz zu Deinen sportlichen Aktivitäten? Kannst Du hier keine Grenzen ziehen?
- Gibt es finanzielle Angelegenheiten, die mit Abstand betrachtet gehören?
- Gibst Du zuviel Geld aus?
- Bist du nicht ganz gesund oder achtest Du nicht auf die Signale Deines Körpers?
- Bist Du überarbeitet und fühlst Dich überfordert?

Als Edelsteinessenz für die Körperebene kannst Du den Spray **WURZELCHAKRA** (Stabilisierung der Lebenskraft, Verwurzelung, Erdung) aus der Serie Chakra sprühen. Verwende den Leitstein **TURMALIN SCHÖRL**. Er hilft Dir körperlichen Stress zu mildern, verbessert Deinen Schlaf und hilft Dir äußere Einflüsse besser abzugrenzen. Er beruhigt Schmerzen, Verspannungen und Taubheitsgefühle. Gerne wird er auch zur Narbenentstörung angewendet.

AURAREINIGUNG
„Ich bin Licht"

ALLGEMEINE BEDEUTUNG DER KARTE

Schau überall genau hin, wo Reinheit, Wahrheit und Ehrlichkeit notwendig sein könnte. Kümmere Dich um alle negativen und blockierenden Schwingungen. Diese können in inneren und äußeren Räumen zu finden sein. Im einfachsten Fall geht es um das Reinigen und Saubermachen.
Ob in äußeren Räumen (Besprechungszimmer, Buchhaltungsordner, Praxisraum…) oder in Deinen inneren Räumen (Aura, Seele, Gedanken…) das Thema Reinigung steht an.

Der Aurareinigungs-Spray ist gut einsetzbar für Transformations- und Entwicklungsprozesse.

DIE ERZENGEL / SPIRITUELL

Edelsteinessenz Serie Mystik:
Alle 8 Erzengel können für diesen Prozess wirksam sein.

Du kannst den Erzengel-Spray zu Meditationen oder vor dem Einschlafen anwenden. Bitte um Unterstützung auf der Traumzeit- oder Meditationsebene.

STEINSEELCHEN

CHRYSOPRAS – Aurareinigung

- Reinigung
- Klarheit
- Unabhängigkeit
- löst negative Denk- und Verhaltensmuster auf
- Entgiftung

HILFREICHE AFFIRMATIONEN FÜR DIE CHAKREN

Kronenchakra
Es ist in Ordnung wenn ich Klarheit schaffe!

Stirnchakra
Ich weiß, warum ich Klarheit möchte!

Kehlchakra
Ich kann klären!

Herzchakra
Ich liebe die Klarheit!

Sakralchakra
Ich fühle klar und deutlich!

Nabelchakra
Ich will Eindeutigkeit und Klarheit!

Wurzelchakra
Ich bin OK wenn ich für Klarheit sorge!

AURAREINIGUNG

MENTALE SCHICHT *(Geist, Ideen, Konzepte, Beruf, Wissen, Haltung…)*

GEISTKARTE

SYMPTOM / HINTERGRUND

- Beschäftigst Du Dich mit Unwesentlichem und erkennst somit das Wesentliche nicht?
- Solltest Du ein berufliches Gespräch führen, das Klarheit bringt?
- Belastest Du Dich mit vielen Themen, die Dir gedankliche Verwirrung bringen?
- Denkst Du eher negativ und glaubst immer das Schlechte zuerst?
- Lädst Du Probleme anderer auf Dich?
- Übernimmst Du öfter die Probleme anderer?

HILFREICHES WERKZEUG

Beschäftige Dich mit allen Aspekten der Karte (auch wenn Du das Gefühl hast, dass genau dieses Thema überhaupt nicht passt)!

Verwende die Edelsteinessenz **AURAREINIGUNG** aus der Serie 33 um die Hintergründe zu erkennen und Blockaden aufzulösen mindestens 21 Tage 3x täglich!

Zusatztipp:
Affirmation
„ICH BIN LICHT!"

EMOTIONALE SCHICHT *(Gefühle, Liebe, Beziehungen, Familie…)*

SEELENKARTE

SYMPTOM / HINTERGRUND

- Gibt es in Deinen Beziehungen Angelegenheiten die geklärt gehören?
- Bist Du ganz ehrlich zu Deinen FreundInnen?
- Gibt es in der Familie Themen, die besprochen gehören?
- Stimmt die Qualität Deiner Beziehungen und willst Du mit allen Kontakt haben?
- Bist Du gerade frisch verliebt und siehst alles durch die „rosa Brille"?
- Fühlst Du ein emotionales Chaos?

HILFREICHES WERKZEUG

Als Edelsteinessenz für die Seelenebene kannst Du Dich mit dem Spray **SCHUTZ** aus der Serie Kristall einsprühen.
Verwende den Leitduft **KAMPFER**. Kampfer ist **stark anregend, belebend, erfrischend**. Er ist vitalisierend bei **Erschöpfung, Mutlosigkeit** und **Schwäche**. Dadurch ist der Reinigungsprozess leichter durchzuführen.

Zusatztipp:
Leitstein Chrysopras
als Wasserstein!

STOFFLICHE SCHICHT *(Körper, Gesundheit, Finanzen, Materie, Räume…)*

KÖRPERKARTE

SYMPTOM / HINTERGRUND

- Hast Du ein finanzielles Durcheinander?
- Solltest Du Deine Belege wieder einmal ordnen?
- Solltest Du Zuhause wieder einmal aufräumen?
- Achtest Du auf Deinen Körper und Deine Gesundheit (Mundgeruch, Zahnbelag, Schlacken, Ablagerungen…)?
- Isst oder trinkst Du Lebensmittel, die Dir nicht gut tun?
- Hast Du Verstopfung?
- Neigst Du zu Wasseransammlungen in den Beinen?

HILFREICHES WERKZEUG

Als Edelsteinessenz für die Körperebene kannst Du Dich mit dem Spray **CHAKRA SHUDDHI** aus der Serie CHAKRA einsprühen. Verwende den Leitstein **HALIT** oder auch den **CHRYSOPRAS**. Halit reguliert den Stoffwechsel und Wasserhaushalt. Er unterstützt bei **Entschlackungs-** und **Entgiftungsprozessen**. Die Atemwege werden gereinigt und geschützt (Soleanwendungen). Bei allen Wasserstein- u. Handschmeichler Anwendungen kannst Du statt Halit den nicht wasserlöslichen Chrysopras verwenden. Er ist ebenfalls ein toller Reiniger und wirkt entschlackend. Seine entgiftende Wirkung zeigt sich auf der Haut (Pilze, Allergien).

KAPITEL E KARTENBESCHREIBUNG

BERUFUNG ERKENNEN
„Ich erkenne meine Berufung"

Berufung erkennen
„Ich erkenne meine Berufung"

Selbstbestimmte Entscheidungen, eigene Wahrheiten, Lebensziel, Lebenssinn.

Erzengel: Metatron | Leitduft: Zypresse
Leitstein: Amazonit

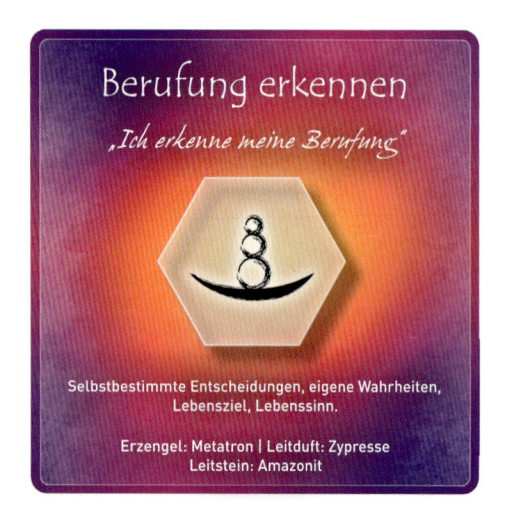

ALLGEMEINE BEDEUTUNG DER KARTE

Berufung erkennen zeigt Dir an, dass Dir noch in dem ein oder anderen Bereich die Kraft der Selbstbestimmung fehlt. Es fällt Dir schwer, Entscheidungen zu treffen. Und wenn Du sie getroffen hast, bist Du Dir darüber unsicher. Du hast Deine Wahrheiten noch nicht gefunden und Dein Lebensziel noch nicht erkannt. Du bist zu einer bestimmten Sache berufen und traust Dich noch nicht, sie auszuführen oder umzusetzen. Du schiebst die Erkenntnisse vielleicht noch weg weil Dir die Umsetzung schwierig erscheint.

Berufung erkennen kann alle Lebensbereiche betreffen (den richtigen Partner, das richtige Daheim, die richtige Bedeutung, den richtigen Beruf...).

DIE ERZENGEL / SPIRITUELL

Edelsteinessenz Serie Mystik:
METATRON für Ziel und Richtung oder
GABRIEL für Klarheit und Erkenntnis

Du kannst den Erzengel-Spray zu Meditationen oder vor dem Einschlafen anwenden. Bitte um Unterstützung auf der Traumzeit- oder Meditationsebene.

STEINSEELCHEN

AMAZONIT – Berufung erkennen

- Bestimmung des eigenen Schicksals
- Stimmungsausgleich
- löst Widersprüche auf
- Kontrolle für das eigene Leben
- für Ziel und Richtung

HILFREICHE AFFIRMATIONEN FÜR DIE CHAKREN

Kronenchakra
Es ist in Ordnung wenn ich meine Bestimmung finde!

Stirnchakra
Ich weiß, warum ich ankommen möchte!

Kehlchakra
Ich kann mein Ziel definieren!

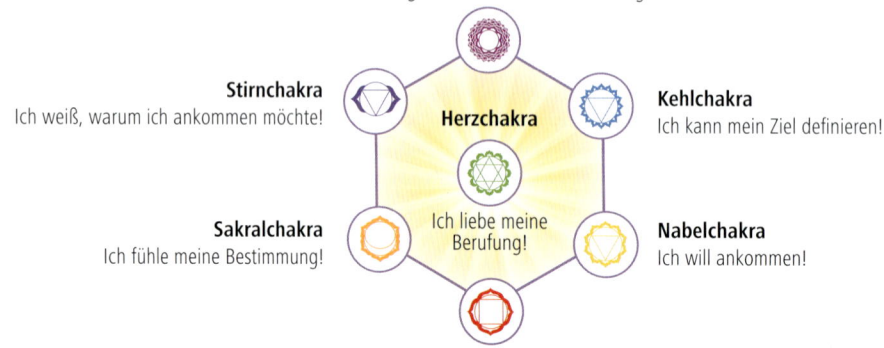

Herzchakra
Ich liebe meine Berufung!

Sakralchakra
Ich fühle meine Bestimmung!

Nabelchakra
Ich will ankommen!

Wurzelchakra
Ich bin OK wenn ich an meinem Ziel ankomme!

BERUFUNG ERKENNEN

MENTALE SCHICHT *(Geist, Ideen, Konzepte, Beruf, Wissen, Haltung...)*

GEISTKARTE

SYMPTOM / HINTERGRUND

- Bist Du Dir sicher, im richtigen Beruf zu sein?
- Suchst Du noch nach einer anderen Beschäftigung?
- Fühlst Du Dich nicht glücklich in Deiner Arbeit?
- Beschäftigst Du Dich mit den Themen, die Dir entsprechen, die Dich Deinem Ziel näher bringen?
- Fühlst Du Dich selbstbestimmt oder lässt Du Dich (unbewusst) manipulieren?

HILFREICHES WERKZEUG

Beschäftige Dich mit allen Aspekten der Karte (auch wenn Du das Gefühl hast, dass genau dieses Thema überhaupt nicht passt)!

Verwende die Edelsteinessenz **BERUFUNG ERKENNEN** aus der Serie 33 um die Hintergründe zu erkennen und Blockaden aufzulösen mindestens 21 Tage 3x täglich!

Zusatztipp:
Affirmation
„ICH ERKENNE MEINE BERUFUNG"

EMOTIONALE SCHICHT *(Gefühle, Liebe, Beziehungen, Familie...)*

SEELENKARTE

SYMPTOM / HINTERGRUND

- Bist Du Dir sicher, dass Du mit dem richtigen Menschen zusammen bist?
- Kannst Du authentisch sein in dieser Beziehung?
- Lebst Du Deine Wünsche und Deine Sehnsüchte aus?
- Hast Du Deine Rolle in dieser Beziehung gefunden oder nicht?
- Übernimmst Du familiäre Aufgaben, die nicht Deine sind?
- Was ist Deine Bestimmung oder Rolle in der Familie?
- Wie lebst Du Deine Freundschaften?

HILFREICHES WERKZEUG

Als Edelsteinessenz für die Seelenebene kannst Du Dich mit dem Spray **INSPIRATION** (Kreativität) oder **ENERGIE** (Kraft) aus der Serie KRISTALL einsprühen.
Verwende den Leitduft **ZYPRESSE**. Zypresse hilft bei **Ziellosigkeit** und mangelnder Zentrierung. Auch fehlendes **Selbstvertrauen** und **Hoffnungslosigkeit** werden durch sie gemildert. Die Zypresse ist auch der Baum der Hoffnung und hilft bei Trauer und emotionalem Chaos.

Zusatztipp:
Amazonit als Wasserstein!

STOFFLICHE SCHICHT *(Körper, Gesundheit, Finanzen, Materie, Räume...)*

KÖRPERKARTE

SYMPTOM / HINTERGRUND

- Hast Du den richtigen Sport gewählt?
- Gibst Du Deinem Körper die richtigen Dinge, die er für seine Gesundheit benötigt?
- Siehst Du Deinen Körper als Freund an?
- Hörst Du auf Deinen Körper?
- Spürst Du was Dir gut tut und was nicht?
- Hast Du die „falsche" Diät gewählt?
- Solltest Du Dein Geld anders investieren?
- Hast Du auf das „falsche Pferd" gesetzt?

HILFREICHES WERKZEUG

Als Edelsteinessenz für die Körperebene kannst Du Dich mit dem Spray **NABELCHAKRA** (Selbstsicherheit) oder **KEHLCHAKRA** (seinen Ausdruck finden) aus der Serie CHAKRA einsprühen.
Verwende den Leitstein **AMAZONIT**. Er reguliert den Stoffwechsel (Leber) und die inneren Organe. Amazonit unterstützt **Gehirn** und **Nerven**. Amazonit hilft, die **Bestimmung des eigenen Schicksals** in die Hand zu nehmen. Gerne wird er auch als Stein für die **Zielrichtung** bezeichnet.

155

ENTSPANNUNG
„Ich bin ruhig und entspannt"

Kartenabbildung

Entspannung
„Ich bin ruhig und entspannt"

Ruhe, Leichtigkeit, Beruhigung,
Abschalten können, Sorglosigkeit.

Erzengel: Michael | Leitduft: Lavendel
Leitstein: Rauchquarz

ALLGEMEINE BEDEUTUNG DER KARTE

Entspannung als Orakelkarte zeigt Dir, dass Du gestresst oder angespannt bist und nicht loslassen kannst. Vielleicht wirkst Du nach außen völlig ruhig aber innerlich bist Du genervt.

Du findest keine Ruhe und Erholung. Dadurch kann es in allen Bereichen Deines Lebens zu Spannungen und Konflikten kommen. Verspannungen können sich auch durch Chaos bemerkbar machen. Vielleicht bist Du beruflich blockiert oder Deine finanzielle Situation ist angespannt?

Überforderung, Ängste und Stress prägen Deine momentane Situation.

DIE ERZENGEL / SPIRITUELL

Edelsteinessenz Serie Mystik:
MICHAEL für Schutz und Geborgenheit oder
RAPHAEL für Erholung und Regeneration

Du kannst den Erzengel-Spray zu Meditationen oder vor dem Einschlafen anwenden. Bitte um Unterstützung auf der Traumzeit- oder Meditationsebene.

STEINSEELCHEN

RAUCHQUARZ – Entspannung

- Entspannung
- Beruhigung
- guter Schlaf
- Erholung
- Entlastung

HILFREICHE AFFIRMATIONEN FÜR DIE CHAKREN

Kronenchakra
Es ist in Ordnung wenn ich ruhig und entspannt bin!

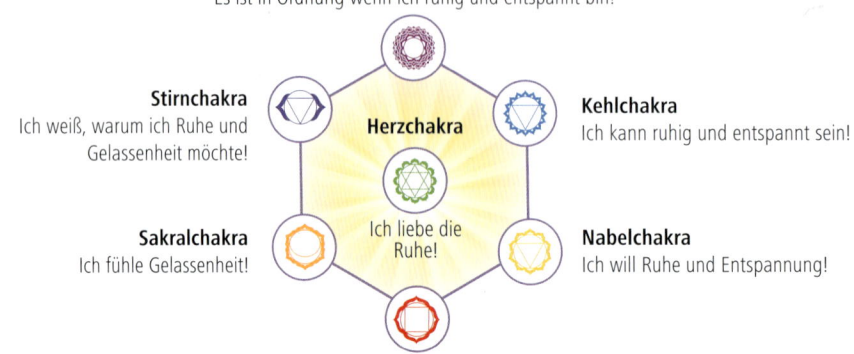

Stirnchakra
Ich weiß, warum ich Ruhe und Gelassenheit möchte!

Kehlchakra
Ich kann ruhig und entspannt sein!

Herzchakra
Ich liebe die Ruhe!

Sakralchakra
Ich fühle Gelassenheit!

Nabelchakra
Ich will Ruhe und Entspannung!

Wurzelchakra
Ich bin OK wenn ich für Entspannung sorge!

ENTSPANNUNG

MENTALE SCHICHT *(Geist, Ideen, Konzepte, Beruf, Wissen, Haltung...)*

GEISTKARTE	SYMPTOM / HINTERGRUND	HILFREICHES WERKZEUG

SYMPTOM / HINTERGRUND
- Bist Du überlastet mit Deiner Arbeit?
- Kannst Du Dich nicht abgrenzen?
- Macht sich Deine Firma Sorgen über ihr Bestehen?
- Hast Du das Gefühl, dass es ohne Dich nicht geht?
- Kannst Du nicht locker lassen?
- Fühlst Du Dich innerlich blockiert und ständig angespannt?
- Hast Du viele Ängste?
- Hast Du ein gedankliches Chaos und kannst nicht abspannen?
- Denkst Du an zu viele Dinge gleichzeitig und bist dadurch gestresst?

HILFREICHES WERKZEUG

Beschäftige Dich mit allen Aspekten der Karte (auch wenn Du das Gefühl hast, dass genau dieses Thema überhaupt nicht passt)!

Verwende die Edelsteinessenz **ENTSPANNUNG** aus der Serie 33 um die Hintergründe zu erkennen und die Blockaden aufzulösen mindestens 21 Tage 2-3x täglich.

Zusatztipp:
Affirmation:
„ICH BIN RUHIG UND ENTSPANNT"

EMOTIONALE SCHICHT *(Gefühle, Liebe, Beziehungen, Familie...)*

SEELENKARTE

SYMPTOM / HINTERGRUND
- Machst Du Dir Sorgen um Deine Beziehung?
- Macht Dich Deine Beziehung nervös?
- Hast Du Kinder, die Dich sehr anstrengen?
- Kannst Du Deine Grenzen nicht ziehen und bist übermüdet?
- Bist Du aufgeregt, weil Du etwas innerhalb der Familie nicht sagen möchtest?
- Bist Du entnervt von Deinen Freundschaften?
- Fühlst Du Dich emotional gestresst?

HILFREICHES WERKZEUG

Als Edelsteinessenz für die Seelenebene kannst Du Dich mit dem Spray **ENTSPANNUNG** (Beruhigung, guter Schlaf…) aus der Serie Kristall einsprühen.
Verwende den Leitduft **LAVENDEL**. Lavendel **löst Ängste** und **besänftigt**. Außerdem wirkt er **beruhigend bei Stress**. Er **stärkt** ebenfalls die **Nerven** und hilft Spannungen abzubauen. Auch bei **Reizbarkeit** und **Schlaflosigkeit** ist Lavendel wirksam.

Zusatztipp:
Rauchquarz als **Wasserstein**!

STOFFLICHE SCHICHT *(Körper, Gesundheit, Finanzen, Materie, Räume...)*

KÖRPERKARTE

SYMPTOM / HINTERGRUND
- Bist Du überarbeitet?
- Hast Du Bluthochdruck oder nervöse Symptome?
- Kannst Du Dich nicht richtig entspannen und ruhig werden?
- Hast Du Angst vor einem Burn Out?
- Ist Deine finanzielle Situation angespannt?
- Machst Du Dir Sorgen über Deine Zukunft?
- Hast Du Stress mit Deiner Wohnsituation?
- Ist Dein Grundstück energetisch gereinigt und entstört?

HILFREICHES WERKZEUG

Als Edelsteinessenz für die Körperebene kannst Du Dich mit dem Spray **WURZELCHAKRA** (Stabilität und Erdung) aus der Serie Chakra einsprühen. Verwende den Leitstein **RAUCHQUARZ**. Rauchquarz hilft bei spannungsbedingten **Kopfschmerzen**. Auch mit Verspannung einhergehende **Nacken- oder Rückenbeschwerden** werden durch den Rauchquarz gelindert. Generell hilft Rauchquarz bei der **Schmerzlinderung** und stärkt die **Nerven**.

ENTWÜNSCHUNGEN
„Ich erlöse"

Entwünschungen
„Ich erlöse"

Aufhebung v. Verwünschungen und Verfluchungen, Schutz, Erlösung, Transformation, Abwehr von Neid und Missgunst.

Erzengel: Zadkiel & Michael | Leitduft: Eisenkraut
Leitstein: Angelit

ALLGEMEINE BEDEUTUNG DER KARTE

Entwünschungen als Orakelkarte weist meistens darauf hin, dass wir uns mit Fremdenergien „infiziert" haben. Diese Fremdenergien können seit Generationen als Familienmuster spürbar sein. Sie können aber auch im Hier und Jetzt durch Neid, Hass und Missgunst entstehen.

Du bist vielleicht ungenügend geschützt und hast dadurch „negative" Energien aufgenommen. Vielleicht hast Du Dir bei einer energetischen Tätigkeit diese Energien versehentlich aufgeladen. Meistens wissen wir gar nicht, dass wir mit Verwünschungen belastet sind. Wie mit einem offenen Rucksack (den wir aber am Rücken nicht sehen) erlauben wir Anderen ihren Müll bei uns abzuladen. Unser Gepäck wird dann immer schwerer und so fühlen wir uns auch.

DIE ERZENGEL / SPIRITUELL

Edelsteinessenz Serie Mystik:
MICHAEL für Schutz und Grenzen oder
ZADKIEL für Transformation

Du kannst den Erzengel-Spray zu Meditationen oder vor dem Einschlafen anwenden. Bitte um Unterstützung auf der Traumzeit- oder Meditationsebene.

STEINSEELCHEN

ANGELIT – Entwünschungen

- Stabilität
- Stehvermögen
- Bodenkontakt
- Sicherheit
- gegen geistige Angriffe

HILFREICHE AFFIRMATIONEN FÜR DIE CHAKREN

Kronenchakra
Es ist in Ordnung wenn ich erlöse!

Stirnchakra
Ich weiß, warum ich erlösen möchte!

Kehlchakra
Ich kann erlösen!

Herzchakra
Ich liebe die Erlösung!

Sakralchakra
Ich fühle mich erlöst!

Nabelchakra
Ich will Erlösung!

Wurzelchakra
Ich bin OK wenn ich für Erlösung sorge!

ENTWÜNSCHUNG

MENTALE SCHICHT *(Geist, Ideen, Konzepte, Beruf, Wissen, Haltung...)*

GEISTKARTE

SYMPTOM / HINTERGRUND

- Hörst Du in Deiner Arbeit Sprüche wie „Frauen/Männer sollten so einen Beruf nicht machen!" oder „Die/der wird nie in eine höhere Position kommen!"?
- Gönnen Dir die KollegInnen keinen beruflichen Erfolg. Sägen sie an Deinem Stuhl? Fühlst Du Dich gemobbt?
- Sind KollegInnen neidisch auf Dich?
- Hat Dein Chef/Deine Chefin Angst, Du könntest besser werden als er/sie?
- Gönnt Dir jemand Deine guten Ideen und Einfälle nicht?
- Fühlst Du Dich in der Freiheit Deiner Gedanken gebremst?

HILFREICHES WERKZEUG

Beschäftige Dich mit allen Aspekten der Karte (auch wenn Du das Gefühl hast, dass genau dieses Thema überhaupt nicht passt)!

Verwende die Edelsteinessenz **„ENTWÜNSCHUNGEN"** aus der Serie 33 um die Hintergründe zu erkennen und die Blockaden aufzulösen mindestens 21 Tage 2-3x täglich.

Zusatztipp:
Affirmation:
„ICH ERLÖSE"

EMOTIONALE SCHICHT *(Gefühle, Liebe, Beziehungen, Familie...)*

SEELENKARTE

SYMPTOM / HINTERGRUND

- Fühlst Du Dich betrogen?
- Sind Deine Freunde neidisch, eifersüchtig oder missgünstig auf Dich?
- Gibt es verstorbene Verwandte, Freunde oder andere geliebte Menschen, die Dir vielleicht noch etwas mitteilen möchten?
- Hat jemand aus dem privaten Umfeld mit schwarzmagischen Ritualen gearbeitet?
- Fühlst Du Dich verwunschen?
- Gibt es alte Seelenverträge?
- Wirken negative Glaubenssätze Deiner Familie auf Dich?

HILFREICHES WERKZEUG

Als Edelsteinessenz für die Seelenebene kannst Du Dich mit dem Spray **SCHUTZ** (Abgrenzung) aus der Serie Kristall einsprühen. Verwende den Leitduft **EISENKRAUT** (Zitronenverbene). Die Verbene ist eine Licht bringende Pflanze und ihre ätherischen Öle helfen **bei geistigen Arbeiten, mentaler Erschöpfung** und unterstützen bei allen Tätigkeiten, die **Konzentration** erfordern. Außerdem sorgt sie für einen klaren Geist wenn es stressig wird.

Zusatztipp: Angelit als Wasserstein (Einleitmethode)

STOFFLICHE SCHICHT *(Körper, Gesundheit, Finanzen, Materie, Räume...)*

KÖRPERKARTE

SYMPTOM / HINTERGRUND

- Fühlst Du Dich unbehaglich, so als ob Dir etwas im Nacken sitzen würde?
- Hast Du jemals die Aussage gehört: „Die/ Der wird es sicher zu nichts bringen?" oder „Die/Der wird sicher niemals genug verdienen?" Oder „Der/Die bekommt sicher auch diese Krankheit, das liegt in den Genen..."
- Fühlst Du Dich in eine Krankheit „gezwungen"?
- Gibt es seit Generationen bei Euch finanzielle Schwierigkeiten?
- Erkennst Du auf gesundheitlicher oder finanzieller Ebene negative Familienmuster?

HILFREICHES WERKZEUG

Als Edelsteinessenz für die Körperebene kannst Du Dich mit dem Spray **WURZELCHAKRA** (Lebenskraft und Erdung) oder **KRONENCHAKRA** (spirituelle Anbindung und Schutz) aus der Serie Chakra einsprühen. Verwende den Leitstein **ANGELIT**. Er reguliert Deinen **Wasserhaushalt**. Die Niere ist auch im Körper dafür zuständig, zu **reinigen** und zu **entgiften**. Daher unterstützt der Angelit oder auch Anhydrit wie er mineralogisch korrekt heißt, den **Abbau von Ödemen** und regt den **Wasserhaushalt** an.

ERDUNG & URVERTRAUEN
„Ich bin geerdet und vertraue"

Kartenbild:
Erdung & Urvertrauen
„Ich bin geerdet und vertraue"

Vertrauen, Stabilität, Bodenhaftung, Sicherheit, Optimismus, Verbindung mit Mutter Erde, zentrierend.

Erzengel: Uriel | Leitduft: Tonka
Leitstein: Versteinertes Holz

ALLGEMEINE BEDEUTUNG DER KARTE

Erdung & Urvertrauen als Orakelkarte könnte bedeuten, dass es Dir an Vertrauen, Stabilität, Bodenhaftung und Sicherheit mangelt. Du fühlst Dich entwurzelt und nicht angebunden. Möglicher Weise spürst Du diese Welt nicht wirklich als Dein Zuhause. Auch in Gruppen kannst Du Dich nur schwer integrieren und hast oft den Eindruck, dass Du nicht willkommen bist. Du spürst große Unsicherheit und manchmal gleichst Du das mit Distanziertheit aus.

Du hast vielleicht in Deiner Kindheit ungenügendes Grundvertrauen mitbekommen. Du möchtest gerne von Deinen FreundInnen/Partner… gesichert werden. Du sehnst Dich nach mütterlicher/väterlicher Geborgenheit. Du bist sehr unsicher und traust Dir nichts zu.

DIE ERZENGEL / SPIRITUELL

Edelsteinessenz Serie Mystik:
URIEL für Erdung, Geborgenheit und Verwurzelung

Du kannst den Erzengel-Spray zu Meditationen oder vor dem Einschlafen anwenden. Bitte um Unterstützung auf der Traumzeit- oder Meditationsebene.

STEINSEELCHEN

VERSTEINERTES HOLZ – Erdung & Urvertrauen

- Bodenständigkeit
- Erdung
- Stabilität
- Verwurzelung
- Eltern
- Mutter Erde

HILFREICHE AFFIRMATIONEN FÜR DIE CHAKREN

Kronenchakra
Es ist gut, geerdet zu sein!

Stirnchakra
Ich weiß, warum ich mich erden möchte!

Kehlchakra
Ich kann mich gut erden!

Herzchakra
Ich liebe die Erdung!

Sakralchakra
Ich fühle mich geerdet!

Nabelchakra
Ich will geerdet sein!

Wurzelchakra
Ich bin OK wenn ich geerdet bin!

ERDUNG & URVERTRAUEN

MENTALE SCHICHT *(Geist, Ideen, Konzepte, Beruf, Wissen, Haltung...)*

GEISTKARTE

SYMPTOM / HINTERGRUND

- Hast Du berufliche Ängste (Kündigung, Konkurs, keine Aufträge…)
- Hast Du das Gefühl, dass sich Dein Betrieb zu wenig um Dich kümmert?
- Hättest Du gerne mehr Lob und Anerkennung Deiner Vorgesetzten?
- Fühlst Du Dich unterbezahlt?
- Kannst Du Deine Ideen schwer realisieren?
- Bist Du etwas „abgehoben"?
- Bist Du eher ein Kopfmensch?
- Bringst Du gute Ideen nicht auf den Boden der Realität?

HILFREICHES WERKZEUG

Beschäftige Dich mit allen Aspekten der Karte (auch wenn Du das Gefühl hast, dass genau dieses Thema überhaupt nicht passt)!

Verwende die Edelsteinessenz **ERDUNG & URVERTRAUEN** aus der Serie 33 um die Hintergründe zu erkennen und die Blockaden aufzulösen mindestens 21 Tage 2-3x täglich.

Zusatztipp:
Affirmation:
„ICH BIN GEERDET UND VERTRAUE"

EMOTIONALE SCHICHT *(Gefühle, Liebe, Beziehungen, Familie...)*

SEELENKARTE

SYMPTOM / HINTERGRUND

- Fühlst Du Dich in Deiner Beziehung unsicher?
- Leidest Du unter Verlassensängsten?
- Fühlst Du Dich in Deiner Familie ungeschützt?
- Kannst Du Dich bei der Sexualität nicht fallen lassen?
- Fühlst Du Dich oft alleine und ungesichert?
- Spürst Du in Freundschaften und Beziehungen keine Geborgenheit?

HILFREICHES WERKZEUG

Als Edelsteinessenz für die Seelenebene kannst Du Dich mit dem Spray **ENERGIE** (Kraft und Stabilität) oder **HARMONIE** (Gefühlsweite) aus der Serie Kristall einsprühen.
Verwende den Leitduft **TONKA**. Tonka hilft bei **Traurigkeit**, **Anspannung** und **Unausgeglichenheit**. **Kummer** und **Sorgen** sowie **Grübelei** werden durch die Erdungsqualität im Zaum gehalten.

Zusatztipp:
Versteinertes Holz
als Wasserstein

STOFFLICHE SCHICHT *(Körper, Gesundheit, Finanzen, Materie, Räume...)*

KÖRPERKARTE

SYMPTOM / HINTERGRUND

- Hast Du das Gefühl, dass Du immer sehr viel geben musst, damit Deine Existenz gesichert ist?
- Denkst Du oft, dass Du doppelt so viel arbeitest als andere?
- Fehlt es Dir gesundheitlich an Stabilität?
- Fühlst Du Dich öfter schwindelig oder verwirrt?
- Fühlst Du Dich unwohl auf der Welt?
- Magst Du keine naturnahen Sportarten?
- Leidest Du an Appetitlosigkeit?
- Kannst Du nicht genießen?

HILFREICHES WERKZEUG

Als Edelsteinessenz für die Körperebene kannst Du Dich mit dem Spray **WURZELCHAKRA** (Erdung, Stabilität) aus der Serie Chakra einsprühen.

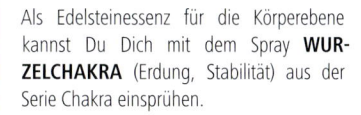

Verwende den Leitstein **VERSTEINERTES HOLZ**. Es regt den Stoffwechsel an, stärkt die **Nerven** und kurbelt die **Verdauung** an. Es unterstützt Dich auch wenn Du **Übergewicht** hast weil es Dir an Erdung mangelt.

ERWEITERTE WAHRNEHMUNG
„Ich erweitere meine Wahrnehmung"

ALLGEMEINE BEDEUTUNG DER KARTE

Als Orakelkarte zeige ich Dir, dass es Zeit ist, Deine Sinne und Übersinne zu öffnen. Vielleicht spürst Du es schon und reagierst nicht darauf. Du merkst, dass diese Themen auf Dich warten und fürchtest Dich noch etwas davor.

Deine medialen Fähigkeiten machen sich bemerkbar doch Du wehrst sie ab. Du spürst die Aufforderung in Dir, Dich mit außerkörperlichen Erfahrungen zu beschäftigen.

Hellhören, Hellfühlen und Hellsehen sind Themen, die Dich interessieren. Öffne Deine Sinne für alle Wahrnehmungen (hören, fühlen, spüren, schmecken…)

DIE ERZENGEL / SPIRITUELL

Edelsteinessenz Serie Mystik:
JOPHIEL für Leichtigkeit und Öffnung

Du kannst den Erzengel-Spray zu Meditationen oder vor dem Einschlafen anwenden. Bitte um Unterstützung auf der Traumzeit- oder Meditationsebene.

STEINSEELCHEN

AQUAMARIN – Erweiterte Wahrnehmung

- Weitblick
- Voraussicht
- Ausdauer
- Erkennen von neuen Möglichkeiten
- Zielstrebigkeit

HILFREICHE AFFIRMATIONEN FÜR DIE CHAKREN

Kronenchakra
Es ist in Ordnung wenn ich mich mehr öffne!

Stirnchakra
Ich weiß, warum ich mehr wahrnehmen möchte!

Kehlchakra
Ich kann meine Sinne öffnen!

Herzchakra
Ich liebe die Wahrnehmung!

Sakralchakra
Ich fühle weit und tief!

Nabelchakra
Ich will alles sehen, hören und fühlen!

Wurzelchakra
Ich bin OK wenn ich meine Wahrnehmung erweitere!

ERWEITERTE WAHRNEHMUNG

MENTALE SCHICHT *(Geist, Ideen, Konzepte, Beruf, Wissen, Haltung...)*

GEISTKARTE

SYMPTOM / HINTERGRUND

- Erlaubst Du Dir zu spüren, was der richtige Beruf oder die richtige Position für Dich ist?
- Gibt es Gedanken, Projekte oder Konzepte die Du abwehrst oder nicht sehen magst?
- Welche Bücher liest Du nicht, obwohl sie vielleicht bedeutsam für Dich wären?
- Welche Überlegungen kannst Du zur Zeit überhaupt nicht anstellen?
- Was kannst Du nicht hören/sehen/fühlen?

HILFREICHES WERKZEUG

Beschäftige Dich mit allen Aspekten der Karte (auch wenn Du das Gefühl hast, dass genau dieses Thema überhaupt nicht passt)!

Verwende die Edelsteinessenz **ERWEITERTE WAHRNEHMUNG** aus der Serie 33 um die Hintergründe zu erkennen und die Blockaden aufzulösen mindestens 21 Tage 2-3x täglich.

Zusatztipp:
Affirmation:
„ICH ERWEITERE MEINE WAHRNEHMUNG"

EMOTIONALE SCHICHT *(Gefühle, Liebe, Beziehungen, Familie...)*

SEELENKARTE

SYMPTOM / HINTERGRUND

- Bist Du offen in Deinen zwischenmenschlichen Beziehungen?
- Erlaubst Du Dir hier zu fühlen, was es zu fühlen gibt?
- Hörst Du, was zu hören ist? Oder sind Deine Sinne blockiert?
- Darfst Du auch Informationen „zwischen den Zeilen" wahrnehmen?
- Nimmst Du auch die feinen Schwingungen in Deinen Beziehungen wahr?
- Erkennst Du rechtzeitig Unstimmigkeiten?

HILFREICHES WERKZEUG

Als Edelsteinessenz für die Seelenebene kannst Du Dich mit dem Spray **INSPIRATION** (kreative Ideen, Öffnung) aus der Serie Kristall einsprühen.

Verwende den Leitduft **MAGNOLIENBLÜTE**. Magnolienblüte ist beruhigend und entspannend bei gleichzeitiger **Anregung der Sinne**. Sie ist auch als **Herzöffnerin** bekannt.

Zusatztipp:
AQUAMARIN
als Wasserstein

STOFFLICHE SCHICHT *(Körper, Gesundheit, Finanzen, Materie, Räume...)*

KÖRPERKARTE

SYMPTOM / HINTERGRUND

- Hast Du den Eindruck, als spürst Du Deinen Körper zu wenig?
- Hörst Du auf die Signale, die er Dir sendet?
- Spürst Du seine Hinweise?
- Kümmerst Du Dich zu wenig um Deine Finanzen?
- Lebst Du über Deine Verhältnisse und siehst nicht hin?
- Nimmst Du den Zustand Deiner Wohnung/ Hauses... wahr?
- Hast Du Deine Sinne verschlossen?

HILFREICHES WERKZEUG

Als Edelsteinessenz für die Körperebene kannst Du Dich mit dem Spray **STIRNCHAKRA** (innere Weisheit) aus der Serie Chakra einsprühen.

Verwende den Leitstein **AQUAMARIN**. Aquamarin hilft bei **Allergien** und **Heuschnupfen** und beruhigt **Überreaktionen des Immunsystems**. Er unterstützt die **Atemwege** und auch bei Beschwerden der Augen ist er hilfreich. Aquamarin harmonisiert die **Schilddrüse**.

FREI VON ABHÄNGIGKEITEN
„Ich bin frei!"

ALLGEMEINE BEDEUTUNG DER KARTE

Ziehst Du Frei von Abhängigkeiten als Orakelkarte ist es Zeit zwanghafte und schädliche Verhaltensmuster, Ideen, Vorstellungen oder Ansichten loszulassen. Du fürchtest Dich davor, weil dieses Loslassen vielleicht auch in Dir eine Leere und Unsicherheit hinterlassen könnte.

Du klammerst Dich an Dein ungesundes Verhalten, Deine Sucht, weil es Dich beruhigt und besänftigt. Du weißt aber genau, dass dies eine trügerische Sicherheit ist und spürst Deinen Willen, davon unabhängig zu werden.

Lösen von zwanghaften und schädlichen Verhaltensmustern, Ruhe, Klarheit, Sicherheit.

Erzengel: Michael | Leitduft: Blutorange
Leitstein: Dumortierit

DIE ERZENGEL / SPIRITUELL

Edelsteinessenz Serie Mystik:
MICHAEL für Schutz und Grenzen oder
JOPHIEL für Leichtigkeit

Du kannst den Erzengel-Spray zu Meditationen oder vor dem Einschlafen anwenden. Bitte um Unterstützung auf der Traumzeit- oder Meditationsebene.

STEINSEELCHEN

DUMORTIERIT – Frei von Abhängigkeiten

- Losgelöstheit
- Freiheit
- gibt Mut und Zuversicht
- lindert Nervosität
- gegen zwanghafte Verhaltensmuster

HILFREICHE AFFIRMATIONEN FÜR DIE CHAKREN

Kronenchakra
Es ist in Ordnung wenn ich frei bin!

Stirnchakra
Ich weiß, warum ich frei sein möchte!

Kehlchakra
Ich kann von allen Abhängigkeiten frei sein!

Herzchakra
Ich liebe die Freiheit!

Sakralchakra
Ich fühle mich frei!

Nabelchakra
Ich will frei sein!

Wurzelchakra
Ich bin OK wenn ich mich aus meinen Abhängigkeiten löse!

FREI VON ABHÄNGIGKEITEN

MENTALE SCHICHT *(Geist, Ideen, Konzepte, Beruf, Wissen, Haltung...)*

GEISTKARTE

SYMPTOM / HINTERGRUND

- Bist Du in Deinem Beruf unglücklich und unfrei?
- Glaubst Du bestimmte Dinge machen oder wissen zu müssen?
- Bist Du vom Weiterbildungsgedanken getrieben?
- Stimmt Deine Balance zwischen Freizeit und Beruf?
- Hast Du manchmal eine verbissene und sture Haltung?
- Hängst Du zu sehr an Idealen, Werten, Vorstellungen und Normen?

HILFREICHES WERKZEUG

Beschäftige Dich mit allen Aspekten der Karte (auch wenn Du das Gefühl hast, dass genau dieses Thema überhaupt nicht passt)!

Verwende die Edelsteinessenz **FREI VON ABHÄNGIGKEITEN** aus der Serie 33 um die Hintergründe zu erkennen und die Blockaden aufzulösen mindestens 21 Tage 2-3x täglich.

Zusatztipp:
Affirmation:
„ICH BIN FREI!"

EMOTIONALE SCHICHT *(Gefühle, Liebe, Beziehungen, Familie...)*

SEELENKARTE

SYMPTOM / HINTERGRUND

- Neigst Du zu zwanghaften Gefühlen?
- Bist Du süchtig nach Anerkennung?
- Glaubst Du nicht alleine sein zu können?
- Gehst Du Beziehungen ein, die nicht gut für Dich sind?
- Bist Du in menschlichen Beziehungen gleichberechtigt?
- Lässt Du Dich ungerecht behandeln?
- Hast Du Angst verlassen zu werden, wenn Du nicht immer „JA" sagst?

HILFREICHES WERKZEUG

Als Edelsteinessenz für die Seelenebene kannst Du Dich mit dem Spray **INSPIRATION** (Weite und Ausdehnung) oder **SCHUTZ** (Geborgenheit) aus der Serie Kristall einsprühen.
Verwende den Leitduft **BLUTORANGE**. Blutorange wirkt **ausweitend** und **erfrischend**. Sie gibt ein Gefühl von **Ausdehnung**, **Entspannung** und erweitert das **Gefühl für Freiheit**.

Zusatztipp:
DUMORTIERIT
als Wasserstein

STOFFLICHE SCHICHT *(Körper, Gesundheit, Finanzen, Materie, Räume...)*

KÖRPERKARTE

SYMPTOM / HINTERGRUND

- Fühlst Du Dich getrieben (Sport, Beruf, Beziehungen…)?
- Hast Du ungesunde Angewohnheiten (zu viel/wenig Essen, Rauchen, Trinken, Spielen)?
- Kannst Du Dich nicht beherrschen?
- Hast Du Übergewicht?
- Hast Du Untergewicht?
- Hast Du Schulden?
- Zahlst Du zu viele Zinsen?
- Hast Du Verträge abgeschlossen, die nicht gut für Dich sind?

HILFREICHES WERKZEUG

Als Edelsteinessenz für die Körperebene kannst Du Dich mit dem Spray **HERZCHAKRA** (Herzöffner) oder **KEHLCHAKRA** (Selbstausdruck) aus der Serie Chakra einsprühen.

Verwende den Leitstein **DUMORTIERIT**. Dumortierit lindert **Kopfschmerzen** und **Krämpfe**. Er ist hilfreich bei **Durchfällen**, **Übelkeit** und **Erbrechen**. Auch bei **Wahrnehmungsstörungen** wird er gerne verwendet.

KAPITEL E KARTENBESCHREIBUNG

GUTE TRÄUME UND ZUVERSICHT
„Ich vertraue und fühle mich geborgen!"

ALLGEMEINE BEDEUTUNG DER KARTE

Gute Träume & Zuversicht zeigt an, dass Du in einem Bereich Deines Lebens voller Sorgen und Unsicherheiten bist.

Dir gehen ständig sorgenvolle Gedanken durch den Kopf. Du kannst schlecht ein- oder durchschlafen.

Es fehlt Dir an Vertrauen und Du hast Angst, dass nie etwas wieder so richtig gut wird. Du hängst an negativen Gedanken und vergisst zu leben.

Du hältst selber nichts von Deinen eigenen Ideen, Plänen und Projekten aus Angst, dass sie nicht gut genug sein könnten.

DIE ERZENGEL / SPIRITUELL

Edelsteinessenz Serie Mystik:
MICHAEL für Schutz und Geborgenheit oder
RAPHAEL für Heilungsprozesse

Du kannst den Erzengel-Spray zu Meditationen oder vor dem Einschlafen anwenden. Bitte um Unterstützung auf der Traumzeit- oder Meditationsebene.

STEINSEELCHEN

AVENTURINQUARZ – Gute Träume & Zuversicht

- Unbeschwertheit
- regt an die eigenen Träume zu verwirklichen
- hilft Sorgen loszulassen
- bringt Ruhe und Entlastung

HILFREICHE AFFIRMATIONEN FÜR DIE CHAKREN

Kronenchakra
Es ist in Ordnung dass ich zuversichtlich bin!

Stirnchakra
Ich weiß, warum ich vertrauen möchte!

Kehlchakra
Ich kann zuversichtlich sein und vertrauen!

Herzchakra
Ich liebe die Geborgenheit!

Sakralchakra
Ich fühle mich geborgen!

Nabelchakra
Ich will zuversichtlich und geborgen sein!

Wurzelchakra
Ich bin OK wenn ich zuversichtlich bin!

GUTE TRÄUME & ZUVERSICHT

MENTALE SCHICHT *(Geist, Ideen, Konzepte, Beruf, Wissen, Haltung...)*

GEISTKARTE

SYMPTOM / HINTERGRUND

- Hast Du Sorge Deinen Job zu verlieren oder gar keinen Job zu bekommen?
- Traust Du Dir zu, Deiner Berufung nachzugehen?
- Lehnst Du aus Angst Angebote ab?
- Erlaubst Du Dir erfolgreich zu sein?
- Vertraust Du darauf, dass das Leben ein Fliessen ist und das Universum für Dich sorgt?
- Machst Du Dir ständig über irgendetwas Sorgen?

HILFREICHES WERKZEUG

Beschäftige Dich mit allen Aspekten der Karte (auch wenn Du das Gefühl hast, dass genau dieses Thema überhaupt nicht passt)!

Verwende die Edelsteinessenz **GUTE TRÄUME & ZUVERSICHT** aus der Serie 33 um die Hintergründe zu erkennen und die Blockaden aufzulösen mindestens 21 Tage 2-3x täglich.

Zusatztipp:
Affirmation:
„ICH VERTRAUE UND FÜHLE MICH GEBORGEN!"

EMOTIONALE SCHICHT *(Gefühle, Liebe, Beziehungen, Familie...)*

SEELENKARTE

SYMPTOM / HINTERGRUND

- Machst Du Dir in Deiner Beziehung ständig Sorgen, dass dieses oder jenes passieren könnte?
- Hast Du Angst, dass Du betrogen wirst?
- Fürchtest Du Verluste?
- Machst Du Dir ständig Sorgen um Deine/n Mutter/Vater/Tochter/Sohn?
- Vertraust Du Deinen Freunden nicht?
- Fürchtest Du Betrug und Neid?
- Hast Du Angst, Deine Freunde zu verlieren?
- Hast Du Bedenken, kein guter Mensch zu sein?

HILFREICHES WERKZEUG

Als Edelsteinessenz für die Seelenebene kannst Du Dich mit dem Spray **ENTSPANNUNG** (Beruhigung) oder **HARMONIE** (Balance) aus der Serie Kristall einsprühen. Verwende den Leitduft **PALMAROSA**. Palmarosa wirkt stimulierend bei **Müdigkeit** und **Lustlosigkeit** und sorgt so für eine **zuversichtliche** Grundhaltung. Auch bei **depressiven Verstimmungen**, **Hysterie** und **Erschöpfung** kann Palmarosa angewendet werden.

Zusatztipp:
AVENTURINQUARZ
als Wasserstein

STOFFLICHE SCHICHT *(Körper, Gesundheit, Finanzen, Materie, Räume...)*

KÖRPERKARTE

SYMPTOM / HINTERGRUND

- Kannst Du nicht gut einschlafen?
- Liegst Du oft wach und machst Dir über alles Sorgen?
- Hast Du Angst, dass Du krank bist oder krank wirst?
- Vertraust Du den Leistungen Deines Körpers?
- Bist Du in finanziellen Dingen übervorsichtig?
- Kaufst Du zu viele Dinge ein, die Du gar nicht brauchst?
- Sparst Du übermäßig viel?

HILFREICHES WERKZEUG

Als Edelsteinessenz für die **Körperebene** kannst Du Dich mit dem Spray **KRONENCHAKRA** (Vertrauen und Zuversicht) oder **WURZELCHAKRA** (Erdung und Sicherheit) aus der Serie Chakra einsprühen.

Verwende den Leitstein **AVENTURINQUARZ**. Dieser Stein beugt **Herzinfarkt** und **Arteriosklerose** vor. Er lindert **Ausschläge**, **Entzündungen** und **Sonnenbrand**. Er regt den **Fettstoffwechsel** an und senkt den **Cholesterinspiegel**. Seine **entzündungshemmende** Wirkung ist hilfreich bei **Hautkrankheiten** und stärkt das Bindegewebe.

HEILKRÄFTE AKTIVIEREN
„Ich darf heilen!"

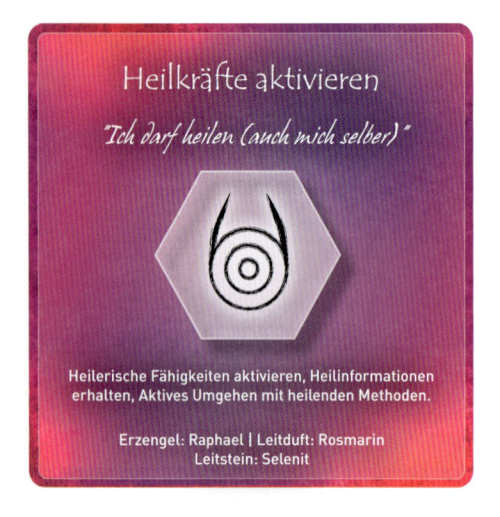

ALLGEMEINE BEDEUTUNG DER KARTE

Wählst Du Heilkräfte aktivieren als Orakelkarte bist Du aufgefordert, Dich aktiv mit Deinen heilenden Kräften zu beschäftigen oder sie anzuwenden.

Sei offen für Informationen zu Methoden und Praktiken der Heilkunde. Es kann sein, dass Du Dir (neues) Wissen über Heilung und Gesundheit aneignen solltest.

Vielleicht ist es aber genau jetzt wichtig Dein Können einfach umzusetzen. Denke auch daran, dass Du Dir selber Gutes tun kannst.

DIE ERZENGEL / SPIRITUELL

Edelsteinessenz Serie Mystik:
RAPHAEL für Heilungsprozesse

Du kannst den Erzengel-Spray zu Meditationen oder vor dem Einschlafen anwenden. Bitte um Unterstützung auf der Traumzeit- oder Meditationsebene.

STEINSEELCHEN

SELENIT – Heilkräfte aktivieren

- Beinhaltet das „alte" Heilwissen von Atlantis
- für Halt und Kontrolle
- für bewusstes Wahrnehmen und Auflösen eigener Muster

HILFREICHE AFFIRMATIONEN FÜR DIE CHAKREN

Kronenchakra
Es ist in Ordnung wenn ich heilend aktiv bin!

Stirnchakra
Ich weiß, warum ich heilen möchte!

Kehlchakra
Ich kann heilen!

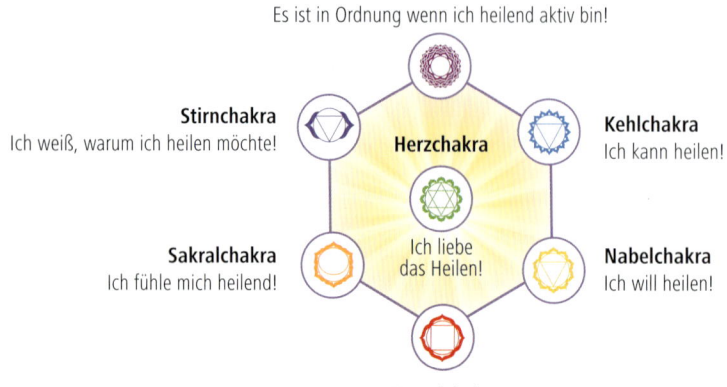

Herzchakra
Ich liebe das Heilen!

Sakralchakra
Ich fühle mich heilend!

Nabelchakra
Ich will heilen!

Wurzelchakra
Ich bin OK wenn ich heile!

HEILKRÄFTE AKTIVIEREN

MENTALE SCHICHT *(Geist, Ideen, Konzepte, Beruf, Wissen, Haltung...)*

GEISTKARTE

SYMPTOM / HINTERGRUND

- Möchtest Du gerne Heiler/in werden oder einen „heilenden" Beruf ergreifen?
- Befürchtest Du, nicht heilen zu können?
- Könntest du in Deinem Beruf öfter vermittelnd eingreifen, tust es aber nicht?
- Darfst Du heilende Kenntnisse und Fähigkeiten haben?
- Hältst Du Dein Wissen aufgrund Deiner Unsicherheiten absichtlich zurück?
- Darfst Du neue Konzepte und Projekte der Heilkunde entdecken und entwickeln?

HILFREICHES WERKZEUG

Beschäftige Dich mit allen Aspekten der Karte (auch wenn Du das Gefühl hast, dass genau dieses Thema überhaupt nicht passt)!

Verwende die Edelsteinessenz **HEILKRÄFTE AKTIVIEREN** aus der Serie 33 um die Hintergründe zu erkennen und die Blockaden aufzulösen mindestens 21 Tage 2-3x täglich.

Zusatztipp:
Affirmation:
„ICH DARF HEILEN!"

EMOTIONALE SCHICHT *(Gefühle, Liebe, Beziehungen, Familie...)*

SEELENKARTE

SYMPTOM / HINTERGRUND

- Bemerkst Du in Deinem Umfeld Ungerechtigkeiten?
- Fühlst Du Dich ohnmächtig und nicht fähig Hilfe zu leisten?
- Hast Du das Gefühl, dass Du nichts machen kannst?
- Fühlst Du Dich zum Heilen berufen?
- Wirst Du um unterstützende Hilfe bei Heilungsprozessen gebeten?
- Kümmerst Du Dich genug um den Heilungsprozess Deiner seelischen Wunden?

HILFREICHES WERKZEUG

Als Edelsteinessenzen für die Seelenebene kannst Du die Sprays **INSPIRATION** (Öffnung) oder **SCHUTZ** (Sicherheit) aus der Serie Kristall wählen und sie ergänzend anwenden.
Verwende den Leitduft **ROSMARIN**. Rosmarin wirkt **anregend** und **belebend**. Er stärkt auch das **Selbstbewusstsein** und weckt den **Lebenswillen**.

Zusatztipp:
SELENIT
als Wasserstein

STOFFLICHE SCHICHT *(Körper, Gesundheit, Finanzen, Materie, Räume...)*

KÖRPERKARTE

SYMPTOM / HINTERGRUND

- Vertraust Du Dir dass Du selber weißt, was gut für Dich ist?
- Fühlst Du Dich sehr in der Opferposition, wenn Du krank bist?
- Gehst Du oft zum Arzt?
- Glaubst Du, dass Du Deine Krisen selber nicht lösen und Dich nicht selber heilen kannst?
- Solltest Du in verschiedenen Bereichen heilend und klärend eingreifen (Finanzen, Raum, Wohnung, Haus, Materielles...)?

HILFREICHES WERKZEUG

Als Edelsteinessenz für die **Körperebene** kannst Du Dich mit dem Spray **HERZCHAKRA** (Mitgefühl und Herzensgüte) und **STIRNCHAKRA** (Erkenntnis und Wahrheit) aus der Serie Chakra unterstützend einsprühen.
Verwende den Leitstein **SELENIT**. Selenit festigt das **Gewebe** und wirkt **schmerzlindernd**. Er trägt das ganze alte **Heilwissen von Atlantis** in sich.

HERZENSWUNSCH
„Ich heiße dich willkommen!"

ALLGEMEINE BEDEUTUNG DER KARTE

Herzenswunsch als Orakelkarte zeigt Dir, dass es einen lang ersehnten Wunsch oder Wünsche in Deinem Leben gibt, die Du Dir nicht erfüllst.

Du verfolgst Deine Ziele nicht. Auch Deine Herzenswünsche kannst Du gar nicht spüren. Ob es um einen Kinderwunsch oder andere Wünsche geht – sie bleiben im Dunkeln!

Du erlaubst Dir Deine Träume nicht – sie dürfen nicht wahr werden. Vielleicht glaubst Du auch, dass Du es nicht verdienst oder hast Angst davor, dass jeder Wunsch, der sich in Deinem Leben erfüllt gleich wieder zerplatzt wie eine Seifenblase.

DIE ERZENGEL / SPIRITUELL

Edelsteinessenz Serie Mystik:
URIEL für Bodenständigkeit und Energie oder
METATRON für Ziel und Richtung

Du kannst den Erzengel-Spray zu Meditationen oder vor dem Einschlafen anwenden. Bitte um Unterstützung auf der Traumzeit- oder Meditationsebene.

STEINSEELCHEN

KUPFER – Herzenswunsch

- Sinn für Ästhetik
- hilft Gefühle offen zu zeigen
- Harmonie und Liebe zu allen Wesen
- regt Phantasie und Kreativität an

HILFREICHE AFFIRMATIONEN FÜR DIE CHAKREN

Kronenchakra
Es ist in Ordnung wenn ich ankomme!

Stirnchakra
Ich weiß, warum ich diesen Wunsch habe!

Kehlchakra
Ich kann mir meine Herzenswünsche erfüllen!

Herzchakra
Ich liebe meinen Herzenswunsch!

Sakralchakra
Ich fühle meinen Wunsch!

Nabelchakra
Ich will meine Wünsche erfüllen!

Wurzelchakra
Ich bin OK, wenn ich mir meine Herzenswünsche erfülle!

HERZENSWUNSCH

MENTALE SCHICHT *(Geist, Ideen, Konzepte, Beruf, Wissen, Haltung...)*

GEISTKARTE

SYMPTOM / HINTERGRUND

- Möchtest Du gerne eine Ausbildung machen und denkst, das schaffst Du nie?
- Möchtest Du ein Instrument lernen?
- Willst du Dir Wissen aneignen und weißt nicht wie?
- Möchtest Du endlich edel/freundlich/gütig/liebevoll... sein?
- Du hast gar keine Herzenswünsche?
- Du begräbst Deine Träume, noch bevor Du sie geträumt hast?

HILFREICHES WERKZEUG

Beschäftige Dich mit allen Aspekten der Karte (auch wenn Du das Gefühl hast, dass genau dieses Thema überhaupt nicht passt)!

Verwende die Edelsteinessenz **HERZENSWUNSCH** aus der Serie 33 um die Hintergründe zu erkennen und die Blockaden aufzulösen mindestens 21 Tage 2-3x täglich.

Zusatztipp:
Affirmation:
„ICH HEISSE DICH WILLKOMMEN!"

EMOTIONALE SCHICHT *(Gefühle, Liebe, Beziehungen, Familie...)*

SEELENKARTE

SYMPTOM / HINTERGRUND

- Hast Du Deinen Traumpartner schon gefunden?
- Träumst Du von der großen Liebe?
- Sehnst Du Dich nach einer Familie oder Kindern?
- Möchtest Du gerne mit Deinem Partner, mit Deiner Familie, mit Deinen FreundInnen ganz tolle Dinge (endlich) realisieren?
- Fehlt Dir eine wirkliche Freundin?
- Bist Du emotional verschlossen und vertraust nicht auf die Verwirklichung Deiner Wünsche?

HILFREICHES WERKZEUG

Als Edelsteinessenz für die Seelenebene kannst Du Dich mit dem Spray **FREUDE** (Lebensmut) aus der Serie Kristall einsprühen.

Verwende den Leitduft **PFEFFER**. Pfeffer hilft bei **Müdigkeit** und **Gleichgültigkeit**. Er hat eine anregend, wärmende Wirkung und verleiht auch **Mut** und **Energie**. Außerdem verscheucht er die **Schüchternheit**.

Zusatztipp:
KUPFER als Wasserstein (Einleitmethode)

STOFFLICHE SCHICHT *(Körper, Gesundheit, Finanzen, Materie, Räume...)*

KÖRPERKARTE

SYMPTOM / HINTERGRUND

- Hast Du einen ganz besonderen Wunsch, den Du Dir verwirklichen möchtest? Ein Haus, eine Wohnung, ein Auto, ein Rad...?
- Möchtest Du endlich schlank, rund, gesund, sportlich, fit... sein?
- Erfüllst Du Dir Deine beruflichen Wünsche?
- Darfst Du träumen?
- Darfst Du Dir den Wunsch erfüllen, Kinder zu haben?
- Erlaubst Du Dir das Leben zu genießen?
- Möchtest Du schwanger werden aber es klappt nicht?

HILFREICHES WERKZEUG

Als Edelsteinessenz für die Körperebene kannst Du Dich mit dem Spray **HERZCHAKRA** (Herzensöffnung) oder **SAKRALCHAKRA** (schöpferische Kraft) aus der Serie Chakra einsprühen.
Verwende den Leitstein **KUPFER**. Kupfer stärkt **Leber** und **Gehirn**. Es lindert **Krämpfe** und hat bei **Bauchschmerzen** und **Menstruationsbeschwerden** eine schmerzstillende Wirkung. Kupfer macht auch **fruchtbar**.

INTUITION
„Ich vertraue meiner Intuition!"

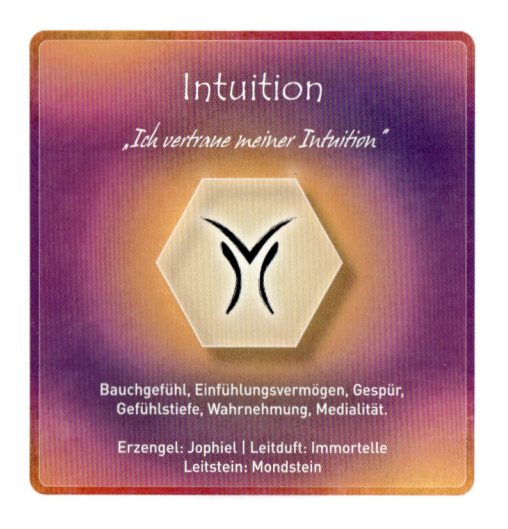

ALLGEMEINE BEDEUTUNG DER KARTE

Intuition als Orakelkarte zeigt, dass wir unserem Bauchgefühl nicht vertrauen. Es kann sein, dass Du zwar unmittelbar die richtige Wahrnehmung fühlst, aber sie sofort wieder wegdenkst.

Du vertraust Dir selbst nicht. Deine intuitive Wahrnehmung ist reduziert. Du glaubst Dir nicht. Spontane Handlungsimpulse sind Dir fremd. Du folgst Deiner inneren Stimme nicht.

Vielleicht musst Du auch ständig andere fragen, was sie denken, weil Du Deinem eigenen Gespür nicht über den Weg traust.

Bauchgefühl, Einfühlungsvermögen, Gespür, Gefühlstiefe, Wahrnehmung, Medialität.

Erzengel: Jophiel | Leitduft: Immortelle
Leitstein: Mondstein

DIE ERZENGEL / SPIRITUELL

Edelsteinessenz Serie Mystik:
JOPHIEL für Leichtigkeit und Öffnung

Du kannst den Erzengel-Spray zu Meditationen oder vor dem Einschlafen anwenden. Bitte um Unterstützung auf der Traumzeit- oder Meditationsebene.

STEINSEELCHEN

INTUITION – Mondstein

- Medialität
- bringt Gefühlstiefe
- fördert Einfühlungsvermögen
- Hellsichtigkeit
- macht offen für Eingebungen und Impulse

HILFREICHE AFFIRMATIONEN FÜR DIE CHAKREN

Kronenchakra
Es ist in Ordnung wenn ich meinem Bauchgefühl vertraue!

Stirnchakra
Ich weiß, warum ich intuitiv entscheide!

Kehlchakra
Ich kann intuitiv sein!

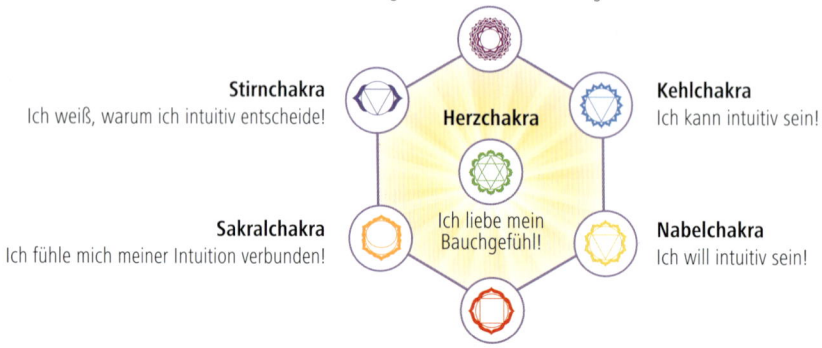

Herzchakra
Ich liebe mein Bauchgefühl!

Sakralchakra
Ich fühle mich meiner Intuition verbunden!

Nabelchakra
Ich will intuitiv sein!

Wurzelchakra
Ich bin OK wenn ich intuitive Entscheidungen treffe!

INTUITION

MENTALE SCHICHT *(Geist, Ideen, Konzepte, Beruf, Wissen, Haltung...)*

GEISTKARTE

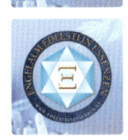

SYMPTOM / HINTERGRUND

- Vertraust Du darauf, dass Du Deinen richtigen Beruf findest oder gefunden hast?
- Triffst Du Blitzentscheidungen?
- Vertraust Du Deinen Eingebungen?
- Glaubst Du alles beweisen zu müssen?
- Darfst Du auch im Beruf intuitive Entscheidungen treffen?
- Achtest Du auf Gedankenblitze?
- Erlaubst Du Dir spontan zu sein?

HILFREICHES WERKZEUG

Beschäftige Dich mit allen Aspekten der Karte (auch wenn Du das Gefühl hast, dass genau dieses Thema überhaupt nicht passt)!

Verwende die Edelsteinessenz **INTUITION** aus der Serie 33 um die Hintergründe zu erkennen und die Blockaden aufzulösen mindestens 21 Tage 2-3x täglich.

Zusatztipp:
Affirmation:
„ICH VERTRAUE MEINER INTUITION!"

EMOTIONALE SCHICHT *(Gefühle, Liebe, Beziehungen, Familie...)*

SEELENKARTE

SYMPTOM / HINTERGRUND

- Möchtest Du gerne Probleme ansprechen behältst sie aber für Dich?
- Vertraust Du Deinen Gefühlen und Eindrücken?
- Sprichst Du über Deine Einfälle oder glaubst Dir selber nicht?
- Spürst Du in Gesprächen Ungereimtheiten, sprichst sie aber nicht an?
- Fühlst Du manchmal nicht genau, wer Dir wohl gesonnen ist und wer nicht?
- Traust Du Dir nicht zu, genau zu erfühlen, wer oder was gut für Dich ist?

HILFREICHES WERKZEUG

Als Edelsteinessenz für die Seelenebene kannst Du Dich mit dem Spray **INSPIRATION** (Ausdehnung und Mut) aus der Serie Kristall einsprühen.

Verwende den Leitduft **IMMORTELLE**. Immortelle wirkt **befreiend** und befreit Körper, Geist und Seele von Ballast. Sie unterstützt uns bei **Umbrüchen** und **Veränderungen**.

Zusatztipp:
MONDSTEIN
als Wasserstein

STOFFLICHE SCHICHT *(Körper, Gesundheit, Finanzen, Materie, Räume...)*

KÖRPERKARTE

SYMPTOM / HINTERGRUND

- Nimmst Du Medikamente ein, von denen Du nicht überzeugt bist?
- Machst Du zu viel/ zu wenig Sport und merkst genau, dass etwas nicht stimmt, änderst aber nichts?
- Erlaubst Du Dir, die Signale Deines Körpers zu spüren?
- Gibt es wichtige Dinge für Deine Wohnung/ Dein Haus, die Du nicht umsetzt, weil Du denkst, das stimmt ja nicht?
- Hörst Du in finanziellen Angelegenheiten auf Deine Intuition?

HILFREICHES WERKZEUG

Als Edelsteinessenz für die Körperebene kannst Du Dich mit dem Spray **STIRNCHAKRA** (Erkenntnis und Weisheit) aus der Serie Chakra einsprühen.

Verwende den Leitstein **MONDSTEIN**. Mondstein stärkt die weibliche **Intuition**. Er bringt uns mit den **Naturrhythmen** in Einklang. Er ist hilfreich bei **Hormon- und Menstruationsstörungen**.

KONZENTRATION
„Ich schaffe es!"

Konzentration

„Ich schaffe es"

Verstehen, Durchblick, Durchhalten, Genauigkeit,
Ziele erreichen, Arbeiten erledigen.

Erzengel: Michael | Leitduft: Lemongrass
Leitstein: Tigerauge

ALLGEMEINE BEDEUTUNG DER KARTE

Konzentration als Orakelkarte bedeutet, dass Du derzeit in irgendeinem Bereich Deines Lebens keinen Durchblick findest. Du glaubst, Du schaffst es nicht. Du fühlst Dich planlos und überfordert. Es mangelt Dir an Neugierde, Präzision und dem Dranbleiben. Vielleicht bist Du generell ein sehr unsicherer Mensch und hast schnell das Gefühl, dass Du Dich gar nicht auskennst und die Zusammenhänge nicht verstehst. Du bist Dir selber gegenüber sehr kritisch und leidest an Deinem Minderwertigkeitsgefühl. Du hast Angst nichts wirklich gut zu können.

Zusatztipp:
Der Spray KONZENTRATION aus der Serie 33 ist ein guter **Lernspray**!

DIE ERZENGEL / SPIRITUELL

Edelsteinessenz Serie Mystik:
MICHAEL für Schutz oder
GABRIEL für Klarheit und Erkenntnis

Du kannst den Erzengel-Spray zu Meditationen oder vor dem Einschlafen anwenden. Bitte um Unterstützung auf der Traumzeit- oder Meditationsebene.

STEINSEELCHEN

TIGERAUGE – Konzentration

- Durchblick
- Klarheit
- hilft bei Hektik und Belastung
- schärft die Sinne

HILFREICHE AFFIRMATIONEN FÜR DIE CHAKREN

Kronenchakra
Es ist in Ordnung wenn ich es schaffe!

Stirnchakra
Ich weiß, warum ich es schaffen möchte!

Kehlchakra
Ich kann es schaffen!

Herzchakra
Ich liebe es alles zu schaffen!

Sakralchakra
Ich fühle mich gut fokussiert!

Nabelchakra
Ich will konzentriert sein!

Wurzelchakra
Ich bin OK wenn ich es schaffe!

KONZENTRATION

MENTALE SCHICHT *(Geist, Ideen, Konzepte, Beruf, Wissen, Haltung...)*

GEISTKARTE

SYMPTOM / HINTERGRUND

- Bist Du nervös und unsicher?
- Hast Du Lernschwierigkeiten?
- Kannst Du Dich bei der Arbeit schwer konzentrieren und schweifst gedanklich gerne etwas ab?
- Lässt Du Dich leicht ablenken?
- Glaubst Du, dass Du Dir alles schwerer merken kannst als die Anderen?
- Hast Du eine Botschaft innerlich gespeichert, die sagt, dass Du das (Beruf, Liebe, Ideen…) niemals schaffen kannst?

HILFREICHES WERKZEUG

Beschäftige Dich mit allen Aspekten der Karte (auch wenn Du das Gefühl hast, dass genau dieses Thema überhaupt nicht passt)!

Verwende die Edelsteinessenz **KONZENTRATION** aus der Serie 33 um die Hintergründe zu erkennen und die Blockaden aufzulösen mindestens 21 Tage 2-3x täglich.

Zusatztipp:
Affirmation:
„ICH SCHAFFE ES!"

EMOTIONALE SCHICHT *(Gefühle, Liebe, Beziehungen, Familie...)*

SEELENKARTE

SYMPTOM / HINTERGRUND

- Fühlst Du Dich emotional unsicher und unstabil?
- Bist Du unsicher beim Erkennen und Mitteilen Deiner Gefühle?
- Hast Du Angst, keine Lösungen zu finden?
- Stehst Du in Gesprächen zu Deiner Überzeugung?
- Bist Du unsicher, anstehende Probleme in den Griff zu bekommen?
- Hast Du Versagensängste?

HILFREICHES WERKZEUG

Als Edelsteinessenz für die Seelenebene kannst Du Dich mit dem Spray **INSPIRATION** (geistige Öffnung) oder **ENERGIE** (Kraft und Durchsetzung) aus der Serie Kristall einsprühen.
Verwende den Leitduft **LEMONGRASS**. Lemongrass wirkt erfrischend und aufbauend. Es fördert die **Konzentration** und verstärkt die **Ausdauer** bei geistigen Arbeiten.

Zusatztipp:
TIGERAUGE
als Wasserstein

STOFFLICHE SCHICHT *(Körper, Gesundheit, Finanzen, Materie, Räume...)*

KÖRPERKARTE

SYMPTOM / HINTERGRUND

- Möchtest Du gerne ein Haus, ein Auto, einen Garten oder etwas anderes erwerben?
- Fühlst Du Dich vielleicht ohnmächtig und arm (Zeit, Geld, Können…)?
- Fällt es Dir schwer an Projekten dranzubleiben?
- Wärst Du gerne aktiver oder gesünder aber die Umsetzung fällt Dir schwer?
- Bist Du unruhig und sprunghaft?
- Hast Du Angst körperlich nicht zu entsprechen?

HILFREICHES WERKZEUG

Als Edelsteinessenz für die Körperebene kannst Du Dich mit dem Spray **NABELCHAKRA** (Selbstvertrauen und Willenskraft) oder **KEHLCHAKRA** (Wortbewusstsein und Kreativität) aus der Serie Chakra einsprühen.

Verwende den Leitstein **TIGERAUGE**. Tigerauge wirkt **schmerzlindernd** und wirkt gegen **Übererregung**, die oftmals in Angstsituationen spürbar ist. Außerdem reguliert Tigerauge die **Nebennieren** und lindert **Asthmaanfälle**.

KRAFT & ERFOLG
„Ich bin erfolgreich und mutig!"

Kraft & Erfolg
„Ich bin erfolgreich und mutig"

Selbstbewusstsein, Durchsetzung, Durchblick,
Willenskraft, Dynamik, Konzentration, Ziele, Ausdauer.

Erzengel: Raphael | Leitduft: Pfefferminze
Leitstein: Jaspis rot

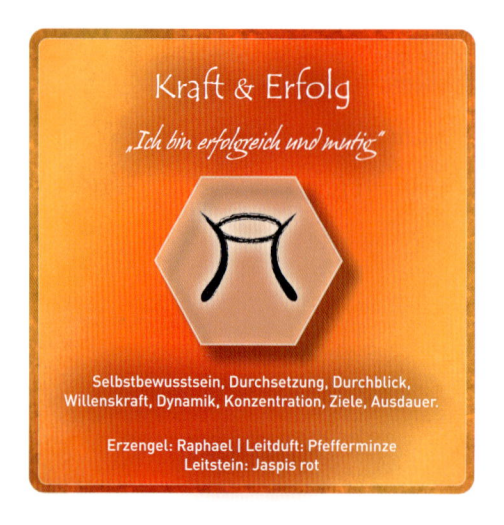

ALLGEMEINE BEDEUTUNG DER KARTE

Kraft & Erfolg als Orakelkarte zeigt Dir, dass es Dir momentan in einem Bereich Deines Lebens an Selbstbewusstsein, Durchsetzungs- und Durchhaltevermögen mangelt.

Du findest keine Klarheit, keinen Durchblick und möglicher Weise ist Dein Wille schwach.

Deine Ziele scheinen weit entfernt und Du glaubst nicht daran, dass Du sie erreichen kannst. Du fühlst Dich energielos und ohne Antrieb.

DIE ERZENGEL / SPIRITUELL

Edelsteinessenz Serie Mystik:
RAPHAEL für Heilung und Sammlung

Du kannst den Erzengel-Spray zu Meditationen oder vor dem Einschlafen anwenden. Bitte um Unterstützung auf der Traumzeit- oder Meditationsebene.

STEINSEELCHEN

EDELJASPIS – Kraft & Erfolg

- Willenskraft
- Stärke
- Ausdauer
- Stabilität
- Mut

HILFREICHE AFFIRMATIONEN FÜR DIE CHAKREN

Kronenchakra
Es ist in Ordnung wenn ich erfolgreich bin!

Stirnchakra
Ich weiß, warum ich mutig und stark sein möchte!

Kehlchakra
Ich kann erfolgreich sein!

Herzchakra
Ich liebe es erfolgreich zu sein!

Sakralchakra
Ich fühle mich stark!

Nabelchakra
Ich will stark und mutig sein!

Wurzelchakra
Ich bin OK wenn ich erfolgreich bin!

KRAFT & ERFOLG

MENTALE SCHICHT *(Geist, Ideen, Konzepte, Beruf, Wissen, Haltung...)*

GEISTKARTE	SYMPTOM / HINTERGRUND	HILFREICHES WERKZEUG
	- Fühlst Du Dich gedanklich überfordert? - Gibt es viele Dinge, die Du Dir nicht zutraust? - Sind andere immer besser als Du? - Bist Du der/ die ewig Dritte? - Musst Du mehr tun als Andere um gut genug zu sein? - Erlaubst Du Deinen Ideen Raum zu nehmen? - Kannst Du in Diskussionen kraftvoll und überzeugend sein?	Beschäftige Dich mit allen Aspekten der Karte (auch wenn Du das Gefühl hast, dass genau dieses Thema überhaupt nicht passt)! Verwende die Edelsteinessenz **KRAFT & ERFOLG** aus der Serie 33 um die Hintergründe zu erkennen und die Blockaden aufzulösen mindestens 21 Tage 2-3x täglich. **Zusatztipp:** Affirmation: „ICH BIN ERFOLGREICH UND MUTIG!"

EMOTIONALE SCHICHT *(Gefühle, Liebe, Beziehungen, Familie...)*

SEELENKARTE	SYMPTOM / HINTERGRUND	HILFREICHES WERKZEUG
	- Darfst Du in Deiner Beziehung zeigen, wie stark Du bist? - Erlaubst Du Dir, klar und direkt zu sagen, was Du Dir denkst? - Erlebt Dich Dein Umfeld als starke und klare Persönlichkeit, die weiß, was sie will? - Fühlst Du Dich in Deiner Beziehung unwichtiger als Dein Gegenüber. - Hält Dich Dein Gegenüber (Familie, PartnerIn…) für einen Versager? - Möchtest Du gerne emotional stark und stabil sein?	Als Edelsteinessenz für die Seelenebene kannst Du Dich mit dem Spray **ENERGIE** (Kraft und Stärke) aus der Serie Kristall einsprühen. Verwende den Leitduft **PFEFFERMINZE**. Pfefferminze **erfrischt** und **kräftigt**. Sie befreit den Kopf und wirkt positiv auf die **Konzentration** und **Energie**. **Zusatztipp:** EDELJASPIS als Wasserstein

STOFFLICHE SCHICHT *(Körper, Gesundheit, Finanzen, Materie, Räume...)*

KÖRPERKARTE	SYMPTOM / HINTERGRUND	HILFREICHES WERKZEUG
	- Fühlst Du Dich schwach und dünnhäutig? - Bist Du körperlich eher überempfindlich und sensibel? - Bist Du leicht krank oder kränkelst Du dauernd? - Sind Deine Finanzen eher angespannt? - Hast Du das Gefühl, dass sich Dein Konto nicht erholen kann? - Bist Du Dein Geld schneller los, als es zu Dir kommt? - Erlaubst Du Dir erfolgreich und wohlhabend zu sein?	Als Edelsteinessenzen für die Körperebene kannst Du Dich mit dem Spray **NABELCHAKRA** (Macht und Willenskraft) oder **KRONENCHAKRA** (Vollendung und Gottvertrauen) aus der Serie Chakra einsprühen. Verwende den Leitstein **EDELJASPIS**. Edeljaspis wirkt durchwärmend und belebend. Er regt den **Kreislauf** an und sorgt für eine gute **Durchblutung**.

KRISENLÖSUNG
„Die Lösung ist in mir!"

ALLGEMEINE BEDEUTUNG DER KARTE

Krisenlösung als Orakelkarte zeigt Dir, dass in irgendeinem Bereich Deines Lebens derzeit Chaos oder Stress bestehen. Du hast den Überblick verloren und es herrscht ein Durcheinander.

Es fehlt Dir Deine innere Stabilität und Dein Vertrauen in Dich selber. Du erkennst derzeit nicht die Lösung des Problems und es mangelt Dir an geistiger Flexibilität.

Alles schreit schnell nach einer Klärung der momentanen Situation aber Du hast sehr viel Angst davor!

Durchblick, Selbstvertrauen, Sicherheit, Sinn- u. Zielfindung, geistige Flexibilität.

Erzengel: Gabriel | Leitduft: Orange
Leitstein: Granat Pyrop

DIE ERZENGEL / SPIRITUELL

Edelsteinessenz Serie Mystik:
MICHAEL für Schutz und Abgrenzung oder
GABRIEL für Klarheit und Erkenntnis

Du kannst den Erzengel-Spray zu Meditationen oder vor dem Einschlafen anwenden. Bitte um Unterstützung auf der Traumzeit- oder Meditationsebene.

STEINSEELCHEN

GRANAT – Krisenlösung

- Krisenbewältigung
- Gelassenheit
- Mut und Ausdauer
- hilft bei Veränderungen und schwierigen Situationen

HILFREICHE AFFIRMATIONEN FÜR DIE CHAKREN

Kronenchakra
Es ist in Ordnung wenn ich die Krise löse!

Stirnchakra
Ich weiß, warum ich die Krise lösen kann!

Kehlchakra
Ich kann das Problem lösen!

Herzchakra
Ich liebe meine Fähigkeit zur Problemlösung!

Sakralchakra
Ich fühle mich in der Kraft das Problem zu lösen!

Nabelchakra
Ich will die Krise lösen!

Wurzelchakra
Ich bin OK wenn ich meine Probleme löse!

KRISENLÖSUNG

MENTALE SCHICHT *(Geist, Ideen, Konzepte, Beruf, Wissen, Haltung...)*

GEISTKARTE	SYMPTOM / HINTERGRUND	HILFREICHES WERKZEUG

- Möchtest Du kündigen oder hast Du Angst, dass Du gekündigt wirst?
- Hast Du massive Schwierigkeiten im Beruf, bei Projekten und Konzepten?
- Gibt es in Deinem Arbeitsumfeld massive Schwierigkeiten, die bewältigt gehören?
- Hast Du chaotische Gedanken?
- Findest Du weder Sinn noch Ziel in Deinem Leben?
- Fühlst Du Dich unsicher und instabil?

Beschäftige Dich mit allen Aspekten der Karte (auch wenn Du das Gefühl hast, dass genau dieses Thema überhaupt nicht passt)!

Verwende die Edelsteinessenz **KRISENLÖSUNG** aus der Serie 33 um die Hintergründe zu erkennen und die Blockaden aufzulösen mindestens 21 Tage 2-3x täglich.

Zusatztipp:
Affirmation:
„DIE LÖSUNG IST IN MIR!"

EMOTIONALE SCHICHT *(Gefühle, Liebe, Beziehungen, Familie...)*

SEELENKARTE	SYMPTOM / HINTERGRUND	HILFREICHES WERKZEUG

- Lebst Du in einem emotionalen Chaos (Partnerschaft, Familie…)?
- Ist gerade eine „Bombe" geplatzt oder wird demnächst eine platzen?
- Hast Du ein ganz wichtiges Thema, welches in Deiner Beziehung/Deiner Familie/Deinem Freundeskreis geklärt gehört?
- Möchtest Du gerne eine Beziehung beenden?
- Gibt es gerade wirklich akute Themen, die besprochen gehören?
- Möchte jemand mit Dir eine Beziehung beenden?

Als Edelsteinessenz für die Seelenebene kannst Du Dich mit dem Spray **ENERGIE** (für Kraft und Stabilität) einsprühen. Verwende den Leitduft **ORANGE**. Orange wirkt gleichzeitig **belebend** und **beruhigend**. Mit ihrer sonnigen Energie harmonisiert sie **negative, gereizte Stimmung** und hilft in schwierigen Lebenslagen, die **gute Laune** nicht zu verlieren.

Zusatztipp:
GRANAT PYROP
als Wasserstein

STOFFLICHE SCHICHT *(Körper, Gesundheit, Finanzen, Materie, Räume...)*

KÖRPERKARTE	SYMPTOM / HINTERGRUND	HILFREICHES WERKZEUG

- Gibt es in den Bereichen Gesundheit, Finanzielles, Wohnen ein akutes Problem (Sanierung, Reparatur, Heilung…) zu lösen?
- Fühlst Du Dich krank oder körperlich überfordert (Herzrasen, Schweißausbrüche, Panik...)?
- Schuldest Du jemandem Geld?
- Kann es sein, dass Du unbedingt und ohne Aufschub eine Pause benötigst?
- Lebst Du weit über Deine Verhältnisse?
- Schuldet Dir jemand Geld?

Als Edelsteinessenz für die Körperebene kannst Du Dich mit dem Spray **SAKRALCHAKRA** (emotionale, schöpferische Kraft) oder **STIRNCHAKRA** (Weisheit und Erkenntnis) aus der Serie Chakra einsprühen.

Verwende den Leitstein **GRANAT PYROP**. Granat Pyrop unterstützt das Bestreben nach Verbesserung. Er fördert die **Durchblutung** und fördert die **Blutqualität**. Granate sind seit jeher wirksame „**Krisensteine**".

KAPITEL E KARTENBESCHREIBUNG

LIEBE & BEZIEHUNGEN
„Ich liebe mich und dich!"

Liebe & Beziehungen
„Ich liebe mich und dich"

Liebesfähigkeit, Herzenswärme, Hingabe, Demut, Einfühlungsvermögen.

Erzengel: Chamuel | Leitduft: Rose
Leitstein: Rosenquarz

ALLGEMEINE BEDEUTUNG DER KARTE

Ziehst Du mich als Orakelkarte, dann geht es um die wirkliche Herzensliebe. Möglicher Weise kannst Du sie für Dich selber nicht fühlen, nicht annehmen aber auch nicht geben.

Du fühlst Dich verschlossen und vergrämt. Du bist so verletzt, dass Du Dein Herz auch ganz versteckt hast und es nicht öffnen kannst.

Momentan fällt es Dir schwer auf Menschen zuzugehen und mit ihnen in Kontakt zu sein. Auch zu Deinem Körper kannst Du nicht richtig in Verbindung gehen. Es fehlt Dir Hingabe, Demut und Einfühlungsvermögen. Vielleicht sehnst Du Dich auch nach der großen, wahren Liebe!

DIE ERZENGEL / SPIRITUELL

Edelsteinessenz Serie Mystik:
CHAMUEL für Herzensliebe und Herzensöffnung

Du kannst den Erzengel-Spray zu Meditationen oder vor dem Einschlafen anwenden. Bitte um Unterstützung auf der Traumzeit- oder Meditationsebene.

STEINSEELCHEN

ROSENQUARZ – Liebe & Beziehungen

- Empfindsamkeit
- Einfühlungsvermögen
- Herzenswärme
- Liebesfähigkeit
- Harmonie
- Hilfsbereitschaft

HILFREICHE AFFIRMATIONEN FÜR DIE CHAKREN

Kronenchakra
Es ist in Ordnung wenn ich mich und Dich liebe!

Stirnchakra
Ich weiß, warum ich mich und Dich liebe!

Kehlchakra
Ich kann mich und Dich lieben!

Herzchakra
Ich liebe die Liebe, mich und Dich!

Sakralchakra
Ich fühle Liebe!

Nabelchakra
Ich will mich und Dich lieben!

Wurzelchakra
Ich bin OK wenn ich mich und Dich liebe!

LIEBE & BEZIEHUNGEN

MENTALE SCHICHT *(Geist, Ideen, Konzepte, Beruf, Wissen, Haltung...)*

GEISTKARTE	SYMPTOM / HINTERGRUND	HILFREICHES WERKZEUG

- Stehst Du nicht zu Deinen Ideen und Einsichten?
- Bist Du in Deinem Beruf ein einsamer „Coyote"?
- Denken die Anderen, Du bist ein Griesgram?
- Fehlt Harmonie in Deinem beruflichen Umfeld?
- Kannst Du keine Leidenschaft für das „WISSEN" entwickeln?
- Denkst Du über Dich, dass Du es nicht wert bist, geliebt zu werden?

Beschäftige Dich mit allen Aspekten der Karte (auch wenn Du das Gefühl hast, dass genau dieses Thema überhaupt nicht passt)!

Verwende die Edelsteinessenz **LIEBE & BEZIEHUNGEN** aus der Serie 33 um die Hintergründe zu erkennen und die Blockaden aufzulösen mindestens 21 Tage 2-3x täglich.

Zusatztipp:
Affirmation:
„ICH LIEBE MICH UND DICH!"

EMOTIONALE SCHICHT *(Gefühle, Liebe, Beziehungen, Familie...)*

SEELENKARTE	SYMPTOM / HINTERGRUND	HILFREICHES WERKZEUG

- Bist Du auf jemanden in Deiner Familie „sauer" und hast das Gefühl, dass Du Dich nie wieder versöhnen kannst?
- Wurdest Du verletzt und gehst emotional auf Distanz?
- Hast Du Dich von Deinem Partner/ Deiner Partnerin zurückgezogen?
- Sehnst Du Dich nach mehr Nähe und Liebe?
- Bist Du beleidigt oder gekränkt?
- Kannst Du Deine Gefühle schwer zeigen?

Als Edelsteinessenz für die Seelenebene kannst Du Dich mit dem Spray **HARMONIE** (ausgleichende, liebevolle Energie) aus der Serie Kristall einsprühen.
Verwende den Leitduft **ROSE**. Rose lässt uns Kränkungen auflösen. Sie hilft zu **verzeihen**. Sie besänftigt **Traurigkeit** und beruhigt die **Nerven**. Rose lässt uns **tiefe Zuneigung** spüren und unterstützt uns bei **Übergängen**.

Zusatztipp:
ROSENQUARZ
als Wasserstein

STOFFLICHE SCHICHT *(Körper, Gesundheit, Finanzen, Materie, Räume...)*

KÖRPERKARTE	SYMPTOM / HINTERGRUND	HILFREICHES WERKZEUG

- Hast Du Kontaktschwierigkeiten mit der materiellen Welt (Körper, Finanzen, Wohnung)?
- Bist Du beleidigt auf Deinen Körper, weil er nicht schnell/dünn/groß/fein/ gesund... genug ist?
- Bist Du enttäuscht, weil Du nicht die sportliche Leistung bringst, die Du von Dir erwartest?
- Wertest Du das Aussehen Deines Partners/Deiner Partnerin ab? Sollte sie/ er dünner, stärker, blonder... sein?
- Hast Du keine gute Beziehung zu Geld oder Besitz?

Als Edelsteinessenz für die **Körperebene** kannst Du Dich mit dem Spray **HERZCHAKRA** (Zuneigung und Liebe) oder **SAKRALCHAKRA** (tiefe Gefühle und Sinnlichkeit) aus der Serie Chakra einsprühen.

Verwende den Leitstein **ROSENQUARZ**. Rosenquarz **harmonisiert** Emotionen und den **Herzrhythmus**. Er hilft auch bei sexuellen Schwierigkeiten auf Grund von **Näheproblemen**. Er hilft bei Problemen mit den **Geschlechtsorganen** und unterstützt die **Fruchtbarkeit**.

MEDITATION & INNERER FRIEDEN
„Tiefer Frieden in mir!"

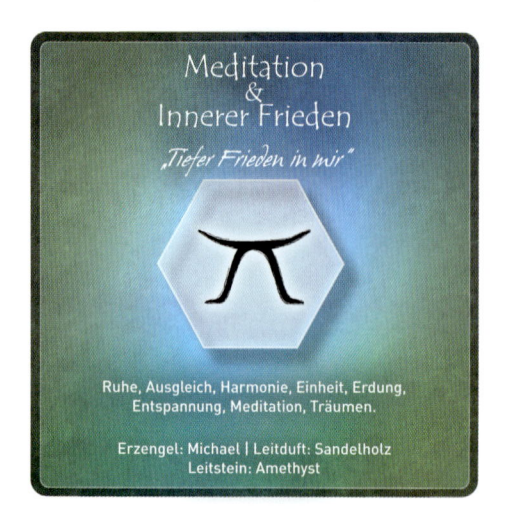

ALLGEMEINE BEDEUTUNG DER KARTE

Ziehst Du mich als Orakelkarte dann zeigt es, dass Du voller Sorgen bist. Du fühlst Dich unruhig und nicht ausgeglichen.

Es fehlt Dir an einem ganzheitlichen und harmonischen Lebensgefühl. Du findest keine Erdung und keinen Frieden. Voller Sorgen und Bekümmertheit fühlst Du Dich meistens sehr angespannt und beunruhigt.

Du findest auch keine Zeit für Dich selber und neigst zu Hektik und Stress.

DIE ERZENGEL / SPIRITUELL

Edelsteinessenz Serie Mystik:
MICHAEL für Schutz und Geborgenheit oder
CHAMUEL für Herzensöffnung und Liebe

Du kannst den Erzengel-Spray zu Meditationen oder vor dem Einschlafen anwenden. Bitte um Unterstützung auf der Traumzeit- oder Meditationsebene.

STEINSEELCHEN

AMETHYST – Meditation & innerer Frieden

- Friede
- Spiritualität
- Klärung
- Meditation
- Träumen und guter Schlaf

HILFREICHE AFFIRMATIONEN FÜR DIE CHAKREN

Kronenchakra
Es ist in Ordnung wenn ich friedvoll bin!

Stirnchakra
Ich weiß, warum ich ruhig und gelassen sein möchte!

Herzchakra
Ich liebe den Frieden!

Kehlchakra
Ich kann im Frieden sein!

Sakralchakra
Ich fühle mich friedlich!

Nabelchakra
Ich will in Frieden leben!

Wurzelchakra
Ich bin OK wenn ich in Frieden und innerer Ruhe lebe!

MEDITATION & INNERER FRIEDEN

MENTALE SCHICHT *(Geist, Ideen, Konzepte, Beruf, Wissen, Haltung…)*

GEISTKARTE

SYMPTOM / HINTERGRUND

- Bist Du Dir unsicher, ob Du in Deinem beruflichen Umfeld willkommen bist?
- Machst Du Dir über alle möglichen Dinge Sorgen?
- Bist Du beunruhigt über die Sicherheit Deines Jobs obwohl es keinerlei Anzeichen für eine Kündigung gibt?
- Denkst Du oft negativ?
- Denkst Du, dass Du immer 100% geben musst?
- Machen Dich die Meinungen und Ansichten anderer unsicher?

HILFREICHES WERKZEUG

Beschäftige Dich mit allen Aspekten der Karte (auch wenn Du das Gefühl hast, dass genau dieses Thema überhaupt nicht passt)!

Verwende die Edelsteinessenz **MEDITATION & INNERER FRIEDEN** aus der Serie 33 um die Hintergründe zu erkennen und die Blockaden aufzulösen mindestens 21 Tage 2-3x täglich.

Zusatztipp:
Affirmation:
„TIEFER FRIEDEN IN MIR!"

EMOTIONALE SCHICHT *(Gefühle, Liebe, Beziehungen, Familie…)*

SEELENKARTE

SYMPTOM / HINTERGRUND

- Bist Du über Deine Beziehung bekümmert?
- Machst Du Dir Sorgen um Deine Familie?
- Hast Du Angst, dass Deine Freunde keine wirklichen Freunde sind?
- Bist Du eigentlich immer etwas beunruhigt – egal um was es geht?
- Glaubst Du, die anderen können Dich nicht leiden?
- Hast Du immer wieder Sorgen, die Du auf Deine Beziehung/Familie/Freunde richtest?

HILFREICHES WERKZEUG

Als Edelsteinessenz für die Seelenebene kannst Du Dich mit dem Spray **ENTSPANNUNG** (Ruhe) oder **HARMONIE** (Balance) aus der Serie Kristall einsprühen. Verwende den Leitduft **SANDELHOLZ**. Sandelholz wirkt **ausgleichend** und **entspannend**. Mit Sandelholz fällt es Dir leichter ruhig zu werden, zu innerem Frieden zu finden und **Loszulassen**.

Zusatztipp:
AMETHYST
als Wasserstein

STOFFLICHE SCHICHT *(Körper, Gesundheit, Finanzen, Materie, Räume…)*

KÖRPERKARTE

SYMPTOM / HINTERGRUND

- Fühlst Du Dich krank, schwach und nicht geerdet?
- Bist Du über Deine Gesundheit beunruhigt, obwohl kein Grund dafür besteht?
- Machst Du Dir Gedanken über Deine Finanzen?
  Machst Du Dir Sorgen über Deine Wohnung/Dein Haus…?
- Verursacht Dir die derzeitige Situation unserer Wirtschaft Kopfzerbrechen?

HILFREICHES WERKZEUG

Als Edelsteinessenz für die Körperebene kannst Du Dich mit dem Spray **WURZELCHAKRA** (Erdung und Urvertrauen) oder **KRONENCHAKRA** (Anbindung und Erleuchtung) aus der Serie Chakra einsprühen.

Verwende den Leitstein **AMETHYST**. Amethyst löst **Spannungen** und lindert **Schmerzen** (besonders **Kopfschmerzen**). Bei **Verletzungen**, **Prellungen** sowie **Hautproblemen** ist er ein verlässlicher Helfer.

MUT ZUR FRÖHLICHKEIT
„Ich bin zuversichtlich und liebe mein Leben!"

Mut zur Fröhlichkeit
„Ich bin zuversichtlich und liebe mein Leben"

Zuversicht, Mut, Leben genießen,
Freude, positive Einstellung zum Leben.

Erzengel: Uriel | Leitduft: Ho-Blätter
Leitstein: Dolomit

ALLGEMEINE BEDEUTUNG DER KARTE

Ziehst Du mich als Orakelkarte fehlt Dir der Mut, Dein Leben wirklich zu genießen. Es mangelt Dir an Freude und positiver Einstellung zum Leben.

Du hast viele Ängste und Sorgen und kannst Dein Herz für die schönen Dinge des Lebens nicht öffnen. Manchmal wirkst Du vergrämt und zurückgezogen.

In Dir steckt eine tiefe Traurigkeit und Du nimmst sehr reduziert am Leben teil. Du wirkst verstockt und unbeweglich.

Es fällt Dir schwer, die Schönheit des Moments zu genießen.

DIE ERZENGEL / SPIRITUELL

Edelsteinessenz Serie Mystik:
URIEL für Dankbarkeit und Lebensfreude oder
JOPHIEL für Leichtigkeit und Freude

Du kannst den Erzengel-Spray zu Meditationen oder vor dem Einschlafen anwenden. Bitte um Unterstützung auf der Traumzeit- oder Meditationsebene.

STEINSEELCHEN

DOLOMIT – Mut zur Fröhlichkeit

- Fördert die Selbstverwirklichung
- spielerisches Erreichen von Aufgaben
- ausgleichend & stabilisierend
- fördert positive Einstellung zum Leben

HILFREICHE AFFIRMATIONEN FÜR DIE CHAKREN

Kronenchakra
Es ist in Ordnung wenn ich fröhlich bin!

Stirnchakra
Ich weiß, warum ich fröhlich sein möchte!

Kehlchakra
Ich kann fröhlich sein!

Herzchakra
Ich liebe die Fröhlichkeit!

Sakralchakra
Ich fühle mich fröhlich!

Nabelchakra
Ich will fröhlich sein!

Wurzelchakra
Ich bin OK wenn ich fröhlich bin!

MUT ZUR FRÖHLICHKEIT

MENTALE SCHICHT *(Geist, Ideen, Konzepte, Beruf, Wissen, Haltung…)*

| GEISTKARTE | SYMPTOM / HINTERGRUND | HILFREICHES WERKZEUG |

SYMPTOM / HINTERGRUND
- Sind Deine Gedanken eher grau und pessimistisch?
- Fühlst Du Dich unglücklich in Deinem Beruf?
- Machst Du Dir Sorgen um Deinen Job?
- Bist Du ein Miesepeter und verbreitest schlechte Laune?
- Siehst Du eher das halbleere als das halbvolle Glas vor Dir?
- Denkst Du die Welt ist ungerecht?
- Sagst Du oft „ja, aber…"?

HILFREICHES WERKZEUG

Beschäftige Dich mit allen Aspekten der Karte (auch wenn Du das Gefühl hast, dass genau dieses Thema überhaupt nicht passt)!

Verwende die Edelsteinessenz **MUT ZUR FRÖHLICHKEIT** aus der Serie 33 um die Hintergründe zu erkennen und die Blockaden aufzulösen mindestens 21 Tage 2-3x täglich.

Zusatztipp:
Affirmation:
„ICH BIN ZUVERSICHTLICH UND LIEBE MEIN LEBEN!"

EMOTIONALE SCHICHT *(Gefühle, Liebe, Beziehungen, Familie…)*

SEELENKARTE

SYMPTOM / HINTERGRUND
- Kannst Du in Deiner Beziehung nicht glücklich leben?
- Fühlst Du Dich verkrampft und verspannt?
- Kannst Du nicht loslassen?
- Du tust Dir schwer, Spaß zu haben und einen gemütlichen Abend mit Freundinnen oder Deiner Familie zu genießen?
- Trägst Du die Sorgen der Familie auf Deinen Schultern?
- Bist Du oft traurig?
- Bist Du starr und unbeweglich?

HILFREICHES WERKZEUG

Als Edelsteinessenz für die Seelenebene kannst Du Dich mit dem Spray **FREUDE** (Gute Laune und mentale Stärke) aus der Serie Kristall einsprühen.
Verwende den Leitduft **HO-BLATT**. Ho-Blätter richten Deine **Laune** wieder auf. Sie helfen bei **Angst**, **Nervosität**, **Depressionen**, **Schlafstörungen** und bei Symptomen von **Burn Out**.

Zusatztipp:
DOLOMIT
als Wasserstein

STOFFLICHE SCHICHT *(Körper, Gesundheit, Finanzen, Materie, Räume…)*

KÖRPERKARTE

SYMPTOM / HINTERGRUND
- Machst Du Dir ständig Sorgen um Deine Gesundheit?
- Bist Du oft krank oder traurig?
- Hast Du finanzielle Sorgen?
- Ängstigst Du Dich, dass Du Deine Wohnung/Dein Haus verlieren könntest, oder eine große Reparatur ansteht?
- Machst Du Dir Sorgen um die Wirtschaftslage und dass Du damit zusammenhängend finanzielle Einbußen erleidest?

HILFREICHES WERKZEUG

Als Edelsteinessenz für die Körperebene kannst Du Dich mit dem Spray **SAKRALCHAKRA** (Sinnlichkeit und Kreativität) oder **HERZCHAKRA** (Offenheit und Liebe) aus der Serie Chakra einsprühen.

Verwende den Leitstein **DOLOMIT**. Dolomit wirkt **krampflösend**. Er lindert **Muskelkater** und wirkt gut auf **Blut**, **Blutgefässe** und das **Herz-Kreislaufsystem**. Dolomit lindert auch **Allergien** und ist hilfreich für die **Bauchspeicheldrüse**.

MUT ZUM KONFLIKT
„Ich konfrontiere mutig und in Achtsamkeit!"

ALLGEMEINE BEDEUTUNG DER KARTE

Mut zum Konflikt als Orakelkarte kann bedeuten, dass Du bei Konflikten entweder sofort in Rage gerätst oder zu ängstlich bist, die Themen überhaupt anzusprechen.
Du mutest Dir und anderen keine Konfrontation zu. Du trägst Entscheidungen mit, obwohl Du davon nicht überzeugt bist. Harmonie ist Dir wichtiger als Gerechtigkeit.

Es mangelt Dir am Mut, aufrichtig und offen Deine Meinung zu sagen. Bei jeder Kleinigkeit könntest Du „explodieren" und laut werden.

Es gibt einen Bereich in Deinem Leben wo Du einer achtsamen Auseinandersetzung aus dem Weg gehst.

DIE ERZENGEL / SPIRITUELL

Edelsteinessenz Serie Mystik:
MICHAEL für Schutz und Stärke

Du kannst den Erzengel-Spray zu Meditationen oder vor dem Einschlafen anwenden. Bitte um Unterstützung auf der Traumzeit- oder Meditationsebene.

STEINSEELCHEN

RHODONIT – Mut zum Konflikt

- Seelische Wundheilung
- hilft zu verzeihen
- fördert gegenseitiges Verstehen
- konstruktive Konfliktlösungen
- Schocklöser

HILFREICHE AFFIRMATIONEN FÜR DIE CHAKREN

Kronenchakra
Es ist in Ordnung achtsam zu konfrontieren!

Stirnchakra
Ich weiß wie Konflikte zu lösen sind!

Kehlchakra
Ich kann Konflikte achtsam austragen!

Herzchakra
Ich liebe achtsame Konfliktlösung!

Sakralchakra
Ich fühle Mut und Achtsamkeit im Konflikt!

Nabelchakra
Ich will Konflikte achtsam und mutig lösen!

Wurzelchakra
Ich bin OK wenn ich Konflikte achtsam austrage!

MUT ZUM KONFLIKT

MENTALE SCHICHT *(Geist, Ideen, Konzepte, Beruf, Wissen, Haltung…)*

GEISTKARTE

SYMPTOM / HINTERGRUND

- Erlaubst Du Dir innovative oder auch konfrontative Ideen und Gedanken zu haben?
- Traust Du Dich Ideen und Projekte anderer in Frage zu stellen?
- Bist Du bei Konflikten sehr schnell wütend?
- Bist Du bei Streitereien sehr gehemmt?
- Stehst Du zu Deinen Ideen?
- Stellst Du alles in Frage?

HILFREICHES WERKZEUG

Beschäftige Dich mit allen Aspekten der Karte (auch wenn Du das Gefühl hast, dass genau dieses Thema überhaupt nicht passt)!

Verwende die Edelsteinessenz **MUT ZUM KONFLIKT** aus der Serie 33 um die Hintergründe zu erkennen und die Blockaden aufzulösen mindestens 21 Tage 2-3x täglich.

Zusatztipp:
Affirmation:
„ICH KONFRONTIERE MUTIG UND IN ACHTSAMKEIT!"

EMOTIONALE SCHICHT *(Gefühle, Liebe, Beziehungen, Familie…)*

SEELENKARTE

SYMPTOM / HINTERGRUND

- Was sprichst Du nicht aus?
- Hast Du Angst, Deinen Partner/Deine Familie/Deine Freunde zu verletzen?
- Sagst Du es Deinem Gegenüber, wenn er/sie Dich verletzt?
- Behältst Du Dinge für Dich, die Dir Angst machen?
- Traust Du den anderen nicht zu, mit der Wahrheit zu leben?
- Bist Du unachtsam in Konflikten und lässt Dein Gegenüber nicht ausreden?
- Explodierst Du regelrecht, wenn Dir Menschen im Gespräch zu nahe kommen?

HILFREICHES WERKZEUG

Als Edelsteinessenz für die Seelenebene kannst Du Dich mit dem Spray **ENERGIE** (Kraft) oder **SCHUTZ** (Behütet sein) aus der Serie Kristall einsprühen. Verwende den Leitduft **ZITRONE**. Zitrone verleiht **Leichtigkeit** und regt den **Geist** an. Sie schenkt Dir Mut und Frische. Gleichzeitig fördert sie die **Konzentration**.

Zusatztipp:
RHODONIT
als Wasserstein

STOFFLICHE SCHICHT *(Körper, Gesundheit, Finanzen, Materie, Räume…)*

KÖRPERKARTE

SYMPTOM / HINTERGRUND

- Nimmst Du die Symptome Deines Körpers wahr (Hitzezustände, Hautprobleme…)?
- Solltest Du Dich mit Fakten auseinandersetzen, die Deine Gesundheit, Deine sportlichen Betätigungen, Deine Leidenschaften betreffen?
- Sagst Du beim Sex wirklich was Du willst oder was du nicht möchtest?
- Vermeidest Du den Blick auf Deinen Kontostand?
- Siehst Du notwendige Reparaturen (Haus, Auto, Wohung…)?

HILFREICHES WERKZEUG

Als Edelsteinessenz für die Körperebene kannst Du Dich mit dem Spray **SAKRALCHAKRA** (emotionale Schöpferenergie) oder **HERZCHAKRA** (Toleranz und Herzensgüte) aus der Serie Chakra einsprühen.

Verwende den Leitstein **RHODONIT**. Rhodonit ist DER Stein bei Verletzungen aller Art. Bei **Wunden**, **Blutungen**, **Insektenstichen** hilft er prompt. Er stärkt **Muskeln**, **Kreislauf** und **Herz** und unterstützt uns bei **Autoimmunerkrankungen** und **Magengeschwüren**.

REGENERATION & ERHOLUNG
„Ich schöpfe Kraft!"

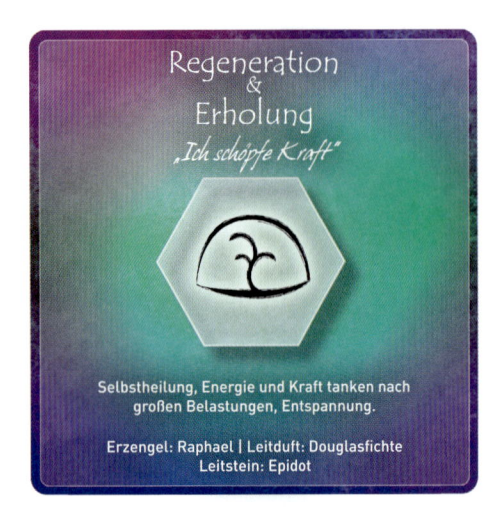

ALLGEMEINE BEDEUTUNG DER KARTE

Regeneration & Erholung als Orakelkarte zeigt Dir an, dass Du zur Zeit erschöpft und kraftlos bist. Das kann körperliche, seelische oder auch geistige Ursachen haben.

Du hast Dich körperlich oder emotional restlos überfordert. Möglicherweise hast Du auch viel zu viel Geld ausgegeben.

Du fühlst Dich krank und erschöpft oder hast gerade eine Krankheit überstanden. Nimm Dir für Deine Gesundung die Zeit, die Du brauchst, um Dich wirklich gut zu erholen. Achte auf Schwächezustände und Krankheitssymptome – nimm sie ernst. Ruhe Dich aus und sorge gut für Dich.

Du bist geschwächt und brauchst Ruhe.

DIE ERZENGEL / SPIRITUELL

Edelsteinessenz Serie Mystik:
RAPHAEL für Heilung und Kraft

Du kannst den Erzengel-Spray zu Meditationen oder vor dem Einschlafen anwenden. Bitte um Unterstützung auf der Traumzeit- oder Meditationsebene.

STEINSEELCHEN

UNAKIT/EPIDOT – Regeneration & Erholung

- Geistige, seelische und körperliche Regeneration
- gibt Geduld
- fördert Leistungsfähigkeit
- beschleunigt die Erholung

HILFREICHE AFFIRMATIONEN FÜR DIE CHAKREN

Kronenchakra
Es ist in Ordnung wenn ich mich regeneriere und erhole!

Stirnchakra
Ich weiß, warum ich Erholung möchte!

Kehlchakra
Ich kann mich gut erholen!

Herzchakra
Ich liebe die Erholung!

Sakralchakra
Ich fühle mich erholt und regeneriert!

Nabelchakra
Ich will mich erholen!

Wurzelchakra
Ich bin OK wenn ich mich erhole!

REGENERATION & ERHOLUNG

MENTALE SCHICHT *(Geist, Ideen, Konzepte, Beruf, Wissen, Haltung…)*

GEISTKARTE

SYMPTOM / HINTERGRUND

- Bist Du gedanklich erschöpft und überlastet (Beruf, Projekte, Konzepte…)?
- Bist Du mental überarbeitet und hast große Leistungen vollbracht?
- Möchtest Du schon lange in Urlaub gehen und findest keine Zeit dafür?
- Bist Du ein „Arbeitstier" und kannst nicht locker lassen?
- Kannst Du Dich nicht gut entspannen weil Du immerzu denken musst?
- Solltest Du Dein Leben generell lockerer und entspannter betrachten?

HILFREICHES WERKZEUG

Beschäftige Dich mit allen Aspekten der Karte (auch wenn Du das Gefühl hast, dass genau dieses Thema überhaupt nicht passt)!

Verwende die Edelsteinessenz **REGENERATION & ERHOLUNG** aus der Serie 33 um die Hintergründe zu erkennen und die Blockaden aufzulösen mindestens 21 Tage 2-3x täglich.

Zusatztipp:
Affirmation:
„ICH SCHÖPFE KRAFT!"

EMOTIONALE SCHICHT *(Gefühle, Liebe, Beziehungen, Familie…)*

SEELENKARTE

SYMPTOM / HINTERGRUND

- Hattest Du großen emotionalen Stress (Familie, Beziehung…)?
- Haben Dich Streitereien erschöpft?
- Hattest Du über lange Zeit Unmut und Belastungen in Deiner Familie?
- Strengen Dich Deine Beziehungen zur Zeit sehr an?
- Fühlst Du Dich emotional komplett überfordert?
- Möchtest Du momentan etwas Abstand zu Familie und FreundInnen?

HILFREICHES WERKZEUG

Als Edelsteinessenz für die Seelenebene kannst Du Dich mit dem Spray **ENTSPANNUNG** (Ruhe und Gelassenheit) oder **SCHUTZ** (Grenzen und Distanz) aus der Serie Kristall einsprühen.

Verwende den Leitduft **DOUGLASFICHTE**. Douglasfichte wirkt **erfrischend, aktivierend, anregend** und **aufheiternd**. Auch als Saunaduft oder Massageöl wirkt Douglasfichte **aufrichtend** und **stärkend**.

Zusatztipp:
UNAKIT/EPIDOT
als Wasserstein

STOFFLICHE SCHICHT *(Körper, Gesundheit, Finanzen, Materie, Räume…)*

KÖRPERKARTE

SYMPTOM / HINTERGRUND

- Warst Du krank und benötigst Du Erholung?
- Brauchst Du eine Kur?
- Benötigst Du eine Pause?
- Bist Du erst am Weg der Gesundheit und solltest noch mehr Acht auf Dich geben?
- Hast Du Dich finanziell übernommen?
- Solltest Du mehr sparen und Deine Ausgaben reduzieren?
- Hast Du Dich beim Sport (Bewegung) übernommen?

HILFREICHES WERKZEUG

Als Edelsteinessenz für die Körperebene kannst Du Dich mit dem Spray **WURZELCHAKRA** (Lebenskraft und Aufnahme von Erdenergie) aus der Serie Chakra einsprühen.

Verwende den Leitstein **UNAKIT/EPIDOT**. Unakit/Epidot stärkt **Leber** und **Galle**. Damit fördert er die Regenerationskraft und beschleunigt **Heilungsprozesse**.

SANFTMUT & VERGEBUNG
„Ich versöhne mich und vergebe (auch mir selber)!"

ALLGEMEINE BEDEUTUNG DER KARTE

Wählst Du Sanftmut & Vergebung als Orakelkarte, dann kann es sein, dass Du sehr wütend und zornig bist – vielleicht schon sehr lange. Du bist auf jemanden beleidigt oder verärgert weil er/sie Dich verletzt hat. Du trägst Deine Verletzungen schon lange mit Dir herum. Es wird Zeit diese Wunden zu heilen und einen Vergebungsprozess einzuleiten.

Verzeihe auch Dir selber für alles, was Du jemals gemacht, gesagt oder auch gedacht hast. Wandle Deine verhärteten Gefühle in Sanftmut. Transformiere Deine alte Wut und Deinen Zorn, denn sie schaden Dir.

DIE ERZENGEL / SPIRITUELL

Edelsteinessenz Serie Mystik:
ZADKIEL für Transformation und Vergebung

Du kannst den Erzengel-Spray zu Meditationen oder vor dem Einschlafen anwenden. Bitte um Unterstützung auf der Traumzeit- oder Meditationsebene.

STEINSEELCHEN

PRASEM – Sanftmut & Vergebung

- Versöhnung
- Beruhigung
- Kontrolle
- Selbstbestimmung
- Verzeihen
- Vergeben

HILFREICHE AFFIRMATIONEN FÜR DIE CHAKREN

Kronenchakra
Es ist in Ordnung wenn ich (mir) vergebe!

Stirnchakra
Ich weiß, warum ich (mir) vergeben darf!

Kehlchakra
Ich kann (mir) vergeben!

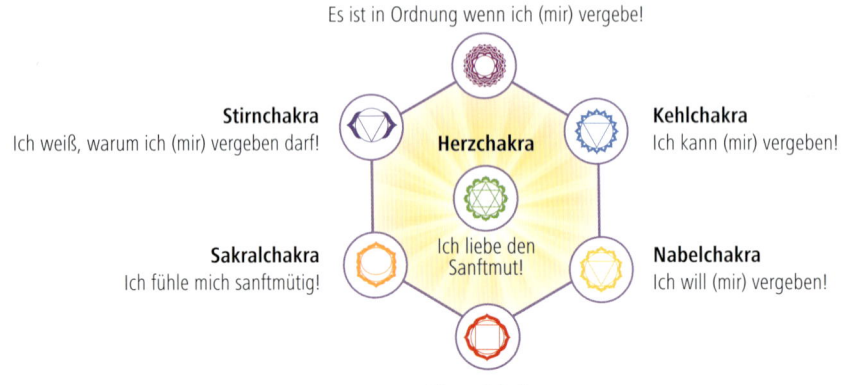

Herzchakra
Ich liebe den Sanftmut!

Sakralchakra
Ich fühle mich sanftmütig!

Nabelchakra
Ich will (mir) vergeben!

Wurzelchakra
Ich bin OK wenn ich (mir) vergebe!

SANFTMUT & VERGEBUNG

MENTALE SCHICHT *(Geist, Ideen, Konzepte, Beruf, Wissen, Haltung...)*

GEISTKARTE

SYMPTOM / HINTERGRUND

- Bist Du sauer auf Dich, weil Du „solche" Gedanken und Ideen hast?
- Wurdest Du bei einer Gehaltserhöhung übergangen und bist darüber verärgert?
- Bist Du nachtragend auf Deine KollegInnen weil...?
- Bist Du grundsätzlich leicht aufbrausend und zornig?
- Fühlst Du Dich verletzt und denkst, dass die Welt einfach schlecht zu Dir ist?
- Fühlst Du Dich von Göttin, Gott und der ganzen Welt verlassen?

HILFREICHES WERKZEUG

Beschäftige Dich mit allen Aspekten der Karte (auch wenn Du das Gefühl hast, dass genau dieses Thema überhaupt nicht passt)!

Verwende die Edelsteinessenz **SANFTMUT & VERGEBUNG** aus der Serie 33 um die Hintergründe zu erkennen und die Blockaden aufzulösen mindestens 21 Tage 2-3x täglich.

Zusatztipp:
Affirmation:
„ICH VERSÖHNE MICH UND VERGEBE (AUCH MIR SELBER)!"

EMOTIONALE SCHICHT *(Gefühle, Liebe, Beziehungen, Familie...)*

SEELENKARTE

SYMPTOM / HINTERGRUND

- Hat Dich Dein Partner/Deine Partnerin verletzt und nun bist Du beleidigt?
- Haben Dich Deine Eltern als Kind sehr verletzt und Du hast das Gefühl, Ihnen niemals verzeihen zu können?
- Bist Du zornig und hast Dich von Deiner Familie/Deinen FreundInnen abgewendet?
- Bist Du verhärtet und denkst, das wird niemals wieder gut?
- Hast Du Fehler gemacht und glaubst, die anderen werden Dir nie verzeihen?

HILFREICHES WERKZEUG

Als Edelsteinessenz für die Seelenebene kannst Du Dich mit dem Spray **HARMONIE** (emotionale Balance) oder **FREUDE** (gute Laune) aus der Serie Kristall einsprühen. Verwende den Leitduft **MIMOSE**. Mimose hilft vor allem bei **seelischen Verhärtungen** (auch gegen sich selber). Sie wirkt psychisch **stärkend, beruhigend, entspannend, ausgleichend** und wird auch bei **Schlafstörungen** und **Verstimmungen** sowie **Depressionen** angewendet.

Zusatztipp:
PRASEM
als Wasserstein

STOFFLICHE SCHICHT *(Körper, Gesundheit, Finanzen, Materie, Räume...)*

KÖRPERKARTE

SYMPTOM / HINTERGRUND

- Bist Du von Deinem Körper enttäuscht?
- Möchtest Du Sport betreiben und kannst es nicht?
- Bist Du körperlich eingeschränkt und deshalb sauer?
- Hast Du falsch investiert und bist deshalb verärgert?
- Bist Du auf andere oder dich selber sauer?
- Hasst Du Deinen Körper?

HILFREICHES WERKZEUG

Als Edelsteinessenz für die Körperebene kannst Du Dich mit dem Spray **HERZCHAKRA** (Mitgefühl und Zuneigung auch zu Dir selber) aus der Serie Chakra einsprühen.

Verwende den Leitstein **PRASEM**. Prasem ist auch auf der körperlichen Ebene ein Stein für **Beruhigung**. Er lindert **Sonnenband, Sonnenstich, Hitzschlag, Insektenstiche** und ist **fiebersenkend** und **schmerzlindernd**.

SCHATTENSEITEN INTEGRIEREN
„Ich erkenne und integriere meine Schattenseiten!"

Kartenabbildung

Schattenseiten
„Ich erkenne und integriere meine Schattenseiten"

Masken fallen lassen, Fehler eingestehen, Selbstehrlichkeit, Selbstakzeptanz, Blockaden lösen.

Erzengel: Zadkiel und Gabriel | Leitduft: Ysop
Leitstein: Obsidian

ALLGEMEINE BEDEUTUNG DER KARTE

Ziehst Du Schattenseiten integrieren als Orakelkarte bedeutet es, dass Du Deine Schattenanteile an Dir nicht erkennen kannst. Das fällt uns meistens leichter in unserem Umfeld auf. Beobachte wer oder was Dich derzeit sehr ärgert und zornig macht.

Überprüfe ob das nicht Deine eigenen Schatten sein könnten. Vielleicht bist Du auf jemanden sehr neidig oder kannst diese Person so überhaupt nicht leiden. Sie/Er macht Dich rasend.

Du kannst viele Dinge derzeit nicht wirklich gut wahrnehmen und viel Schatten liegt auf Deinem Licht. In Deinem Leben gibt es derzeit viele Irrtümer und Projektionen zu klären.

DIE ERZENGEL / SPIRITUELL

Edelsteinessenz Serie Mystik:
GABRIEL für Klarheit und Erkenntnis oder
ZADKIEL für Transformation der Schatten

Du kannst den Erzengel-Spray zu Meditationen oder vor dem Einschlafen anwenden. Bitte um Unterstützung auf der Traumzeit- oder Meditationsebene.

STEINSEELCHEN

OBSIDIAN – Schattenseiten integrieren

- Schocks
- Traumata
- hilft bei Blockaden
- Integrität
- Schattenseiten
- Wandlungsprozesse

HILFREICHE AFFIRMATIONEN FÜR DIE CHAKREN

Kronenchakra
Es ist in Ordnung wenn ich meine Schattenseiten integriere!

Stirnchakra
Ich weiß, warum ich meine Schattenseiten integriere!

Kehlchakra
Ich kann meine Schattenseiten integrieren!

Herzchakra
Ich liebe die Wandlung!

Sakralchakra
Ich fühle die Integration meiner Schattenseiten!

Nabelchakra
Ich will meine Schattenseiten integrieren!

Wurzelchakra
Ich bin OK wenn ich die Schattenseiten integriere!

SCHATTENSEITEN INTEGRIEREN

MENTALE SCHICHT *(Geist, Ideen, Konzepte, Beruf, Wissen, Haltung...)*

GEISTKARTE

SYMPTOM / HINTERGRUND

- Bist Du ein/e Perfektionist/in?
- Ärgert es Dich, wenn andere gute Ideen haben?
- Welche Haltungen oder Überzeugungen machen Dich rasend?
- Gibt es Ideen, die Du nicht denken „darfst"?
- Erlaubst Du Dir im Job Fehler zu machen?
- Versteckst Du Deine Persönlichkeit?
- Darfst Du die Bücher lesen, die Du liest?

HILFREICHES WERKZEUG

Beschäftige Dich mit allen Aspekten der Karte (auch wenn Du das Gefühl hast, dass genau dieses Thema überhaupt nicht passt)!

Verwende die Edelsteinessenz **SCHATTENSEITEN INTEGRIEREN** aus der Serie 33 um die Hintergründe zu erkennen und die Blockaden aufzulösen mindestens 21 Tage 2-3x täglich.

Zusatztipp:
Affirmation:
„ICH ERKENNE UND INTEGRIERE MEINE SCHATTENSEITEN!"

EMOTIONALE SCHICHT *(Gefühle, Liebe, Beziehungen, Familie...)*

SEELENKARTE

SYMPTOM / HINTERGRUND

- Gibt es jemanden der Dich sehr wütend macht?
- Möchtest Du gerne perfekt sein?
- Stehst Du zu Dir, wie Du bist?
- Bist Du oft neidisch?
- Möchtest Du immer edel, hilfreich und gut sein?
- Schämst Du Dich oft für dein Verhalten?
- Zeigst Du Dich den anderen, wie Du wirklich bist?
- Macht Dich das Verhalten Deiner Kinder rasend?

HILFREICHES WERKZEUG

Als Edelsteinessenz für die Seelenebene kannst Du Dich mit dem Spray **ENERGIE** (Kraft) oder **SCHUTZ** (Geborgenheit) aus der Serie Kristall einsprühen.
Verwende den Leitduft **YSOP**. Ysop stärkt die **Nerven** und steigert die **Aufmerksamkeit** (auch sich selber gegenüber). Er hilft bei **Schuldgefühlen**, **Kummer**, **Depressionen**, **Ängsten** und **Überarbeitung**.

Zusatztipp:
OBSIDIAN
als Wasserstein

STOFFLICHE SCHICHT *(Körper, Gesundheit, Finanzen, Materie, Räume...)*

KÖRPERKARTE

SYMPTOM / HINTERGRUND

- Achte auf Symptome und Schmerzen - es könnten Boten sein!
- Hast Du Probleme mit Verspannungen oder Durchblutung?
- Ist Deine körperliche Betätigung für Dich stimmig?
- Ist Dein Essverhalten für Dich stimmig?
- Isst Du heimlich?
- Schämst Du Dich viel Geld zu besitzen oder wohlhabend zu sein?
- Hast Du Probleme mit dem Stoffwechsel?

HILFREICHES WERKZEUG

Als Edelsteinessenz für die Körperebene kannst Du Dich mit dem Spray **STIRNCHAKRA** (Weisheit und Erkenntnis) aus der Serie Chakra einsprühen.

Verwende den Leitstein **OBSIDIAN** (hier Rauchobsidian, Schneeflockenobsidian). Obsidian löst **Schmerzen** und **Verspannungen** auf. Er fördert die **Durchblutung** und **Wundheilung**. Er ist gut einsetzbar bei **Schocksituationen**.

SCHUTZ & ABGRENZUNG
„Ich bin geschützt"

ALLGEMEINE BEDEUTUNG DER KARTE

Ziehst Du Schutz & Abgrenzung als Orakelkarte weist Dich Dein Weg in die Selbstbestimmung. Es geht darum, Grenzen aufzurichten und Dich zu schützen.

Deine Eigenbestimmung und Dein Selbstbewusstsein sind nicht (ausreichend) vorhanden. Du lässt unerwünschte Einflüsse auf Dich wirken und schaffst es nicht, Dich entsprechend abzugrenzen (verbal und körperlich). In großen Menschenmassen fühlst Du Dich leicht ausgeliefert. Du lässt Dich durch die Haltung und Aussagen anderer Menschen schnell manipulieren und verlierst Deine eigene Position dabei. Du kannst nicht gut „Nein" sagen.

Schutz & Abgrenzung
Ich bin geschützt

Innere und äußere Grenzen wahren, Eigenbestimmung, Stabilität, Auraweitung, Getrenntheit, Schutz in Gruppen.

Erzengel: Michael | Leitduft: Weihrauch
Leitstein: Achat

DIE ERZENGEL / SPIRITUELL

Edelsteinessenz Serie Mystik:
MICHAEL für Schutz und Grenzen

Du kannst den Erzengel-Spray zu Meditationen oder vor dem Einschlafen anwenden. Bitte um Unterstützung auf der Traumzeit- oder Meditationsebene.

STEINSEELCHEN

ACHAT – Schutz & Abgrenzung

- Stabilität
- Schutz
- Geborgenheit
- Sicherheit
- Sammlung
- Verarbeitung alter Erfahrungen

HILFREICHE AFFIRMATIONEN FÜR DIE CHAKREN

Kronenchakra
Es ist in Ordnung wenn ich mich abgrenze und schütze!

Stirnchakra
Ich weiß, warum ich Schutz und Grenzen möchte!

Kehlchakra
Ich kann meine Grenzen aufrichten!

Herzchakra
Ich liebe Schutz und Grenzen

Sakralchakra
Ich fühle mich geschützt und gut abgegrenzt!

Nabelchakra
Ich will Schutz und Grenzen!

Wurzelchakra
Ich bin OK wenn ich mich abgrenze und schütze!

SCHUTZ & ABGRENZUNG

MENTALE SCHICHT *(Geist, Ideen, Konzepte, Beruf, Wissen, Haltung...)*

GEISTKARTE

SYMPTOM / HINTERGRUND

- Lässt Du Dich gedanklich leicht verwirren?
- Denkst Du so viel bis Dir der Kopf raucht?
- Kannst Du Du bei beruflichen Angeboten nicht „NEIN" sagen?
- Lässt Du Dich von den Aussagen anderer bedrängen?
- Klauen Dir andere Deine Ideen und Konzepte?
- Arbeitest Du ohne auf Deine Grenzen zu achten?

HILFREICHES WERKZEUG

Beschäftige Dich mit allen Aspekten der Karte (auch wenn Du das Gefühl hast, dass genau dieses Thema überhaupt nicht passt)!

Verwende die Edelsteinessenz **SCHUTZ & ABGRENZUNG** aus der Serie 33 um die Hintergründe zu erkennen und die Blockaden aufzulösen mindestens 21 Tage 2-3x täglich.

Zusatztipp:
Affirmation:
„ICH BIN GESCHÜTZT"

EMOTIONALE SCHICHT *(Gefühle, Liebe, Beziehungen, Familie...)*

SEELENKARTE

SYMPTOM / HINTERGRUND

- Kann Dein Gegenüber seine Grenzen nicht wahren?
- Hörst Du allen zu obwohl es Dich gar nicht interessiert (Freundinnen, Mutter, Familie…)?
- Fühlst Du Dich leer, ausgebrannt und ausgelaugt?
- Bist Du immer für alle da und kannst nicht „NEIN" sagen?
- Fühlst Du Dich emotional leicht angegriffen?

HILFREICHES WERKZEUG

Als Edelsteinessenz für die Seelenebene kannst Du Dich mit dem Spray **SCHUTZ** (Grenzen und Geborgenheit) aus der Serie Kristall einsprühen.
Verwende den Leitduft **WEIHRAUCH**. Weihrauch stabilisiert bei emotionaler Verwirrung und hilft mit seinem Duft bei **Sorgen** und **Ängsten**. Weihrauch ist ein **Schutzduft** und wirkt **entspannend** und **beruhigend**.

Zusatztipp:
ACHAT
als Wasserstein

STOFFLICHE SCHICHT *(Körper, Gesundheit, Finanzen, Materie, Räume...)*

KÖRPERKARTE

SYMPTOM / HINTERGRUND

- Darfst Du Grenzen aufrichten?
- Lässt Du unerwünschte Einflüsse auf Dich einwirken?
- Fühlst Du Dich körperlich von anderen bedroht?
- Kompensierst Du Dein mangelndes Schutzgefühl (Essen, Sport…)?
- Fühlst Du Dich in großen Menschenmassen unwohl?
- Hast Du Probleme mit Haut oder Gewicht?
- Fühlst Du Dich in Deinem Zuhause sicher genug?

HILFREICHES WERKZEUG

Als Edelsteinessenz für die Körperebene kannst Du Dich mit dem Spray **NABELCHAKRA** (Selbstvertrauen und Durchsetzungskraft) oder **KRONENCHAKRA** (Anbindung und Vertrauen) aus der Serie Chakra einsprühen.
Verwende den Leitstein **ACHAT**. Die Energie des Achats legt sich wie eine schützende Haut um unseren Körper. Mit Achaten können wir unsere **Grenzen** besser aufrichten (Magen, Darm, Hohlorgane, Augen, Blutgefäße, Gebärmutter).

SCHUTZENGEL
„Ich bin bereit"

ALLGEMEINE BEDEUTUNG DER KARTE

Wenn Du den Schutzengel als Orakelkarte ziehst zeigt es Dir dass Du derzeit ein großes Vertrauensproblem hast.

Dein Glauben in die Welt ist erschüttert. Du traust niemandem und hast Angst belogen zu werden. Du stellst alle Aussagen in Frage und findest keine Antworten. Auch Deine Verbindung zur Spiritualität ist unterbrochen. Du siehst derzeit keinen Weg zur spirituellen Kraft, den Engeln oder zur göttlichen Quelle.

In vielen Dingen bist Du Dir unsicher und bist ängstlich. Du ziehst Dich zurück und bist sehr skeptisch.

DIE ERZENGEL / SPIRITUELL

Edelsteinessenz Serie Mystik:
METATRON für Ziel und Richtung

Du kannst den Erzengel-Spray zu Meditationen oder vor dem Einschlafen anwenden. Bitte um Unterstützung auf der Traumzeit- oder Meditationsebene.

STEINSEELCHEN

BERGKRISTALL – Schutzengel

- Klarheit & Neutralität
- Reinigung
- Stärke
- Harmonie
- Wahrnehmung
- Offenheit

HILFREICHE AFFIRMATIONEN FÜR DIE CHAKREN

Kronenchakra
Es ist in Ordnung wenn ich vertraue!

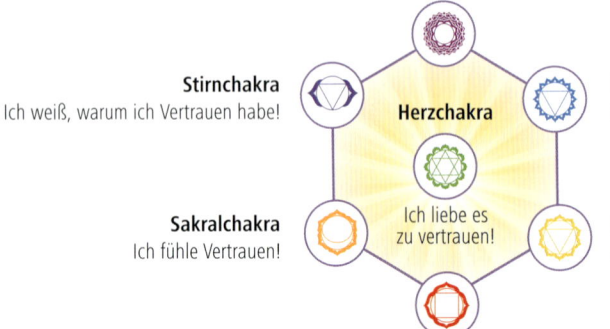

Stirnchakra
Ich weiß, warum ich Vertrauen habe!

Kehlchakra
Ich kann vertrauen und bin bereit!

Herzchakra
Ich liebe es zu vertrauen!

Sakralchakra
Ich fühle Vertrauen!

Nabelchakra
Ich will vertrauen!

Wurzelchakra
Ich bin OK wenn ich vertraue!

SCHUTZENGEL

MENTALE SCHICHT *(Geist, Ideen, Konzepte, Beruf, Wissen, Haltung...)*

GEISTKARTE	SYMPTOM / HINTERGRUND	HILFREICHES WERKZEUG
	• Vertraust Du Deinen Gedanken? • Glaubst Du an deine Bestimmung? • Bist Du sehr misstrauisch und skeptisch? • Glaubst Du an keine positiven Wendungen? • Vertraust Du auf ein Leben nach dem Tod? • Hast Du Angst um Deinen Beruf? • Glaubst Du an Gott oder eine göttliche Quelle? • Vertraust Du Deiner beruflichen Kompetenz?	Beschäftige Dich mit allen Aspekten der Karte (auch wenn Du das Gefühl hast, dass genau dieses Thema überhaupt nicht passt)! Verwende die Edelsteinessenz **SCHUTZENGEL** aus der Serie 33 um die Hintergründe zu erkennen und die Blockaden aufzulösen mindestens 21 Tage 2-3x täglich. **Zusatztipp:** Affirmation: „ICH BIN BEREIT!"

EMOTIONALE SCHICHT *(Gefühle, Liebe, Beziehungen, Familie...)*

SEELENKARTE	SYMPTOM / HINTERGRUND	HILFREICHES WERKZEUG
	• Vertraust Du Deinen Freunden, Deiner Familie? • Hast Du Angst belogen und betrogen zu werden? • Fühlst Du von Deinen Freunden oder Deiner Familie verlassen? • Bist Du einsam und traurig? • Fühlst Du Dich verletzt? • Hast Du Dich sehr zurückgezogen? • Bist Du innerlich verhärtet?	Als Edelsteinessenz für die Seelenebene kannst Du Dich mit dem Spray **HARMONIE** (Balance) oder **SCHUTZ** (Geborgenheit) aus der Serie Kristall einsprühen. Verwende den Leitduft **JASMIN**. Jasmin ist ein **Herzöffner**. Er beruhig die **Nerven**, löst **Blockaden** und erleichtert den Umgang mit **Ängsten**. Jasmin ist auch ein gutes **Geburtsöl**. **Zusatztipp:** BERGKRISTALL als Wasserstein

STOFFLICHE SCHICHT *(Körper, Gesundheit, Finanzen, Materie, Räume...)*

KÖRPERKARTE	SYMPTOM / HINTERGRUND	HILFREICHES WERKZEUG
	• Traust Du Deinem Körper nichts zu? • Fühlst Du Dich unwohl in Deinem Körper? • Fürchtest Du Dich oder fühlst Du Dich unsicher (im Dunkeln, im Auto, auf Reisen…)? • Vertraust Du Deinen finanziellen Entscheidungen? • Fürchtest Du Dich vor Einbruch und Diebstahl? • Hast Du Angst vor dem wirtschaftlichen Zusammenbruch? • Traust Du Dich Geld auszugeben?	Als Edelsteinessenz für die Körperebene kannst Du Dich mit dem Spray **KRONENCHAKRA** (spirituelle Anbindung) aus der Serie Chakra einsprühen. Verwende den Leitstein **BERGKRISTALL**. Bergkristall fördert den Energiefluss. Er ist ein universeller **Helfer** bei allen Arten von **Schmerzen** und **Schwellungen**. Hilfreich ist er auch im Bereich **Nerven/Gehirn**, da er die Gehirnhälften harmonisiert und dadurch **Fühlen und Denken** zusammenbringt.

KAPITEL E KARTENBESCHREIBUNG

SELBSTBEWUSSTSEIN - SEIN
„Ich weiss wer ich bin und was ich kann!"

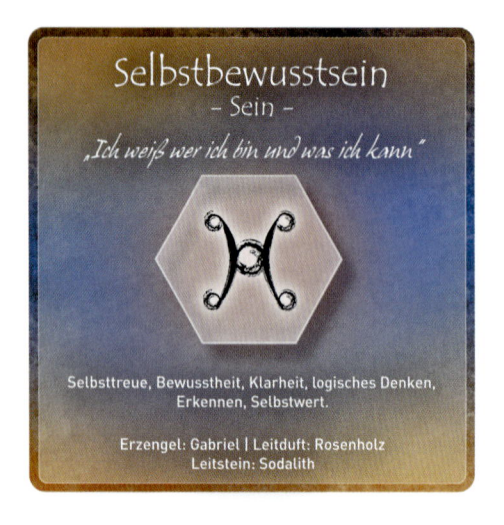

ALLGEMEINE BEDEUTUNG DER KARTE

Wenn Du Selbstbewusstsein – SEIN als Orakelkarte ziehst, dann bist Du Dir derzeit nicht bewußt WER Du wirklich bist.

Du bist Dir selber nicht treu und handelst vielleicht sogar gegen Deine Überzeugungen. Du zeigst Dich nicht und es mangelt Dir an Klarheit und logischem Denken.

Du fühlst Dich verloren und identitätslos. Es fehlt Dir momentan an Werten, Normen und Vorstellungen wie Du sein möchtest.

DIE ERZENGEL / SPIRITUELL

Edelsteinessenz Serie Mystik:
GABRIEL für Klarheit und Erkenntnis

Du kannst den Erzengel-Spray zu Meditationen oder vor dem Einschlafen anwenden. Bitte um Unterstützung auf der Traumzeit- oder Meditationsebene.

STEINSEELCHEN

SODALITH – Selbstbewusstsein - Sein

- Wahrheitssuche
- Bewusstheit
- Idealismus
- Selbsttreue
- löst Schuldgefühle auf
- Identität

HILFREICHE AFFIRMATIONEN FÜR DIE CHAKREN

Kronenchakra
Es ist in Ordnung wenn ich selbstbewusst bin!

Stirnchakra
Ich weiß wer ich bin und was ich kann!

Kehlchakra
Ich kann sagen, wer ich bin und was ich kann!

Herzchakra
Ich liebe es selbstbewusst zu sein!

Sakralchakra
Ich fühle mich selbstbewusst!

Nabelchakra
Ich will ICH SELBST sein!

Wurzelchakra
Ich bin OK wenn ich weiß wer ich bin und was ich kann!

SELBSTBEWUSSTSEIN - SEIN

MENTALE SCHICHT *(Geist, Ideen, Konzepte, Beruf, Wissen, Haltung...)*

GEISTKARTE

SYMPTOM / HINTERGRUND

- Hast Du eigene Ideen?
- Planst Du eigene Projekte?
- Hast Du Deinen Platz im Beruf bereits gefunden?
- Kennst Du Deine Werte und Vorstellungen?
- Stehst Du zu Deinen Überzeugungen?
- Wirkst Du selbstsicher und kompetent?
- Können Dich andere Menschen gut beschreiben?
- Könntest Du von Dir ohne Probleme ein Persönlichkeitsprofil erstellen?

HILFREICHES WERKZEUG

Beschäftige Dich mit allen Aspekten der Karte (auch wenn Du das Gefühl hast, dass genau dieses Thema überhaupt nicht passt)!

Verwende die Edelsteinessenz **SELBSTBEWUSSTSEIN - SEIN** aus der Serie 33 um die Hintergründe zu erkennen und die Blockaden aufzulösen mindestens 21 Tage 2-3x täglich.

Zusatztipp:
Affirmation:
„ICH WEISS WER ICH BIN UND WAS ICH KANN!"

EMOTIONALE SCHICHT *(Gefühle, Liebe, Beziehungen, Familie...)*

SEELENKARTE

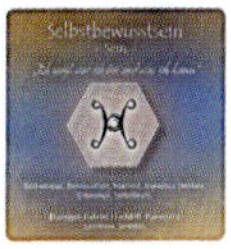

SYMPTOM / HINTERGRUND

- Kannst Du Dich gut spüren?
- Kannst Du die Gefühle anderer zu den eigenen gut differenzieren?
- Spielst Du Rollen in Deinem Leben?
- Läßt Du andere erkennen, wer Du wirklich bist?
- Fühlst Du Dich wohl in Deiner Identität?
- Stehst Du zu Deinen Gefühlen?

HILFREICHES WERKZEUG

Als Edelsteinessenz für die Seelenebene kannst Du Dich mit dem Spray **ENERGIE** (Selbstbewusstsein und Kraft) oder **INSPIRATION** (Ausweitung und Freiheit) aus der Serie Kristall einsprühen.
Verwende den Leitduft **ROSENHOLZ**. Rosenholz ist ein **ausgleichender** und **harmonisierender** Duft. Er stellt Dein **emotionales Gleichgewicht** her und löst **seelische Blockaden**.

Zusatztipp:
SODALITH
als Wasserstein

STOFFLICHE SCHICHT *(Körper, Gesundheit, Finanzen, Materie, Räume...)*

KÖRPERKARTE

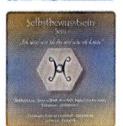

SYMPTOM / HINTERGRUND

- Darfst Du zu Dir stehen - egal wie Du bist (rund/dünn/dick/lang...)?
- Erkennst Du Deine körperlichen Stärken und Schwächen und stehst dazu?
- Legst Du zuviel Wert auf die Meinung anderer (Investitionen, Einkauf…)?
- Hast Du Hemmungen Geld auszugeben?
- Erlaubst Du Dir Dinge zu besitzen?

HILFREICHES WERKZEUG

Als Edelsteinessenz für die **Körperebene** kannst Du Dich mit dem Spray **NABELCHAKRA** (Selbstvertrauen und Durchsetzungskraft) oder **KEHLCHAKRA** (mentale Kraft und Ausdruck) aus der Serie Chakra einsprühen.

Verwende den Leitstein **SODALITH**. Sodalith ist der Stein der **Selbsttreue** und hilft zu sich selbst zu stehen. Er wirkt **kühlend** und senkt **Fieber** und **Blutdruck**.

SELBSTERKENNTNIS - WOLLEN
„Ich erkenne wer ich bin und was ich will!"

ALLGEMEINE BEDEUTUNG DER KARTE

Ziehst Du mich als Orakelkarte, dann wird es Zeit, Deine Träume und Ziele zu erkennen. Finde Deine Positionen im Leben (zu Deinen FreundInnen, Du Dir, zu Deinem Beruf...).

Werde Dir Deiner Sehnsüchte bewusst. Du hältst Deine Wünsche im Verborgenen.

Du spürst nicht, was Du möchtest. Dein Lebenssinn ist Dir nicht klar und Deine Ziele sind nicht definiert.

Du bist Dir nicht bewusst, was Du wirklich aus tiefstem Herzen willst.

DIE ERZENGEL / SPIRITUELL

Edelsteinessenz Serie Mystik:
METATRON für Ziel und Richtung

Du kannst den Erzengel-Spray zu Meditationen oder vor dem Einschlafen anwenden. Bitte um Unterstützung auf der Traumzeit- oder Meditationsebene.

STEINSEELCHEN

CHIASTOLITH – Selbsterkenntnis - Wollen

- Lebensaufgabe
- Realitätssinn
- Nüchternheit
- Logik
- Rationalität
- hilft Ängste und Schuldgefühle aufzulösen

HILFREICHE AFFIRMATIONEN FÜR DIE CHAKREN

Kronenchakra
Es ist in Ordnung dass ich erkenne was ich will!

Stirnchakra
Ich weiß wer ich bin und was ich will!

Kehlchakra
Ich kann ausdrücken wer ich bin und was ich will!

Herzchakra
Ich liebe die Selbsterkenntnis!

Sakralchakra
Ich fühle wer ich bin und was ich will!

Nabelchakra
Ich will mich selbst erkennen!

Wurzelchakra
Ich bin OK mit allem was ich will!

SELBSTERKENNTNIS - WOLLEN

MENTALE SCHICHT *(Geist, Ideen, Konzepte, Beruf, Wissen, Haltung...)*

GEISTKARTE

SYMPTOM / HINTERGRUND

- Suchst Du nach Ideen, Konzepten und Überzeugungen?
- Bist Du Dir Deiner Überzeugungen, Haltungen und Ideen sicher?
- Hast Du zu vielen Dingen keine eigene Meinung?
- Bist Du Dir unsicher im richtigen Berufsfeld gelandet zu sein?
- Fühlst Du Dich orientierungslos, ohne Ziel und ohne Richtung?

HILFREICHES WERKZEUG

Beschäftige Dich mit allen Aspekten der Karte (auch wenn Du das Gefühl hast, dass genau dieses Thema überhaupt nicht passt)!

Verwende die Edelsteinessenz **SELBSTERKENNTNIS - WOLLEN** aus der Serie 33 um die Hintergründe zu erkennen und die Blockaden aufzulösen mindestens 21 Tage 2-3x täglich.

Zusatztipp:
Affirmation:
„ICH ERKENNE WER ICH BIN UND WAS ICH WILL!"

EMOTIONALE SCHICHT *(Gefühle, Liebe, Beziehungen, Familie...)*

SEELENKARTE

SYMPTOM / HINTERGRUND

- Bist Du Dir nicht sicher, ob Du eine Beziehung haben möchtest oder nicht?
- Fühlt sich in Deiner bestehenden Beziehung etwas nicht richtig an?
- Fühlst Du Dich in Deiner Beziehung leer?
- Möchtest Du Familie und Beziehung anders leben?
- Du weißt gar nicht, ob Du Familie willst, ob Du Kinder willst, ob Du heiraten willst...

HILFREICHES WERKZEUG

Als Edelsteinessenzen für die Seelenebene kannst Du Dich mit dem Spray **INSPIRATION** (gedankliche Weite) oder **FREUDE** (Glück und Spaß) aus der Serie Kristall einsprühen.
Verwende den Leitduft **WACHOLDER**. Wacholder gibt **Zuversicht** und **Stärke**. Er hilft, sich von negativen Gedanken zu lösen und ist ein toller Begleiter bei **seelischer Erschöpfung**.

Zusatztipp:
CHIASTOLITH
als Wasserstein

STOFFLICHE SCHICHT *(Körper, Gesundheit, Finanzen, Materie, Räume...)*

KÖRPERKARTE

SYMPTOM / HINTERGRUND

- Weißt Du nicht welchen Sport (Tennis, Schifahren, Yoga, Qi Gong…) Du machen willst?
- Findest Du kein Hobby das Dir wirklich Spaß macht?
- Fällt es Dir schwer in materiellen Dingen Entscheidungen zu treffen?
- Weißt Du nicht, wie Du Dein Geld veranlagen solltest?
- Findest Du Deinen Platz auf dieser Welt nicht (Haus, Wohnung, Ort...)?

HILFREICHES WERKZEUG

Als Edelsteinessenz für die Körperebene kannst Du Dich mit dem Spray **KEHLCHAKRA** (Inspiration und Ausdruck) oder **NABELCHAKRA** (Entwicklung des Ich) aus der Serie Chakra einsprühen.

Verwende den Leitstein **CHIASTOLITH**. Er hilft bei **Erschöpfung** und **Schwächezuständen**. Er stärkt die **Nerven** und lindert **Übersäuerung** (Rheuma, Gicht). Der Chiastolith ist auch als **„In-Schwung-Bringer"** bekannt!

SELBSTHEILUNGSKRÄFTE
„Heilung ist in mir!"

ALLGEMEINE BEDEUTUNG DER KARTE

Selbstheilungskräfte als Orakelkarte bedeutet, dass Du Deine Bereitschaft zur Heilung aktivieren solltest.

Du erkennst derzeit die Ursachen Deiner Krankheitssymptome nicht. Deine körperliche Regenerationskraft ist blockiert.

Auch andere Bereiche sollten „geheilt" werden (Finanzen, Wohnen, Beziehung, Gedanken...). Vielleicht hast Du Dich ja finanziell übernommen oder zuviel Energie in Haus und Hof gesteckt. Auch Dein Denken und Grübeln ist zuviel und überlastet Dich.

DIE ERZENGEL / SPIRITUELL

Edelsteinessenz Serie Mystik:
RAPHAEL für Heilung und Regeneration

Du kannst den Erzengel-Spray zu Meditationen oder vor dem Einschlafen anwenden. Bitte um Unterstützung auf der Traumzeit- oder Meditationsebene.

STEINSEELCHEN

HELIOTROP – Selbstheilungskräfte

- Schutz
- Vitalität
- Kontrolle in schwierigen Situationen
- Grenzziehungen
- belebend
- aufbauend

HILFREICHE AFFIRMATIONEN FÜR DIE CHAKREN

Kronenchakra
Es ist in Ordnung wenn ich Selbstheilung zulasse!

Stirnchakra
Ich weiß dass ich mich selber heilen kann!

Kehlchakra
Ich kann mich selbst heilen!

Herzchakra
Ich liebe meine Selbstheilung!

Sakralchakra
Ich fühle meine Selbstheilungskräfte!

Nabelchakra
Ich will mich selber heilen!

Wurzelchakra
Ich bin OK wenn ich mich selber heile!

SELBSTHEILUNGSKRÄFTE

MENTALE SCHICHT *(Geist, Ideen, Konzepte, Beruf, Wissen, Haltung...)*

GEISTKARTE	SYMPTOM / HINTERGRUND	HILFREICHES WERKZEUG
	- Hast Du Dich von falschen Ideen verführen lassen? - Leidest Du unter der verkehrten Berufswahl? - Bekümmern Dich negative und destruktive Gedanken? - Bist Du von Deinen eigenen Ideen und Projekten enttäuscht? - Wurdest Du geistig verletzt oder beleidigt?	Beschäftige Dich mit allen Aspekten der Karte (auch wenn Du das Gefühl hast, dass genau dieses Thema überhaupt nicht passt)! Verwende die Edelsteinessenz **SELBSTHEILUNGSKRÄFTE** aus der Serie 33 um die Hintergründe zu erkennen und die Blockaden aufzulösen mindestens 21 Tage 2-3x täglich. **Zusatztipp:** Affirmation: „HEILUNG IST IN MIR!"

EMOTIONALE SCHICHT *(Gefühle, Liebe, Beziehungen, Familie...)*

SEELENKARTE	SYMPTOM / HINTERGRUND	HILFREICHES WERKZEUG
	- Ist Deine Beziehung nicht heil? - Fühlst Du Dich ohnmächtig? - Bist Du wütend und zornig? - Wurdest Du seelisch verletzt? - Sehnst Du Dich nach Unterstützung und Hilfe? - Hast Du Ärger mit Familie und Freunden? - Bist Du emotional angeschlagen?	Als Edelsteinessenzen für die Seelenebene kannst Du Dich mit dem Spray **HARMONIE** (Ausgleich und Balance) oder **ENTSPANNUNG** (Erholung und Entlastung) aus der Serie Kristall einsprühen. Verwende den Leitduft **NEROLI**. Neroli ist das **Ersthelfer- und Schocköl**. Es entlastet in stressigen Situationen und hilft unmittelbar **Spannung abzubauen** – auch auf Zellebene. Außerdem erhellt es die Stimmung und hilft bei **Traurigkeit**. **Zusatztipp:** HELIOTROP als Wasserstein

STOFFLICHE SCHICHT *(Körper, Gesundheit, Finanzen, Materie, Räume...)*

KÖRPERKARTE	SYMPTOM / HINTERGRUND	HILFREICHES WERKZEUG
	- Wurdest Du körperlich angegriffen und leidest an den Folgen? - Hattest Du einen Unfall? - Bist Du oft krank? - Ist Deine Selbstheilungskraft blockiert? - Benötigst Du viel medizinische Unterstützung? - Hast Du Dich finanziell übernommen? - Gibt es in Deinem Haus, Deiner Wohnung etwas zu klären?	Als Edelsteinessenzen für die Körperebene kannst Du Dich mit dem Spray **WURZELCHAKRA** (Lebenswillen und Lebenskraft) oder **HERZCHAKRA** (Liebe und Mitgefühl) aus der Serie Chakra einsprühen. Verwende den Leitstein **HELIOTROP**. Er stärkt das Immunsystem und zählt als der **Akuthelfer** bei Husten, Schnupfen, Heiserkeit, Halsschmerzen und anderen **Erkältungssymptomen**.

KAPITEL E KARTENBESCHREIBUNG

SELBSTLIEBE & SELBSTACHTUNG
„Ich achte mich in Liebe!"

Selbstliebe & Selbstachtung
„Ich achte mich in Liebe"

Eigenliebe, Herzenskraft für sich selber, Selbstbejahung, sich selber verzeihen, stärkt den Wesenskern.

Erzengel: Chamuel | Leitduft: Rosengeranie
Leitstein: Magnesit (Knolle)

ALLGEMEINE BEDEUTUNG DER KARTE

Wenn Du Selbstliebe & Selbstachtung als Orakelkarte ziehst, dann fehlt Dir derzeit die tiefe Herzensliebe für Dich, für Deine Ideen, Gefühle und Deinen Körper.

Vielleicht findest Du ja alle anderen Menschen nett und toll aber für Dich selber empfindest Du keine Liebe. Verzeihe Dir endlich, dass Du der Mensch bist, der du bist.

Verachte Dich nicht für Deine Überzeugungen, Deine Beziehungen und Dein Leben. Es sind Deine Gedanken, es sind Deine Gefühle und es ist Dein Körper, die Achtung und Liebe verdienen!

DIE ERZENGEL / SPIRITUELL

Edelsteinessenz Serie Mystik:
CHAMUEL für die wahre Herzensliebe

Du kannst den Erzengel-Spray zu Meditationen oder vor dem Einschlafen anwenden. Bitte um Unterstützung auf der Traumzeit- oder Meditationsebene.

STEINSEELCHEN

MAGNESIT – Selbstliebe & Selbstachtung

- Gelassenheit
- Entspannung
- Selbstbejahung
- Selbstliebe
- Geduld und Hingabe

HILFREICHE AFFIRMATIONEN FÜR DIE CHAKREN

Kronenchakra
Es ist in Ordnung wenn ich mich selber achte!

Stirnchakra
Ich weiß, warum ich wertvoll bin!

Kehlchakra
Ich kann zu meiner Selbstachtung stehen!

Herzchakra
Ich liebe mich!

Sakralchakra
Ich fühle mich von mir geachtet!

Nabelchakra
Ich will mich selber lieben und achten!

Wurzelchakra
Ich bin OK wenn ich mich selbst liebe und achte!

SELBSTLIEBE & SELBSTACHTUNG

MENTALE SCHICHT *(Geist, Ideen, Konzepte, Beruf, Wissen, Haltung...)*

GEISTKARTE

SYMPTOM / HINTERGRUND

- Achtest Du Dein Wissen?
- Schätzt Du Deine Gedanken?
- Hast Du so richtig gute Ideen?
- Gibst Du Dir berufliche Anerkennung?
- Neigst Du zum Untertreiben, wenn es um Deine Leistung geht?
- Gibst Du Dir selber für eigene Ideen und Projekte genügend Wertschätzung?

HILFREICHES WERKZEUG

Beschäftige Dich mit allen Aspekten der Karte (auch wenn Du das Gefühl hast, dass genau dieses Thema überhaupt nicht passt)!

Verwende die Edelsteinessenz **SELBSTLIEBE & SELBSTACHTUNG** aus der Serie 33 um die Hintergründe zu erkennen und die Blockaden aufzulösen mindestens 21 Tage 2-3x täglich.

Zusatztipp:
Affirmation:
„ICH ACHTE MICH IN LIEBE!"

EMOTIONALE SCHICHT *(Gefühle, Liebe, Beziehungen, Familie...)*

SEELENKARTE

SYMPTOM / HINTERGRUND

- Wünschst Du Dir von Deinem Partner/ Deiner Partnerin öfter, dass er/sie Dir sagt, wie toll/schön/schlank/mutig... Du bist?
- Brauchst Du die Anerkennung Deiner Umwelt, um Dich gut zu fühlen?
- Machst Du andere verantwortlich dafür, wie es Dir geht?
- Leidest Du heute noch daran, dass Dich Deine Eltern nicht so lieben konnten, wie Du warst?

HILFREICHES WERKZEUG

Als Edelsteinessenz für die Seelenebene kannst Du Dich mit dem Spray **HARMONIE** (Innere Balance) oder **ENTSPANNUNG** (Ruhe und Gelassenheit) aus der Serie Kristall einsprühen.
Verwende den Leitduft **ROSENGERANIE**. Rosengeranie hilft bei **Ärger** und **Aufregung**. Sie bewirkt eine **ausgleichende** und **beruhigende** Stimmung und hilft bei **Erschöpfung**.

Zusatztipp:
MAGNESIT
als Wasserstein

STOFFLICHE SCHICHT *(Körper, Gesundheit, Finanzen, Materie, Räume...)*

KÖRPERKARTE

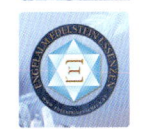

SYMPTOM / HINTERGRUND

- Schätzt Du Deinen Körper?
- Liebst Du DEINE Kanten und Rundungen?
- Achtest Du auf ausgewogene Ernährung und Bewegung?
- Darfst Du finanziell abgesichert sein?
- Darfst Du Dir etwas wert sein?
- Achtest Du auf Dein Auftreten?
- Hast Du Freude daran, schöne Kleidung, Schuhe... zu kaufen?

HILFREICHES WERKZEUG

Als Edelsteinessenz für die Körperebene kannst Du Dich mit dem Spray **HERZCHAKRA** (Liebe und Mitgefühl) aus der Serie Chakra einsprühen.

Verwende den Leitstein **MAGNESIT**. Magnesit **entgiftet** und **entsäuert**. Er wirkt **entspannend** und **krampflösend**. Magnesit hilft auch bei **Migräne**, **Kopfschmerzen**, **Magen-** und **Darmkrämpfen** sowie **Koliken**.

KAPITEL E KARTENBESCHREIBUNG

SELBSTVERTRAUEN - TUN
„Ich verfolge im Vertrauen auf mich selbst meine Ziele!"

Selbstvertrauen
- Tun -
„Ich verfolge im Vertrauen auf mich selbst meine Ziele"

Tatkraft, Selbstsicherheit, Lebensmut,
Dynamik, Umsetzung (Wünsche und Ziele).

Erzengel: Uriel | Leitduft: Bergamotte
Leitstein: Citrin

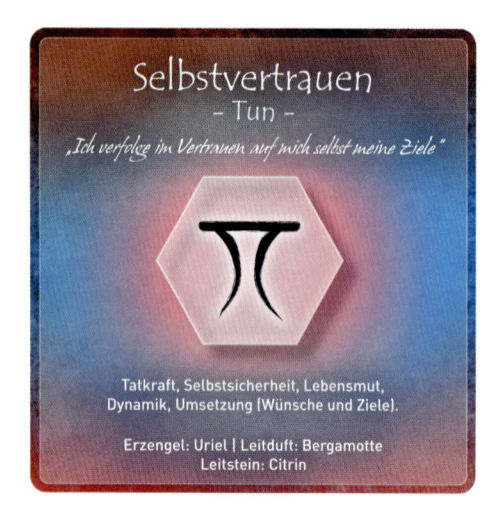

ALLGEMEINE BEDEUTUNG DER KARTE

Wählst Du Selbstvertrauen – TUN als Orakelkarte fehlt Dir momentan die Umsetzungsenergie. Es mangelt Dir an Kraft, Stärke und Überzeugung.

Du bringst Deine Projekte nicht in die Umsetzung – sie bleiben Konzepte ohne Realisation.

Du scheust Dich vor dem logischen, nächsten Schritt. Du hast Angst nicht gut anzukommen, oder scheust die Konsequenzen und das bremst Deine Dynamik und Kraft.

DIE ERZENGEL / SPIRITUELL

Edelsteinessenz Serie Mystik:
URIEL für Umsetzung und Erdung

Du kannst den Erzengel-Spray zu Meditationen oder vor dem Einschlafen anwenden. Bitte um Unterstützung auf der Traumzeit- oder Meditationsebene.

STEINSEELCHEN

CITRIN – Selbstvertrauen - Tun

- Lebensmut
- Lebensfreude
- Selbstausdruck
- Umsetzung
- Selbstsicherheit
- anregend

HILFREICHE AFFIRMATIONEN FÜR DIE CHAKREN

Kronenchakra
Es ist in Ordnung Dinge selbstbewusst umzusetzen!

Stirnchakra
Ich weiß, dass ich Pläne auch umsetzen kann!

Kehlchakra
Ich kann Pläne und Ideen umsetzen!

Herzchakra
Ich liebe mein Selbstvertrauen!

Sakralchakra
Ich fühle mich selbstbewusst und aktiv!

Nabelchakra
Ich will aktiv und vertrauensvoll sein!

Wurzelchakra
Ich bin OK wenn ich meine Ziele aktiv umsetze!

SELBSTVERTRAUEN - TUN

MENTALE SCHICHT *(Geist, Ideen, Konzepte, Beruf, Wissen, Haltung...)*

GEISTKARTE

SYMPTOM / HINTERGRUND

- Hast Du viele gute Ideen aber es fehlt Dir die Dynamik zur Umsetzung?
- Du traust Dir nichts so richtig zu (Beruf, Konzepte, Ideen…)?
- Du entwickelst immer wieder gute Projekte, bringst aber keines in die Umsetzung?
- Hängst Du mit Deinen Ideen in den Wolken?
- Fällt es Dir schwer Bücher bis zum Ende zu lesen?
- Hast Du eine eigene Meinung?

HILFREICHES WERKZEUG

Beschäftige Dich mit allen Aspekten der Karte (auch wenn Du das Gefühl hast, dass genau dieses Thema überhaupt nicht passt)!

Verwende die Edelsteinessenz **SELBSTVERTRAUEN - TUN** aus der Serie 33 um die Hintergründe zu erkennen und die Blockaden aufzulösen mindestens 21 Tage 2-3x täglich.

Zusatztipp:
Affirmation:
„ICH VERFOLGE IM VERTRAUEN AUF MICH SELBST MEINE ZIELE!"

EMOTIONALE SCHICHT *(Gefühle, Liebe, Beziehungen, Familie...)*

SEELENKARTE

SYMPTOM / HINTERGRUND

- Kannst Du Deine Gefühle gut ausdrücken?
- Führst Du eine etwas langweilige Beziehung, weil Du emotional auf der „Bremse" stehst?
- Traust Du Dich nicht emotional zu werden?
- Möchtest Du in Deiner Beziehung dynamischer sein?
- Gibt es in der Familie etwas zu tun, das Dir Angst macht?
- Fürchtest Du Dich davor ausgelacht zu werden?

HILFREICHES WERKZEUG

Als Edelsteinessenzen für die Seelenebene kannst Du Dich mit dem Spray **ENERGIE** (Kraft und Umsetzung) oder **FREUDE** (Fröhlichkeit und Herzenswärme) aus der Serie Kristall einsprühen.
Verwende den Leitduft **BERGAMOTTE**. Bergamotte wirkt **entspannend** und **Angst lösend**. Sie hellt die **Stimmung** auf und sorgt so für den nötigen **Mut**, das **Selbstvertrauen** auch zu fühlen. Ein wahres **„Lichtöl"**.

Zusatztipp:
CITRIN
als Wasserstein

STOFFLICHE SCHICHT *(Körper, Gesundheit, Finanzen, Materie, Räume...)*

KÖRPERKARTE

SYMPTOM / HINTERGRUND

- Schiebst Du Aktivitäten hinaus (Bewegung, Diät, Kur…)?
- Hast Du eine „schlechte" Haltung?
- Startest Du Projekte nicht, weil Du Angst hast, nicht gut genug zu sein?
- Meidest Du Investitionen (Hauskauf, Auto…)?
- Sparst Du übermäßig viel?
- Ist Dir ein Ortswechsel ein Graus?
- Kannst Du Dich beim Einkaufen nicht gut entscheiden?

HILFREICHES WERKZEUG

Als Edelsteinessenz für die Körperebene kannst Du Dich mit dem Spray **NABELCHAKRA** (Macht und Umsetzungskraft) oder **KEHLCHAKRA** (Ausdruck der Kreativität) aus der Serie Chakra einsprühen.

Verwende den Leitstein **CITRIN**. Citrin stärkt **Magen**, **Milz** und **Bauchspeicheldrüse**. Er regt die **Verdauung** an und stärkt die **Nerven**. Er stärkt auch unser Abwehrsystem.

SINNLICHKEIT & LEIDENSCHAFT
„Ich bin sinnlich und schön!"

ALLGEMEINE BEDEUTUNG DER KARTE

Ziehst Du Sinnlichkeit & Leidenschaft als Orakelkarte sind Deine Sinne gehemmt.

Deine sinnliche Wahrnehmung (spüren, hören, fühlen, tasten, schmecken, sehen…) ist eingeschränkt. So kannst du auch Deinen Körper und die Sexualität nicht gut genießen.

Du fühlst Dich leidenschafts- und kraftlos und es mangelt dir an Phantasie und Freude am Sein. Genuss und Fülle, wie auch ein gutes Essen oder eine wohltuende Massage sind Dir derzeit fremd.

Sinnlichkeit & Leidenschaft
„Ich bin sinnlich und schön"

Verbessert das Gefühl zum Körper, Leidenschaft, Feuerkraft, Impulsivität, Phantasie, Lust.

Erzengel: Uriel | Leitduft: Ylang Ylang
Leitstein: Rhodochrosit

DIE ERZENGEL / SPIRITUELL

Edelsteinessenz Serie Mystik:
URIEL für Sinnlichkeit und Lebendigkeit

Du kannst den Erzengel-Spray zu Meditationen oder vor dem Einschlafen anwenden. Bitte um Unterstützung auf der Traumzeit- oder Meditationsebene.

STEINSEELCHEN

RHODOCHROSIT – Sinnlichkeit & Leidenschaft

- Aktivität
- Leidenschaft
- körperliches Empfinden
- Sexualität
- Erotik
- Lebendigkeit
- stimmungsaufhellend

HILFREICHE AFFIRMATIONEN FÜR DIE CHAKREN

Kronenchakra
Es ist in Ordnung wenn ich sinnlich und leidenschaftlich bin!

Stirnchakra
Ich weiß, dass ich sinnlich und leidenschaftlich bin!

Herzchakra
Ich liebe meine Sinnlichkeit!

Kehlchakra
Ich kann sinnlich und leidenschaftlich sein!

Sakralchakra
Ich fühle mich sinnlich und leidenschaftlich!

Nabelchakra
Ich will leidenschaftlich und sinnlich sein!

Wurzelchakra
Ich bin OK wenn ich sinnlich und leidenschaftlich bin!

SINNLICHKEIT & LEIDENSCHAFT

MENTALE SCHICHT *(Geist, Ideen, Konzepte, Beruf, Wissen, Haltung...)*

GEISTKARTE

SYMPTOM / HINTERGRUND
- Hast Du keine feurigen Gedanken?
- Kannst Du Dich für keine Projekte oder Konzepte erwärmen?
- Fühlst Du keine Leidenschaft im Denken?
- Macht Dir Dein Beruf keinen Spaß?
- Findest Du generell das Leben langweilig?
- Fehlen Dir lebendige und kraftvolle Impulse im Denken?
- Darf Du auch etwas riskieren?

HILFREICHES WERKZEUG

Beschäftige Dich mit allen Aspekten der Karte (auch wenn Du das Gefühl hast, dass genau dieses Thema überhaupt nicht passt)!

Verwende die Edelsteinessenz **SINNLICHKEIT & LEIDENSCHAFT** aus der Serie 33 um die Hintergründe zu erkennen und die Blockaden aufzulösen mindestens 21 Tage 2-3x täglich.

Zusatztipp:
Affirmation: „ICH BIN SINNLICH UND SCHÖN!"

EMOTIONALE SCHICHT *(Gefühle, Liebe, Beziehungen, Familie...)*

SEELENKARTE

SYMPTOM / HINTERGRUND
- Mangelt es Dir an „Feuer" in der Beziehung?
- Fehlt Dir Lebendigkeit in Deinen Beziehungen?
- Fühlst Du Dich unerotisch und langweilig?
- Ist Dir in der Familie alles egal?
- Kannst Du mit Deinen Kindern keine wirklich lustigen Zeiten verbringen und ausgelassen sein?
- Fühlst Du Dich zur Zeit unlebendig?

HILFREICHES WERKZEUG

Als Edelsteinessenzen für die Seelenebene kannst Du Dich mit dem Spray **FREUDE** (Sinnlichkeit und Spaß) aus der Serie Kristall einsprühen.
Verwende den Leitduft **YLANG YLANG**. Ylang Ylang hilft, sich fallen zu lassen und gibt **Vertrauen**. Es wirkt **ausgleichend** und **entspannend** aber gleichzeitig **sexuell** und **sinnlich anregend**.

Zusatztipp:
RHODOCHROSIT als Wasserstein

STOFFLICHE SCHICHT *(Körper, Gesundheit, Finanzen, Materie, Räume...)*

KÖRPERKARTE

SYMPTOM / HINTERGRUND
- Gehst Du mit gesenktem Kopf und hängenden Schultern durch die Gegend?
- Magst Du Deinen Körper nicht so wie er ist?
- Bist Du lustlos, hast keinen Spaß an Bewegung und ausgelassenen Spielen?
- Kleidest Du Dich nicht gerne sinnlich?
- Fühlst Du Dich unattraktiv?
- Bist Du bei Geldangelegenheiten unentschlossen?
- Kannst Du Dich nicht für eine Wohnung/Auto... „erwärmen"?

HILFREICHES WERKZEUG

Als Edelsteinessenz für die Körperebene kannst Du Dich mit dem Spray **SAKRALCHAKRA** (Sinnlichkeit und schöpferische Lebensenergie) aus der Serie Chakra einsprühen.

Verwende den Leitstein **RHODOCHROSIT**. Rhodochrosit bringt den **Kreislauf** in Schwung und **erhöht** den **Blutdruck**. Er wirkt **blutreinigend** und **entschlackend** und unterstützt auch gut bei **Migräne**.

SPRACHE & AUSDRUCK
„Sprache ist mein Ausdruck!"

Sprache & Ausdruck
„Sprache ist mein Ausdruck"

Ungesagtes sagen, Kreativität, Authentizität, verbaler Ausdruck und Fähigkeiten.

Erzengel: Michael | Leitduft: Cajeput
Leitstein: Chalcedon blau

ALLGEMEINE BEDEUTUNG DER KARTE

Ziehst Du Sprache & Ausdruck als Orakelkarte bedeutet es, dass Du Schwierigkeiten mit Deiner Kreativität hast oder Dich nicht so ausdrücken kannst, wie Du möchtest.

Vielleicht sprichst Du viel aber Du erzählst nichts über die Dinge, die Dir wirklich am Herzen liegen. Die wesentlichen Sätze bleiben ungesagt. Es fällt Dir sehr schwer über Deine Probleme zu sprechen.

Du machst Dir zu viele Gedanken, was andere über Dich denken könnten und daher bleibst Du lieber ruhig und hältst Deine Meinung zurück. Du sagst sehr oft: „Das ist mir egal"!

DIE ERZENGEL / SPIRITUELL

Edelsteinessenz Serie Mystik:
MICHAEL für Schutz und Geborgenheit

Du kannst den Erzengel-Spray zu Meditationen oder vor dem Einschlafen anwenden. Bitte um Unterstützung auf der Traumzeit- oder Meditationsebene.

STEINSEELCHEN

CHALCEDON BLAU – Sprache & Ausdruck

- Kommunikation
- Leichtigkeit
- Offenheit
- Kontaktfreudigkeit
- Verständnis
- Redekunst
- Selbstausdruck

HILFREICHE AFFIRMATIONEN FÜR DIE CHAKREN

Kronenchakra
Es ist in Ordnung wenn ich mich ausdrücke!

Stirnchakra
Ich weiß, dass ich mich gut ausdrücken kann!

Kehlchakra
Ich kann mich auf allen Ebenen ausdrücken!

Herzchakra
Ich liebe es mich auszudrücken!

Sakralchakra
Ich fühle mich wohl, wenn ich mich ausdrücke!

Nabelchakra
Ich will mich ausdrücken!

Wurzelchakra
Ich bin OK wenn ich mich ausdrücke!

SPRACHE & AUSDRUCK

MENTALE SCHICHT *(Geist, Ideen, Konzepte, Beruf, Wissen, Haltung...)*

GEISTKARTE

SYMPTOM / HINTERGRUND

- Behältst Du Deine Ideen für Dich?
- Lässt Du andere an Deinen Überlegungen nicht teilhaben?
- Machst Du Probleme lieber mit Dir alleine aus?
- Bist Du bei Auseinandersetzungen und Unterhaltungen generell etwas wortkarg?
- Denkst Du, dass Du nicht gut reden kannst?
- Glaubst Du, dass Du nicht kreativ und einfallsreich bist?

HILFREICHES WERKZEUG

Beschäftige Dich mit allen Aspekten der Karte (auch wenn Du das Gefühl hast, dass genau dieses Thema überhaupt nicht passt)!

Verwende die Edelsteinessenz **SPRACHE & AUSDRUCK** aus der Serie 33 um die Hintergründe zu erkennen und die Blockaden aufzulösen mindestens 21 Tage 2-3x täglich.

Zusatztipp:
Affirmation:
„SPRACHE IST MEIN AUSDRUCK!"

EMOTIONALE SCHICHT *(Gefühle, Liebe, Beziehungen, Familie...)*

SEELENKARTE

SYMPTOM / HINTERGRUND

- Fällt es Dir schwer über Deine Gefühle zu reden?
- Wirst Du oft nach Deinen Gefühlen gefragt?
- Hörst Du öfter den Satz „Hast Du was?"
- Möchte Dein Umfeld mehr von Dir wissen?
- Ziehst Du Dich bei Unstimmigkeiten (Familie, Freunde…) zurück und schweigst?
- Bleibst Du bei Streitereien oft unbeteiligt?

HILFREICHES WERKZEUG

Als Edelsteinessenz für die Seelenebene kannst Du Dich mit dem Spray **INSPIRATION** (Einfälle und Ideen) oder **SCHUTZ** (Mut und Stärke) aus der Serie Kristall einsprühen.
Verwende den Leitduft **CAJEPUT**. Cajeput schafft **Klarheit** bei **Entscheidungslosigkeit** und verleiht **Energie** und **Antrieb**. Es unterstützt auch bei Verwirrtheitszuständen (**Lampenfieber**).

Zusatztipp:
CHALCEDON
als Wasserstein

STOFFLICHE SCHICHT *(Körper, Gesundheit, Finanzen, Materie, Räume...)*

KÖRPERKARTE

SYMPTOM / HINTERGRUND

- Hast Du körperliche Probleme in der Halsgegend (Schluckbeschwerden, Halsweh, Zähne, Nacken…)?
- Fällt es Dir schwer über manche Dinge zu reden (Sexualität, Konflikte…)?
- Sprichst Du viel aber sagst nichts aus?
- Erfüllst Du Dir keine materiellen Wünsche?
- Redest Du nicht gerne über finanzielle Dinge?
- Traust Du Dir nicht sagen, dass Du mehr Raum benötigst?

HILFREICHES WERKZEUG

Als Edelsteinessenz für die Körperebene kannst Du Dich mit dem Spray **KEHLCHAKRA** (Kommunikation und Wortbewusstsein) aus der Serie Chakra einsprühen.

Verwende den Leitstein **CHALCEDON blau**. Chalcedon blau ist wirksam für die **Schilddrüse** - das Zentrum der **Kreativität**. Er unterstützt bei **Heiserkeit**, **Erkältungen** und hilft bei **Allergien**. Er fördert den Fluss von **Lymphe**, **Blut**, **Harn** und senkt **Fieber** und **Blutdruck**.

TRAUER & LOSLASSEN
„Ich lebe meine Trauer und lasse los!"

ALLGEMEINE BEDEUTUNG DER KARTE

Ziehst Du Trauer & Loslassen als Orakelkarte ist es Zeit in Deinem Leben etwas loszulassen.

Es endet eine Phase und Du musst einen Menschen, eine Idee, ein Projekt… verabschieden. Vielleicht kannst Du darüber gar nicht weinen und traurig sein. Dir ist gar nicht bewusst, dass Du in einem Loslass-Prozess steckst.

Du hast kein Vertrauen in die Zyklen des Lebens und glaubst nicht an das ständige Werden und Vergehen.

Es fällt Dir grundsätzlich schwer loszulassen (Kinder, Beruf, Umgebung, Haus, Auto, Ideen, Gedanken, Freunde…).

DIE ERZENGEL / SPIRITUELL

Edelsteinessenz Serie Mystik:
ZADKIEL für Transformation und Wandlung

Du kannst den Erzengel-Spray zu Meditationen oder vor dem Einschlafen anwenden. Bitte um Unterstützung auf der Traumzeit- oder Meditationsebene.

STEINSEELCHEN

SARDONYX – Trauer & Loslassen

- Trauerüberwindung
- Stabilität & Zuversicht
- Sinnerfülltes Dasein
- Hilfsbereitschaft
- verbessert alle Sinneswahrnehmungen
- Loslassen

HILFREICHE AFFIRMATIONEN FÜR DIE CHAKREN

Kronenchakra
Es ist in Ordnung wenn ich traurig bin!

Stirnchakra
Ich weiß, warum ich trauere und loslasse!

Kehlchakra
Ich kann trauern und loslassen!

Herzchakra
Ich liebe es traurig sein zu dürfen!

Sakralchakra
Ich fühle mich traurig!

Nabelchakra
Ich will loslassen und traurig sein!

Wurzelchakra
Ich bin OK wenn ich traurig bin!

TRAUER & LOSLASSEN

MENTALE SCHICHT *(Geist, Ideen, Konzepte, Beruf, Wissen, Haltung...)*

GEISTKARTE	SYMPTOM / HINTERGRUND	HILFREICHES WERKZEUG

SYMPTOM / HINTERGRUND
- Welche Gedanken, Ideen, Projekte oder Inhalte solltest Du loslassen?
- Ist es an der Zeit Dein berufliches Umfeld zu wechseln?
- Wirst Du gerade mit neuer Technologie konfrontiert und musst das „Alte" loslassen?
- Hast Du generell Schwierigkeiten loszulassen?
- Hältst Du zu sehr an alten Regeln und Bräuchen fest?

HILFREICHES WERKZEUG

Beschäftige Dich mit allen Aspekten der Karte (auch wenn Du das Gefühl hast, dass genau dieses Thema überhaupt nicht passt)!

Verwende die Edelsteinessenz **TRAUER & LOSLASSEN** aus der Serie 33 um die Hintergründe zu erkennen und die Blockaden aufzulösen mindestens 21 Tage 2-3x täglich.

Zusatztipp:
Affirmation: „ICH LEBE MEINE TRAUER UND LASSE LOS!"

EMOTIONALE SCHICHT *(Gefühle, Liebe, Beziehungen, Familie...)*

SEELENKARTE

SYMPTOM / HINTERGRUND
- Fällt es Dir schwer Gefühle loszulassen?
- Hast Du vielleicht vor langer Zeit eine Liebe verloren, die Du nie betrauert hast?
- Blockieren Dich ungefühlte Emotionen?
- Schämst Du Dich für Deine Tränen und Deine Trauer?
- Es ist Zeit, Dich zu verabschieden, aber Du möchtest nicht?
- Du fühlst, dass eine Freundschaft beendet ist und erlaubst Dir nicht, dies zu betrauern?
- Ist jemand gestorben und Du erlaubst Dir nicht zu trauern?

HILFREICHES WERKZEUG

Als Edelsteinessenz für die Seelenebene kannst Du Dich mit dem Spray **HARMONIE** (Emotionale Balance) oder **SCHUTZ** (Geborgenheit und Vertrauen) aus der Serie Kristall einsprühen.

Verwende den Leitduft **IRIS**. Iris gibt **Geborgenheit** und begleitet Prozesse der **Trauer** und **Loslösung**. Sie hilft über **Trennungsschmerzen** hinweg.

Zusatztipp:
SARDONYX als Wasserstein

STOFFLICHE SCHICHT *(Körper, Gesundheit, Finanzen, Materie, Räume...)*

KÖRPERKARTE

SYMPTOM / HINTERGRUND
- Hattest Du eine Verletzung oder einen Unfall, die Dich körperlich einschränken?
- Sollst Du Gewicht loslassen?
- Sollst Du materielle Dinge loslassen?
- Sollst Du Dich an einem anderen Platz einrichten?
- Hast Du Geld verloren oder falsch investiert?
- Hängst Du sehr an materiellen Werten oder auch Menschen?
- Leidest Du unter Verstopfung?

HILFREICHES WERKZEUG

Als Edelsteinessenz für die Körperebene kannst Du Dich mit dem Spray **KRONENCHAKRA** (Vollendung und Vertrauen) aus der Serie Chakra einsprühen.

Verwende den Leitstein **SARDONYX**. Der Sardonyx unterstützt alle **Sinnesorgane** und verbessert ihre Funktion.
Er stärkt auch die **Milz**, die für Übergänge und Grenzen zuständig ist. Durch die Hilfe für die Milz wird auch der **Stoffwechsel** gestützt.

VERÄNDERUNG & NEUBEGINN
„Ich lasse los und beginne neu!"

ALLGEMEINE BEDEUTUNG DER KARTE

Veränderung & Neubeginn als Orakelkarte zeigt Dir, dass es Zeit ist NEUES in Dein Leben zu lassen. Möglicherweise kannst Du Dich schwer entscheiden.

Du magst nicht loslassen um Dich neu zu orientieren. Und Du erkennst nicht den richtigen Augenblick dafür. Du vertraust auch keinem Neubeginn und fürchtest das Chaos.

Du kannst Dich nicht überwinden neu zu beginnen. Es steht in einem Bereich Deines Lebens an loszulassen (Beruf, Partner, Ideen...).

DIE ERZENGEL / SPIRITUELL

Edelsteinessenz Serie Mystik:
GABRIEL für Klarheit und Erkenntnis oder
MICHAEL für Schutz oder
ZADKIEL für das Loslassen

Du kannst den Erzengel-Spray zu Meditationen oder vor dem Einschlafen anwenden. Bitte um Unterstützung auf der Traumzeit- oder Meditationsebene.

STEINSEELCHEN

MARMOR – Veränderung & Neubeginn

- Selbstbefreiung
- Wandlung
- Veränderung
- neue Perspektiven
- Problemlösungen

HILFREICHE AFFIRMATIONEN FÜR DIE CHAKREN

Kronenchakra
Es ist in Ordnung wenn ich verändere und neu beginne!

Stirnchakra
Ich weiß, warum ich verändere und neu beginne!

Kehlchakra
Ich kann verändern und neu beginnen!

Herzchakra
Ich liebe Veränderung und Neubeginn!

Sakralchakra
Ich fühle mich den Veränderungen gewachsen!

Nabelchakra
Ich will verändern und neu beginnen!

Wurzelchakra
Ich bin OK wenn ich verändere und neu beginne!

VERÄNDERUNG & NEUBEGINN

MENTALE SCHICHT *(Geist, Ideen, Konzepte, Beruf, Wissen, Haltung...)*

GEISTKARTE

SYMPTOM / HINTERGRUND

- Solltest Du neue Ideen entwickeln?
- Brauchst Du neue Pläne und Konzepte?
- Wartet eine neue Herausforderung auf Dich?
- Fühlst Du Dich unbeweglich und blockiert?
- Hast Du Angst vor Veränderungen?
- Steht ein Berufswechsel an?
- Solltest Du Deine Überzeugungen verändern?

HILFREICHES WERKZEUG

Beschäftige Dich mit allen Aspekten der Karte (auch wenn Du das Gefühl hast, dass genau dieses Thema überhaupt nicht passt)!

Verwende die Edelsteinessenz **VERÄNDERUNG & NEUBEGINN** aus der Serie 33 um die Hintergründe zu erkennen und die Blockaden aufzulösen mindestens 21 Tage 2-3x täglich.

Zusatztipp:
Affirmation: „ICH LASSE LOS UND BEGINNE NEU!"

EMOTIONALE SCHICHT *(Gefühle, Liebe, Beziehungen, Familie...)*

SEELENKARTE

SYMPTOM / HINTERGRUND

- Spürst Du eine Veränderung in Deinen Gefühlen?
- Ist eine Entscheidung notwendig?
- Möchtest Du Deine Beziehungen (Liebe, Familie, Freunde...) verändern oder auch beenden?
- Du fürchtest Dich vor neuen Freundschaften und Beziehungen?
- Machen Dir Deine Gefühle Angst?
- Möchtest Du zu jemandem eine ganz neue Beziehung unter ganz neuen Voraussetzungen beginnen?

HILFREICHES WERKZEUG

Als Edelsteinessenz für die Seelenebene kannst Du Dich mit dem Spray **INSPIRATION** (Ideen für den Neubeginn) oder **SCHUTZ** (Geborgenheit und Vertrauen) aus der Serie Kristall einsprühen.
Verwende den Leitduft **MUSKATELLERSALBEI**. Muskatellersalbei **öffnet den Geist** für ungewöhnliche Wege. Er regt die **Phantasie** an und hilft geistige **Blockaden** zu lösen um zu einer positiven Lebenseinstellung zu kommen. Ein Duft für alle Übergänge.

Zusatztipp:
MARMOR als Wasserstein

STOFFLICHE SCHICHT *(Körper, Gesundheit, Finanzen, Materie, Räume...)*

KÖRPERKARTE

SYMPTOM / HINTERGRUND

- Vielleicht spürst Du, dass es Zeit ist, etwas für Deinen Körper zu tun (Untersuchung, Sport, Bewegung...)?
- Gehören finanzielle Dinge geklärt, entschieden oder verändert?
- Weichst Du klaren Entscheidungen aus?
- Wartet irgendwo ein Neuanfang auf Dich (Ort, Wohnung, Haus)?
- Fühlst Du Dich unwohl in Deiner Umgebung, willst aber dennoch keine Veränderung?

HILFREICHES WERKZEUG

Als Edelsteinessenz für die Körperebene kannst Du Dich mit dem Spray **HERZCHAKRA** (Offenheit und Liebe) aus der Serie Chakra einsprühen.

Verwende den Leitstein **MARMOR**. Marmor fördert **Ausscheidung** und **Entschlackung** und sorgt so auf Körperebene für Veränderung und Neubeginn. Er stärkt die Milz, welche auch für **Umwandlungsprozesse** zuständig ist. Marmor unterstützt auch den Darm der für das permanente **Loslassen** steht.

ERZENGEL URIEL
„Ich bin Dankbarkeit"

ERZENGEL URIEL

Wählst Du **URIEL** als Orakelkarte kann es sein, dass Dir die grundlegende **Erdung** und **Verwurzelung** auf dieser Erde fehlt.

Ist vielleicht Dein **Urvertrauen** und **Mut zum Leben** gebrochen? Fällt es Dir schwer, richtig **fröhlich**, **genussvoll** und **dankbar** durch Dein Leben zu gehen?

Hast Du den Kontakt zu **Mutter Erde** verloren und fühlst Dich manchmal in Deinem Körper wie eine Fremde/ein Fremder? Bist Du unsicher und ängstlich? Kannst Du Dir keine Wünsche erfüllen?

Setzt Du Projekte schwer um oder mangelt es Dir an **Durchhaltevermögen**? Fällt es Dir schwer das **Leben** in all seiner **Buntheit** zu genießen?

21-TAGE RITUAL MIT URIEL

(1) Verwende die **Edelsteinessenz URIEL** aus der Serie MYSTIK um die Hintergründe zu erkennen und die Blockaden aufzulösen. Uriel verhilft Dir zur Anbindung an die spirituelle Welt und die Welt Deiner geistigen Helfer.

(2) Lege Dir die Karte mit dem **Uriel-Symbol** unter Dein Kopfkissen oder male es mit einem Körperstift auf Deine Haut (wähle Dir eine Stelle, die Dir angenehm ist).

(3) Verwende vor dem Zubett-Gehen den **Uriel-Spray**, sprich die **Affirmation**, visualisiere den **rotbraunen Farbstrahl** rund um Dich und bitte um vollkommene, göttliche Führung auf der Traumzeitebene!

WERKZEUGE UND TIPPS:

Edelstein:	Feueropal (Leben genießen und Begeisterung wecken)
Edelsteinessenz:	Serie Mystik / Erzengel Uriel
Ätherisches Öl:	Rosenholz (Anregung und Aktivität)
Farbstrahl:	Rot, Braun
Chakra:	Wurzel- u. Sakralchakra

ERZENGEL JOPHIEL
„Ich bin Leichtigkeit und Freude!"

ERZENGEL JOPHIEL

Wählst Du **JOPHIEL** als Orakelkarte so zeigt er Dir, dass es derzeit in Deinem Leben an **Leichtigkeit** und **Freude** fehlt. Vielleicht sehnst Du Dich nach entspannter **Gelassenheit**? Vielleicht nach ausgelassener Vergnügtheit?

Möglicherweise hast Du kein **Vertrauen** in Deine **Intuition**? Vielleicht sind Deine Sinne nicht offen für die **Schönheiten** des **Lebens**? Was hörst, fühlst, spürst, schmeckst und siehst Du momentan in Deinem Sein? Wo bleiben **Heiterkeit** und **Spaß**? Wo hast Du Deine **Schöpferkraft** versteckt?

Vielleicht hast Du **Dein inneres Kind** eingesperrt in Dein Schloss der Sicherheit? Vielleicht steckst Du so in Arbeit, dass Du die Schönheiten Deines Lebens nicht wahrnehmen kannst?

Erstickst Du in Selbstzweifel, Unsicherheit und Engstirnigkeit, die Dir die **Leichtigkeit** verjagen?

21-TAGE RITUAL MIT JOPHIEL

1. Verwende die **Edelsteinessenz JOPHIEL** aus der Serie MYSTIK um die Hintergründe zu erkennen und die Blockaden aufzulösen. Jophiel verhilft Dir zur Anbindung an die spirituelle Welt und die Welt Deiner geistigen Helfer.

2. Lege Dir die Karte mit dem **Jophiel-Symbol** unter Dein Kopfkissen oder male es mit einem Körperstift auf Deine Haut (wähle Dir eine Stelle, die Dir angenehm ist).

3. Verwende vor dem Zubett-Gehen den **Jophiel-Spray**, sprich die Affirmation, visualisiere den **gelb-orangen Farbstrahl** rund um Dich und bitte um vollkommene, göttliche Führung auf der Traumzeitebene!

WERKZEUGE UND TIPPS:

Edelstein: Orthoklas (Lebensfreude und Optimismus)
Edelsteinessenz: Serie Mystik / Erzengel Jophiel
Ätherisches Öl: Orange (Offenheit und gute Laune)
Farbstrahl: Gelb, Orange
Chakra: Sakral- und Wurzelchakra

ERZENGEL MICHAEL
„Ich bin Glaube und Vertrauen"

ERZENGEL MICHAEL

Wählst Du **MICHAEL** als Orakelkarte kann es sein, dass es Dir derzeit an **Vertrauen**, **Geborgenheit** und **Schutz** mangelt. Vielleicht fühlst Du Dich **unfrei** und **unbehütet** und kommst daher nicht zur Ruhe und Entspannung.

Möglicherweise ist auch Dein **Glaube** an Deine **Leistungsfähigkeit** und an Deine **Potentiale** erschüttert. Hast Du kein **Vertrauen** in **Recht** und **Gerechtigkeit**? Kommt Dir vor die Welt ist nicht fair?

Findest Du für deine Probleme keine **konstruktiven Lösungen**? Fällt es Dir schwer zu Führen oder geführt zu werden? Hängst Du in **alten Strukturen und Mustern** fest von denen Du Dich schwer lösen kannst?

Vielleicht haften auch **Fremdenergien** an Dir?

21-TAGE RITUAL MIT MICHAEL

1. Verwende die **Edelsteinessenz MICHAEL** aus der Serie MYSTIK um die Hintergründe zu erkennen und die Blockaden aufzulösen. Michael verhilft Dir zur Anbindung an die spirituelle Welt und die Welt Deiner geistigen Helfer.

2. Lege Dir die Karte mit dem **Michael-Symbol** unter Dein Kopfkissen oder male es mit einem Körperstift auf Deine Haut (wähle Dir eine Stelle, die Dir angenehm ist).

3. Verwende vor dem Zubett-Gehen den **Michael-Spray**, sprich die **Affirmation**, visualisiere den **blauen Farbstrahl** rund um Dich und bitte um vollkommene, göttliche Führung auf der Traumzeitebene!

WERKZEUGE UND TIPPS:

Edelstein:	Larimar (Gesunde Grenzen trotz Erweiterung des geistigen Raumes)
Edelsteinessenz:	Serie Mystik / Erzengel Michael
Ätherisches Öl:	Mimose (Selbstvertrauen, Trost und Schutz)
Farbstrahl:	Blau
Chakra:	Kehl- u. Nabelchakra

ERZENGEL CHAMUEL
„Ich bin Göttliche Liebe"

ERZENGEL CHAMUEL

Wählst Du **CHAMUEL** als Orakelkarte, dann kann es sein, dass es Dir derzeit an einem wahrhaftigen **Kontakt** zu Deiner eigenen **Herzensenergie** mangelt.

Vielleicht fühlst Du keine **Vertrautheit** oder **Fürsorglichkeit**? Magst Du derzeit weder Dich noch andere Menschen? Fällt es Dir schwer **Nähe** zuzulassen? Scheust Du Kontakt zu anderen?

Lässt Du weder in **Freundschaften** noch in Deiner **Beziehung** ein tiefes Gefühl von Nähe zu? Fühlst Du Dich auch in **Gruppen** nicht angenommen? Sehnst Du Dich nach **Eingebunden sein** und Nähe?

Kannst du **Mutter Natur** überhaupt nicht genießen?

21-TAGE RITUAL MIT CHAMUEL

1. Verwende die **Edelsteinessenz CHAMUEL** aus der Serie MYSTIK um die Hintergründe zu erkennen und die Blockaden aufzulösen. Chamuel verhilft Dir zur Anbindung an die spirituelle Welt und die Welt Deiner geistigen Helfer.

2. Lege Dir die Karte mit dem **Chamuel-Symbol** unter Dein Kopfkissen oder male es mit einem Körperstift auf Deine Haut (wähle Dir eine Stelle, die Dir angenehm ist).

3. Verwende vor dem Zubett-Gehen den **Chamuel-Spray**, sprich die **Affirmation**, visualisiere den **rosaroten Farbstrahl** rund um Dich und bitte um vollkommene, göttliche Führung auf der Traumzeitebene!

WERKZEUGE UND TIPPS:

Edelstein:	Kunzit (Demut, Begleiter zur wahren Herzensliebe)
Edelsteinessenz:	Serie Mystik / Erzengel Chamuel
Ätherisches Öl:	Litsea (Freude und Leichtigkeit)
Farbstrahl:	Rosarot
Chakra:	Herzchakra

ERZENGEL RAPHAEL
„Ich bin Gesundheit"

ERZENGEL RAPHAEL

Wählst Du **RAPHAEL** als Orakelkarte zeigt es Dir, dass es in einem Bereich Deines Lebens derzeit um das Thema **Heilung** geht. Vielleicht solltest Du Deine **Selbstheilungskräfte** aktivieren oder Dich aktiv mit **heilenden Methoden** oder Inhalten auseinandersetzen?

Vielleicht **sorgst** Du nicht gut genug für Dich und befindest Dich ständig an der Grenze zwischen **Gesundheit** und **Krankheit**? Fühlst Dich unausgeglichen und mangelt es Dir an einer **lebensbejahenden Einstellung**? Fehlt es Dir an **Kraft**, **Mut**, **Hoffnung**?

Fehlt es Dir an **Regenerationsfähigkeit** und **Erholung**? Raphael ist auch als Begleiter für **Krankenhausaufenthalte** oder **Kuren** sehr gut geeignet.

21-TAGE RITUAL MIT RAPHAEL

(1) Verwende die **Edelsteinessenz RAPHAEL** aus der Serie MYSTIK um die Hintergründe zu erkennen und die Blockaden aufzulösen. Raphael verhilft Dir zur Anbindung an die spirituelle Welt und die Welt Deiner geistigen Helfer.

(2) Lege Dir die Karte mit dem **Raphael-Symbol** unter Dein Kopfkissen oder male es mit einem Körperstift auf Deine Haut (wähle Dir eine Stelle, die Dir angenehm ist).

(3) Verwende vor dem Zubett-Gehen den **Raphael-Spray**, sprich die **Affirmation**, visualisiere den **grünen Farbstrahl** rund um Dich und bitte um vollkommene, göttliche Führung auf der Traumzeitebene!

WERKZEUGE UND TIPPS:

Edelstein:	Alexandrit (Wahrnehmung von Gefühlen und der inneren Stimme)
Edelsteinessenz:	Serie Mystik / Erzengel Raphael
Ätherisches Öl:	Rosmarin (Heilung, Entgiftung, Zuversicht)
Farbstrahl:	Grün
Chakra:	Herz- u. Stirnchakra

ERZENGEL GABRIEL
„Ich bin Klarheit"

ERZENGEL GABRIEL

Wählst Du **GABRIEL** als Orakelkarte zeigt es Dir, dass Du in Deinem Leben momentan die **Klarheit** suchst.

Fehlt Dir im Außen als auch im Innen **Erkenntnis**, **Klarheit**, **Eindeutigkeit** und **Wahrheit**? Siehst Du Deine **Schatten** nicht? Steckst Du in einer **Krise** und findest keine **Lösung**?

Scheust Du Dich **Entscheidungen** zu treffen und zu Deinen Wahrheiten zu stehen? Ist Dir derzeit der **klare Blick** auf Deine inneren und äußeren Bilder verschlossen?

Hast Du das Gefühl Du findest nicht den **richtigen Zeitpunkt** für **Veränderungen**?

21-TAGE RITUAL MIT GABRIEL

(1) Verwende die **Edelsteinessenz GABRIEL** aus der Serie MYSTIK um die Hintergründe zu erkennen und die Blockaden aufzulösen. Gabriel verhilft Dir zur Anbindung an die spirituelle Welt und die Welt Deiner geistigen Helfer.

(2) Lege Dir die Karte mit dem **Gabriel-Symbol** unter Dein Kopfkissen oder male es mit einem Körperstift auf Deine Haut (wähle Dir eine Stelle, die Dir angenehm ist).

(3) Verwende vor dem Zubett-Gehen den **Gabriel-Spray**, sprich die **Affirmation**, visualisiere den **weiß/silbernen** Farbstrahl rund um Dich und bitte um vollkommene, göttliche Führung auf der Traumzeitebene!

WERKZEUGE UND TIPPS:

Edelstein: Diamant (Stabilität und Selbsttreue)
Edelsteinessenz: Serie Mystik / Erzengel Gabriel
Ätherisches Öl: Cajeput (Klarheit und Erkenntnis)
Farbstrahl: Transparent, Weiß, Silber
Chakra: Stirn- und Kehlchakra

ERZENGEL ZADKIEL
„Licht der Transformation"

ERZENGEL ZADKIEL

Wählst Du **ZADKIEL** als Orakelkarte, kann es sein, dass Du Dich gerade in einer Phase der **Transformation**, **Vergebung** oder des **Übergangs** befindest.

Vielleicht steckst Du in einem Trauerprozess oder musst Dich von Dingen oder Menschen in Deinem Leben **verabschieden**? Möglicherweise wartet eine große Vergebung auf Dich oder Du solltest jemandem **verzeihen**?

Arbeitest Du mit **Schattenanteilen**, die sich nach **Integration** sehnen? Bist Du beruflich mit dem **Erlösen erdgebundener** Seelen beschäftigt?

Zadkiel ist auch der **Begleiter** durch die **Tore** und **Übergänge** des Lebens. Mit ihm findest Du **Sicherheit im Vergänglichen**. Er ist der Erzengel der **Auflösung** und **Aufhebung aller Begrenzungen**.

21-TAGE RITUAL MIT ZADKIEL

(1) Verwende die Edelsteinessenz **ZADKIEL** aus der Serie MYSTIK um die Hintergründe zu erkennen und die Blockaden aufzulösen. Zadkiel verhilft Dir zur Anbindung an die spirituelle Welt und die Welt Deiner geistigen Helfer.

(2) Lege Dir die Karte mit dem **Zadkiel-Symbol** unter Dein Kopfkissen oder male es mit einem Körperstift auf Deine Haut (wähle Dir eine Stelle, die Dir angenehm ist).

(3) Verwende vor dem Zubett-Gehen den **Zadkiel-Spray**, sprich die **Affirmation**, visualisiere den **violetten Farbstrahl** rund um Dich und bitte um vollkommene, göttliche Führung auf der Traumzeitebene!

WERKZEUGE UND TIPPS:

Edelstein:	Sugilith (Lindert Ängste, begleitet in Übergangsphasen)
Edelsteinessenz:	Serie Mystik / Erzengel Zadkiel
Ätherisches Öl:	Lavendel (Beruhigung, Gelassenheit)
Farbstrahl:	Violett
Chakra:	Kronenchakra

ERZENGEL METATRON
„Ich bin das ICH BIN"

ERZENGEL METATRON

Wählst Du **METATRON** dann fehlt Dir derzeit die **grundlegende Richtung**. Erkennst Du Deine **Ziele** nicht? Fehlt Dir Dein **Grundvertrauen** in die vollkommene, **göttliche Führung**?

Suchst Du Deine **Ausrichtung** im Leben? Sehnst Du Dich nach **Schutz** und **Unterstützung** um zu Sehen und zu Fühlen? Möchtest Du Deine **eigene Göttlichkeit** spüren und in Dein Leben integrieren?

Kannst Du Deine **Berufung** und Deine **Herzenswünsche** nicht erkennen? Hast Du den Kontakt zu Deinem **innersten Wesenskern**, Deinen **Visionen**, Deiner **Weisheit** verloren? Suchst Du **Wege** und Möglichkeiten **zu Gott/zur Göttin**. Suchst Du Kontakt zur **Göttlichen Quelle**?

21-TAGE RITUAL MIT METATRON

1. Verwende die **Edelsteinessenz METATRON** aus der Serie MYSTIK um die Hintergründe zu erkennen und die Blockaden aufzulösen. Metatron verhilft Dir zur Anbindung an die spirituelle Welt und die Welt Deiner geistigen Helfer.

2. Lege Dir die Karte mit dem **Metatron-Symbol** unter Dein Kopfkissen oder male es mit einem Körperstift auf Deine Haut (wähle Dir eine Stelle, die Dir angenehm ist).

3. Verwende vor dem Zubett-Gehen den **Metatron-Spray**, sprich die **Affirmation**, visualisiere den **hellgoldenen Farbstrahl** rund um Dich und bitte um vollkommene, göttliche Führung auf der Traumzeitebene!

WERKZEUGE UND TIPPS:

Edelstein:	Zirkon (Zuversicht und Vertrauen in das Sein)
Edelsteinessenz:	Serie Mystik / Erzengel Metatron
Ätherisches Öl:	Zypresse (Weisheit, Klarheit und Ausrichtung)
Farbstrahl:	Golden, weiß
Chakra:	Kronen- und Nabelchakra

WURZELCHAKRA
(MULADHARA - Mula = Wurzel, adhara = Stütze)

ICH BIN - BEZIEHUNG ZUM SEIN (ICH)

CHAKREN
WURZELCHAKRA

Stabilität, Lebenswille, Lebenskraft, Selbsterhaltungstrieb, Sicherheit, Urvertrauen, Erdung, Aufnahme der Erdenergie

MÖGLICHE SEELISCHE BLOCKADEN:

Ängstlichkeit, Freudlosigkeit, Misstrauen, Depression, Burn-Out, Phobien, Gefühle von Mangel und Gier, Fehlende Orientierung, Hilflosigkeit, Ohnmacht gegenüber den Pflichten des Alltags, Rastlosigkeit…

MÖGLICHE KÖRPERLICHE BLOCKADEN:

Verstopfung oder Durchfall, Häufiges Frieren, Verdauungsprobleme, Schmerzen im unteren Rücken, Probleme mit Knochen, Zähne, Nägel, Blutarmut (Anämie), Immunschwäche, Allergien, erhöhte Stressanfälligkeit…

WERKZEUGE UND TIPPS:

Umgib Dich mit roten Farbtönen und Steinen. Trage rote Kleidung und iss rote Nahrungsmittel. Stelle Dir Sonnenaufgänge und Sonnenuntergänge vor. Denke oft an Deine Wurzeln, die sich mit Mutter Erde verbinden. Meditiere mit dem Bild und dem Symbol auf der linken Seite.

Edelsteine:	Versteinertes Holz, Anhydrit, Jaspis…
Edelsteinessenz:	Serie Chakra / Wurzelchakra
Symbole:	Quadrat und Vierblättriger Lotos
Farbe:	Rot
Element:	Erde
Erzengel:	Uriel, Jophiel
Ätherische Öle:	Zeder, Nelke, Rosmarin, Zypresse
Räucherungen:	Dammar, Kampfer, Weihrauch, Myrrhe, Zeder, Sandelholz, Eichenmoos, Vetiver, Patchouli, Copal
Gewürze:	Pfeffer, Chili, Senf
Vokal:	U (tief)
Mantra:	LAM
Ton:	Do (C)

Ich bin sicher und für mich ist gesorgt!

Ruhe, Sicherheit, Gelassenheit, Geborgenheit, Zuversicht, „Ja" zum Leben sagen, tiefe Verbindung zu Mutter Erde.

SAKRALCHAKRA
SVADHISTHANA (Svadhisthana = Süße, Lieblichkeit))

ICH FÜHLE - BEZIEHUNG ZUM DU

CHAKREN
SAKRALCHAKRA

Sexualität, Sinnlichkeit, Fortpflanzung, Arterhaltung, Kreativität, schöpferische Lebensenergie, Emotionen

MÖGLICHE SEELISCHE BLOCKADEN:

Seelische Leere, Depression, Süchte, Verschlossenheit, Angst vor Veränderung, Zwanghaftes Festhalten, nicht Loslassen können, Sexgier, sexuelles Desinteresse, Unfähigkeit das Leben zu genießen…

MÖGLICHE KÖRPERLICHE BLOCKADEN:

Erkrankungen der Sexualorgane oder der dazugehörigen Drüsen, hormonelle Störungen, Blasenprobleme, Harnwegsinfektionen, Hüftleiden, Pilzerkrankungen, Blase, Verdauung, Niere, Gewicht, Schmerzen im unteren Rücken, körperliche Steifheit, Lymphstau, Gicht…

WERKZEUGE UND TIPPS:

Umgib Dich mit orangen Farbtönen und Steinen. Trage orange Kleidung und iss orange Nahrungsmittel. Stell Dir vor, Du stehst unter einem orangen Wasserfall. Aktiviere alle Deine Sinne und geniesse Dein Leben. Meditiere mit dem Bild und dem Symbol auf der linken Seite.

Edelsteine:	Rhodochrosit, Kupfer, Granat Pyrop…
Edelsteinessenz:	Serie Chakra / Sakralchakra
Symbole:	Mondsichel und Sechsblättriger Lotos
Farbe:	Orange
Element:	Wasser
Erzengel:	Uriel, Jophiel
Ätherische Öle:	Ylang Ylang, Pfeffer, Sandelholz, Kardamom, Fenchel, Orange, Myrrhe
Räucherungen:	Tolu Balsam, Styrax, Benzoe, Rosenholz, Angelikawurzel, Myrrhe, Sandelholz, Weihrauch
Gewürze:	Kümmel, Anis
Vokal:	O (geschlossen wie in "Mond")
Mantra:	VAM
Ton:	Re (D)

Ich fühle meine Emotionen und genieße meine Sexualität!

Lebensfreude - Beziehungsfähigkeit - Gefühle

NABELCHAKRA (SOLARPLEXUS)
MANIPURA (Manipura = leuchtender Juwel)

ICH WILL - BEZIEHUNG ZUM BERUF (EGO)

CHAKREN
NABELCHAKRA

Willenskraft, Selbstvertrauen, Persönlichkeit, Entwicklung des Ich, Selbstkontrolle, Gefühle, Sensibilität, Macht, Durchsetzungskraft

MÖGLICHE SEELISCHE BLOCKADEN:

Essstörungen, Gefühlskälte, extreme Empfindlichkeit, Gleichgültigkeit, Unsicherheit, mangelndes Selbstbewusstsein, Machtbesessenheit, enormer Ehrgeiz, Wutausbrüche, Schlafstörungen, Ziellosigkeit, unbändiger Zorn...

MÖGLICHE KÖRPERLICHE BLOCKADEN:

Verdauungsbeschwerden, Diabetes, Nervosität, Schlafprobleme, Probleme mit Magen, Galle, Milz, Bauchspeicheldrüse, Blutzucker, Stoffwechselerkrankungen, Hepatitis, Nervenleiden, Übergewicht...

WERKZEUGE UND TIPPS:

Umgib Dich mit mit gelben Farbtönen und Steinen. Trage gelbe Kleidung und iss gelbe Nahrungsmittel. Stell Dir vor Du trägst ein glänzendes, strahlendes und Dich stärkendes Juwel in Deinem Solarplexus. Meditiere mit dem Bild und dem Symbol auf der linken Seite.

Edelsteine:	Topas, Aktinolith, Citrin, Peridot...
Edelsteinessenz:	Serie Chakra / Nabelchakra
Symbole:	Dreieck und zehnblättriger Lotos
Farbe:	Gelb
Element:	Feuer
Erzengel:	Metatron, Michael
Ätherische Öle:	Jasmin, Grapefruit, Lavendel, Rosmarin, Bergamotte, Kamille, Anis, Zitrone
Räucherungen:	Benzoe, Nelke, Rosmarin, Kamille
Gewürze:	Zimt, Nelken, Ingwer, Safran
Vokal:	O (offen wie in "Sonne")
Mantra:	RAM
Ton:	Mi (E)

Ich steuere mein Leben selbst!

Selbstachtung - Selbstrespekt - Grenzen setzen dürfen

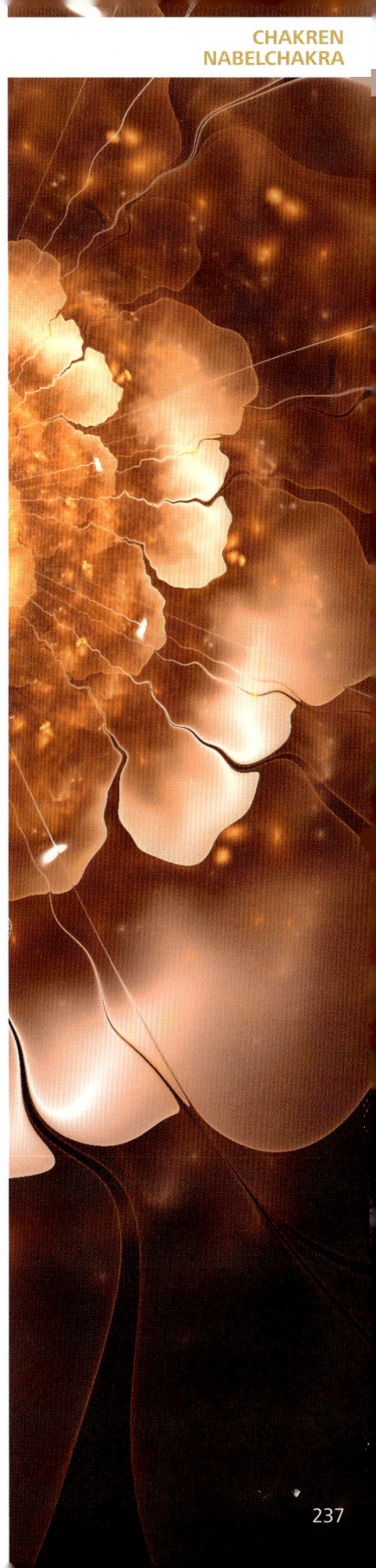

HERZCHAKRA
ANAHATA (Anahata = nicht angeschlagen, unbeschädigt)

ICH LIEBE - BEZIEHUNG ZUR LIEBE

CHAKREN
HERZCHAKRA

Liebe, Mitgefühl, Menschlichkeit, Zuneigung, Geborgenheit, Offenheit, Toleranz, Herzensgüte

MÖGLICHE SEELISCHE BLOCKADEN:

Einsamkeit, emotionale Kälte, Angst vor Verletzungen, Beziehungsprobleme, mangelndes Einfühlungsvermögen, oberflächliche Kontakte, Verbitterung, Lieblosigkeit, kein Zulassen von Zärtlichkeiten und Berührt werden, Gefühl von Getrenntheit…

MÖGLICHE KÖRPERLICHE BLOCKADEN:

Herz, Lunge, Atemwege, Kreislaufsystem, Brustwirbelsäule, Hautprobleme, Immunschwäche, Thymusdrüse…

WERKZEUGE UND TIPPS:

Umgib Dich mit mit grünen und rosa Farbtönen und Steinen. Trage grüne oder rosa Kleidung und iss grüne und rosa Nahrungsmittel. Schau öfter in den Spiegel und sage Dir, das Du Dich liebst. Genieße die Natur. Zeige Deiner Umgebung, dass Du sie magst. Meditiere mit dem Bild und dem Symbol auf der linken Seite.

Edelsteine:	Rosenquarz, Aventurin, Kunzit, China Jade, Rhodonit, Chrysopras…
Edelsteinessenz:	Serie Chakra / Herzchakra
Symbole:	Davidsstern und Zwölfblättriger Lotos
Farbe:	Grün (innen) und Rosa (außen)
Element:	Luft
Erzengel:	Chamuel, Raphael
Ätherische Öle:	Iris, Magnolienblüte, Rosenholz, Thymian, Myrte, Basilikum
Räucherungen:	Rosenblätter, Weihrauch, Iriswurzel, Myrte, Melisse, Zimtrinde, Sandelholz
Gewürze:	Koriander, Zimt, Thymian
Vokal:	A
Mantra:	YAM
Ton:	Fa (F)

Ich fühle die Liebe in mir - das Leben ist gut!

Mitgefühl - Achtung - Vertrauen - Wertschätzung - Liebe

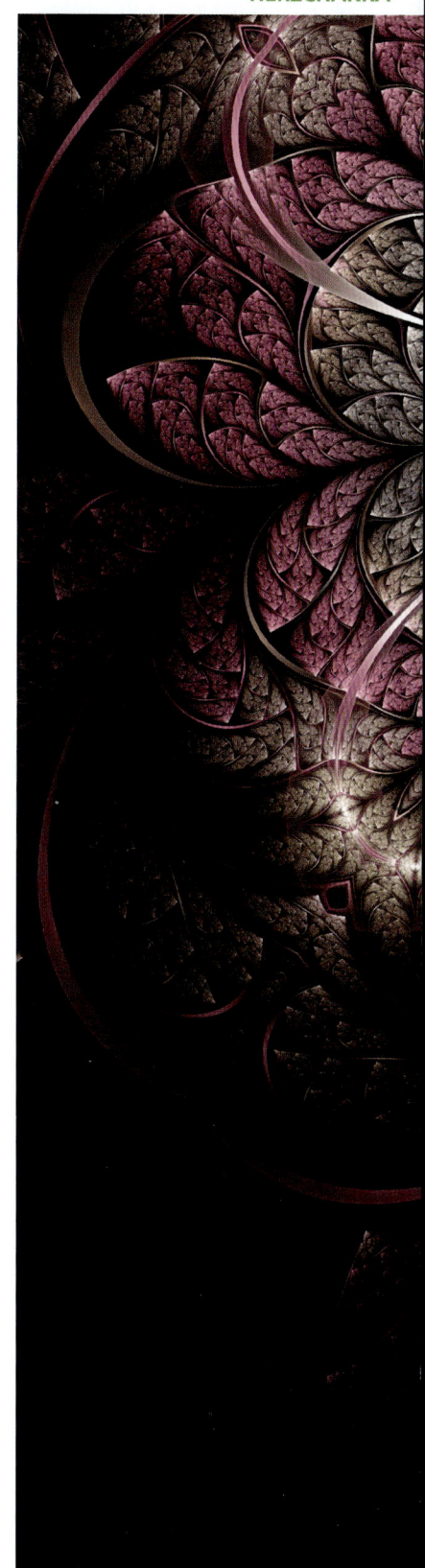

KEHLCHAKRA
VISHUDDHA (Vishuddhi = reinigen)

ICH KANN - BEZIEHUNG ZUM WORT

CHAKREN
KEHLCHAKRA

Kommunikation, Wortbewusstsein, Inspiration, Wahrheit, mentale Kraft, Ausdruck der Kreativität, Musikalität

MÖGLICHE SEELISCHE BLOCKADEN:

Schüchternheit, Sprachstörungen, Angst seine eigene Meinung zu vertreten, Hemmungen, geringes Selbstwertgefühl...

MÖGLICHE KÖRPERLICHE BLOCKADEN:

Halsschmerzen, steifer Nacken, Hörprobleme, Schilddrüsenerkrankungen, Heiserkeit, Zahnfleisch- Kieferentzündungen, Hals- und Mandelentzündungen, Probleme der Halswirbelsäule, Räuspern, Stottern...

WERKZEUGE UND TIPPS:

Umgib Dich mit mit türkisen und hellblauen Farbtönen und Steinen. Trage türkise oder hellblaue Kleidung. Verwende türkisen Schmuck oder Edelsteine. Sei kreativ. Singe und tanze, drücke Dich aus, sprich über Dinge, die Dir wichtig sind. Meditiere mit dem Bild und dem Symbol auf der linken Seite.

Edelsteine:	Chalcedon blau, Mondstein, Lapis, Aquamarin, Chrysokoll, Türkis...
Edelsteinessenz:	Serie Chakra / Kehlchakra
Symbole:	Kreis u. Sechzehnblättriger Lotos
Farbe:	Blau
Element:	Äther
Erzengel:	Michael, Gabriel
Ätherische Öle:	Cajeput, Minze, Salbei, Eukalyptus, Zedernholz, Kampfer, Ingwer
Räucherungen:	Salbei, Lavendel, Lorbeer, Sandelholz, Eukalyptus, Weihrauch
Gewürze:	Fenchel, Muskat
Vokal:	E
Mantra:	HAM
Ton:	Sol (G)

Ich zeige mich der Welt mit meiner Kreativität und meinen Worten!

Sprache - Kreativität - Verbindung zwischen Herz und Kopf

STIRNCHAKRA
AJNA (Ajna = wahrnehmen)

ICH WEISS - BEZIEHUNG ZUM WISSEN

CHAKREN
STIRNCHAKRA

Intuition, Weisheit, Erkenntnis, Wahrnehmung, Phantasie, Vorstellungskraft, Selbsterkenntnis

MÖGLICHE SEELISCHE BLOCKADEN:

Konzentrations- und Lernschwäche, Ängstlichkeit, Alpträume, Schlafstörungen, Phantasielosigkeit, Zukunftsangst, geistige Unruhe, rastloser Gedankenstrom, nicht abschalten können...

MÖGLICHE KÖRPERLICHE BLOCKADEN:

Kopfschmerzen, Gehirnerkrankungen, Augenleiden, chronischer Schnupfen, Nasennebenhöhlenentzündungen, Erkrankungen des Nervensystems, hormonelle Störungen...

WERKZEUGE UND TIPPS:

Umgib Dich mit mit blauen (indigo) Farbtönen und Steinen. Trage dunkelblaue Kleidung. Iss blaue Lebensmittel. Meditiere mit einer Kerze, dem Bild und dem Symbol auf der linken Seite und bringe Deine Gedanken zur Ruhe. Betrachte einen blauen Gegenstand und erfasse ihn mit allen Sinnen. Ordne Deine Gedanken.

Edelsteine:	Aquamarin, Moldavit, Herkimer Diamant, Dioptas...
Edelsteinessenz:	Serie Chakra / Stirnchakra
Symbole:	Kreis mit 2 Flügeln und Sechsundneunzigblättriger Lotos
Farbe:	indigo, blau
Element:	Innerer Klang
Erzengel:	Gabriel, Raphael
Ätherische Öle:	Pfefferminze, Niauli, Veilchen, Lemongrass
Räucherungen:	Basilikum, Jasmin, Kampher, Sandelholz, Pfefferminze, Rosmarin, Weihrauch, Wacholder
Gewürze:	Bockshornklee
Vokal:	I
Mantra:	KSHAM
Ton:	La (A)

Meine Intuition führt mich gut!

Höhere Wahrnehmung - Innenschau - Weisheit

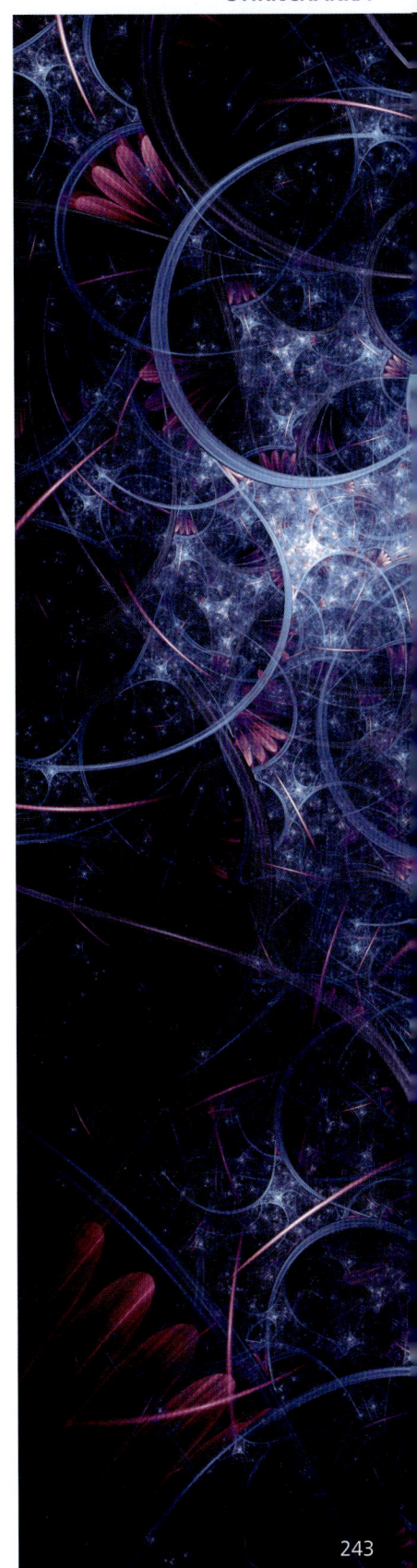

KRONENCHAKRA
SAHASRARA (Sahasrara = tausendfältig, tausendfach)

ES IST - BEZIEHUNG ZU GOTT

CHAKREN
KRONENCHAKRA

Spiritualität, Gotterkenntnis, Gottvertrauen, Erleuchtung, Religiosität, Vollendung, Anbindung, Transzendenz

MÖGLICHE SEELISCHE BLOCKADEN:

Übergroße Bedeutung materieller Werte, getriebenes aber inhaltsloses Tun, innere Leere, Sinnlosigkeit, geistige Erschöpfung, Unzufriedenheit, mangelndes Vertrauen in die göttliche Führung...

MÖGLICHE KÖRPERLICHE BLOCKADEN:

Krebserkrankungen, Immungstörungen, Autoimmunerkrankungen, Autoaggressive Symptome (Nägel kauen, Verstümmelungen, Suizid, Alkoholismus, Zwänge...)

WERKZEUGE UND TIPPS:

Umgib Dich mit mit violetten Farbtönen und Steinen. Trage violette Kleidung. Meditiere mit Engelenergien und Steinseelchen. Beschäftige Dich mit spirituellen Themen und vertraue dem Leben. Meditiere mit dem Bild und dem Symbol auf der linken Seite.

Edelsteine:	Amethyst, Bergkristall, Azurit, Tansanit…
Edelsteinessenz:	Serie Chakra / Kronenchakra
Symbole:	OM und Tausendblättriger Lotos
Kristalle:	Amethyst, Bergkristall, Mondstein
Farbe:	Violett, Weiß und Gold
Element:	Inneres Licht
Erzengel:	Metatron, Zadkiel
Ätherische Öle:	Ysop, Neroli, Weihrauch, Rosenholz
Räucherungen:	Myrrhe, Weihrauch, Sandelholz
Vokal:	M
Mantra:	AUM
Ton:	Si (H)

Ich bin mit der Göttlichen Quelle verbunden!

Zentrum der Vollkommenheit - Einheit - Glaube

ANHANG

1. DIE MENTALE SCHICHT (Erkenntniskarte):

Hier erfährst Du was Dir momentan im geistigen Bereich fehlt. Es geht dabei um Denkprozesse, Ideen, Konzepte, Überlegungen, berufliche Angelegenheiten, Deine Haltung, Dein Wissen und Deine mentale Kraft.

> **?** *Die Frage für die Erkenntniskarte lautet:*
> *Was brauche ich für meine Entwicklung in der mentalen Schicht (Geist)?*

2. DIE EMOTIONALE SCHICHT (Seelenkarte):

Hier erfährst Du was Dir momentan im seelischen Bereich fehlt. Es geht dabei um Deine Gefühle, Emotionen, Liebe, Zuneigung und um Deine Beziehungen zur Welt. Das können Familie, Partner, Freundschaften oder auch die Beziehung zu Dir selber sein.

> **?** *Die Frage für die Seelenkarte lautet:*
> *Was brauche ich für meine Entwicklung in der emotionalen Schicht (Seele)?*

3. Die STOFFLICHE SCHICHT (Körperkarte):

Hier erfährst Du was Dir momentan im materiellen Bereich fehlt. Es geht dabei um Deine Gesundheit und Deinen Körper. Aber auch Geld und der persönliche Besitz wie Haus, Wohnung, Auto... gehören in diesen Bereich.

> **?** *Die Frage für die Körperkarte lautet:*
> *Was brauche ich für meine Entwicklung in der stofflichen Schicht (Körper)?*

4. DIE SPIRITUELLE SCHICHT (Spiritkarte optional):

Hier erfährst Du was Dir momentan im spirituellen Bereich fehlt. Es geht dabei um Deine Göttlichkeit, die Verbindung zur Quelle, Deine Spiritualität, Dein Vertrauen in die Welt der Engel und die Anbindung an die Welt der geistigen Helfer.

> **?** *Die Frage für die Spiritkarte lautet:*
> *Was brauche ich für meine Entwicklung in der spirituellen Schicht (Spirit)?*

ANHANG
KOPIERVORLAGE SCHICHTBLICK

21-Tage-Plan SCHICHTBLICK
für_____ Datum:_____

GEZOGENE KARTE	WERKZEUG	ANWENDUNG 21 Tage*
MENTALE SCHICHT (Erkenntniskarte)	Edelsteinessenz Serie 33	3x täglich sprühen
	Affirmation:	3x täglich laut aussprechen oder in Kalender, auf Spiegel… schreiben
EMOTIONALE SCHICHT (Seelenkarte)	Edelsteinessenz Serie KRISTALL	Bei Bedarf sprühen
	Duft:	Duftlampe oder Körperanwendung
	Wasserstein:	Täglich 2 Liter trinken
STOFFLICHE SCHICHT (Körperkarte)	Edelsteinessenz Serie CHAKRA	Bei Bedarf sprühen
	Leitstein:	Tragen, umhängen
SPIRITUELLE SCHICHT (Spiritkarte)	Edelsteinessenz Serie MYSTIK	Abends vor dem Schlafengehen sprühen
	Symbol:	Auftragen oder visualisieren
	Steinseelchen:	Meditation

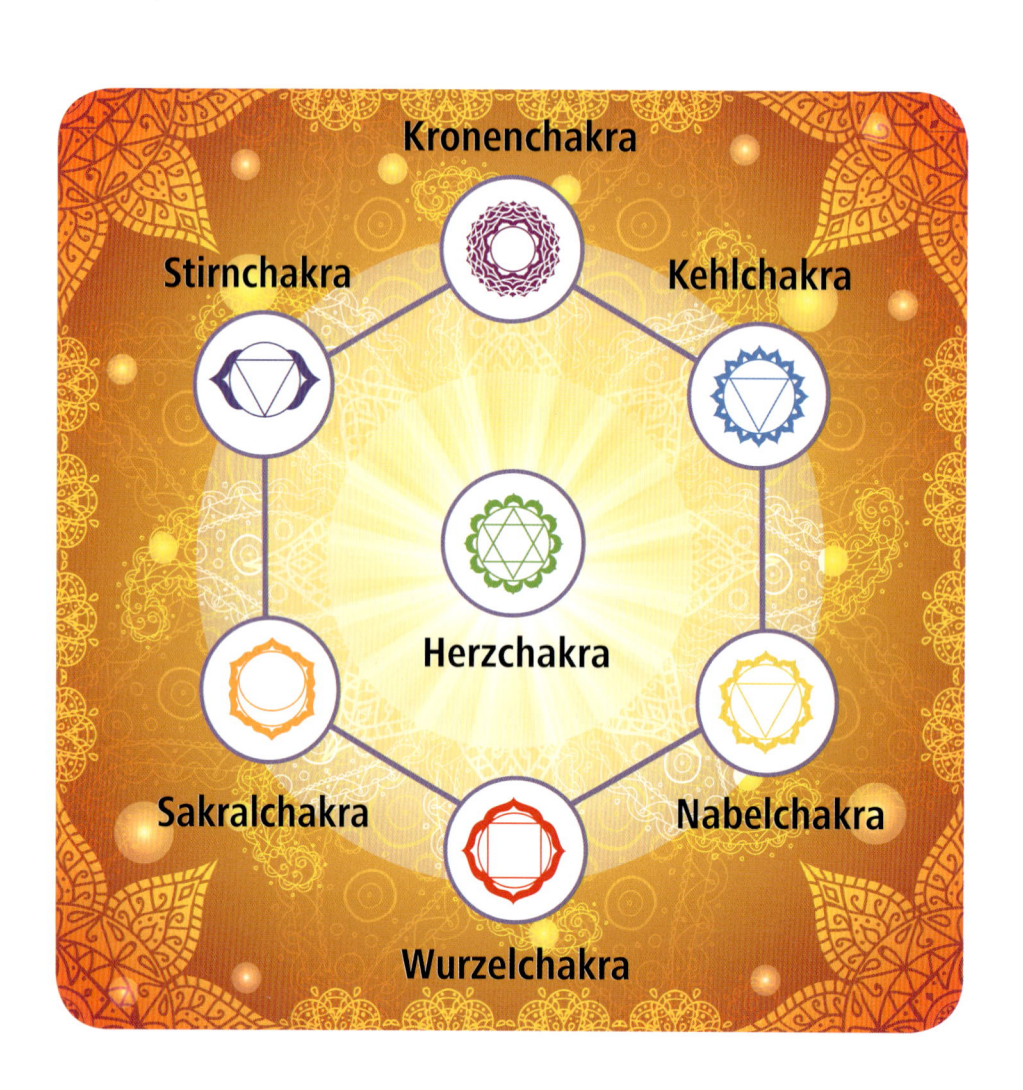

Kronenchakra

Stirnchakra Kehlchakra

Herzchakra

Sakralchakra Nabelchakra

Wurzelchakra

ANHANG
KOPIERVORLAGE CHAKRASONNE

Chakra	Thema	Hilfreiche Affirmation
Kronenchakra (Beziehung zu Gott)		
Stirnchakra (Beziehung zum Wissen)		
Kehlchakra (Beziehung zum Wort)		
Herzchakra (Beziehung zur Liebe)		
Nabelchakra (Beziehung zum Beruf/Ego)		
Sakralchakra (Beziehung zum DU)		
Wurzelchakra (Beziehung zum ICH)		

Die Firma / Der Verlag:

Engelalm-Lämmermeyer OG mit **Claudia und Walter Lämmermeyer** wurde als kleiner Familienbetrieb **2007** in Oberndorf gegründet. Das 80m² **Geschäft "DIE ENGELALM"** deckt seither den regionalen Bedarf an ausgewählten Bio, Fairtrade- wie auch Hildegard von Bingen Produkten. Viele naturheilkundliche Waren für den komplementären Gesundheitsbereich sowie spiritueller Fachbedarf runden das Sortiment ab. **2009** begannen sie mit der Entwicklung und händischen Herstellung von Edelsteinessenzen zum Sprühen – den **Engelalm Edelstein Essenzen**.

Dazu Claudia und Walter „*Wir haben ein Werkzeug entwickelt, das methodisch einfach funktioniert und den Menschen im Gesundungs- und Entwicklungsprozess in seiner Eigenverantwortung belässt. Wir entwickelten eine ganzheitliche Methode, die die Kräfte zum Glücklichsein und zur Selbstheilung aktiviert.*" 2011 kam dann das erste **Buch „Wirklich nur Zufall?"** heraus. Das zweite Buch **„SCHICHTBLICK"** mit dem Engelalm Orakelkarten (2013) ist die konsequente Weiterführung des Themas **Selbstheilung in Eigenverantwortung.**

Das Autorenpaar:

Walter Lämmermeyer:

In unserem Betrieb sind meine Hauptbereiche die **Herstellung** und der **Vertrieb**. Gemeinsam mit Claudia bringe ich unsere vielen Ideen in die Umsetzung. Für **Produktschulung** und die **Anliegen unserer KundInnen** nehme mir gerne Zeit. Meine Freizeit verbringe ich am liebsten mit meiner Frau in unserem Garten oder mit Freunden in den Bergen.

Claudia Lämmermeyer:

Ich bin vor allem für die **Produktentwicklung** zuständig sowie für alles, was **Texte** und **Schulungen** betrifft. Ich schreibe **Bücher, Pressetexte, Webseiten** oder **Schulungsunterlagen**. Ich liebe es in meiner „Kräuterhöhle" **Räucherungen** zu mischen und freue mich, wenn ich unseren **Kerzen** das grafische und energetische Finish geben darf. So ganz privat liebe ich meinen Mann, unser Zuhause mit Garten, die Musik und das Malen.

engelALM
... einfach für mich!

www.engelalm.eu – Der „kleine Großhandel"
www.engelalm.com – Kurse und Schulungen

Broschüre:
WENN DIR ETWAS FEHLT
Die Suche nach ganzheitlichen Antworten mit den Engelalm Orakel Karten
38 Seiten, 14,5x14,5
Softcover
ISBN 978-3-9503104-4-3
€ 3,90

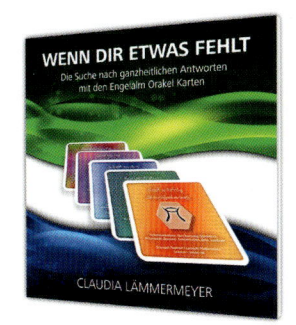

Buch:
SCHICHTBLICK
Die einfache Methode für Gesundheit und Freude im Leben
256 Seiten, 17x24
Hardcover
ISBN 978-3-9503104-2-9
€ 29,90

Orakelkarten:
33 Themen, 8 Erzengel, 7 Chakren
Engelalm Orakel Karten
50 Karten mit Anleitung
Im Organzasäckchen
ISBN 978-3-9503104-1-2
€ 14,90

ENGELALM AUS- UND FORTBILDUNGEN

Aus- und Weiterbildungen, Jahresgruppe, Intensivwoche, Einzelunterricht

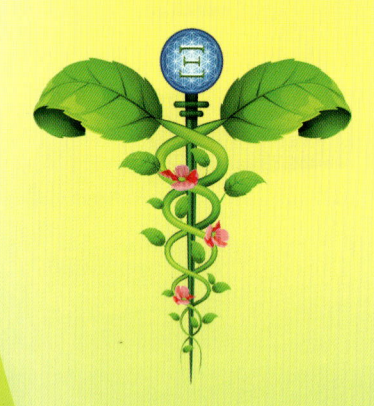

ZERT. ENGELALM ENERGETIK

- Heil sein – Heil werden
- Edelsteinessenzen
- Raumenergetik
- Edelsteine
- Aromatherapie
- Räucherkräuter
- Chakrenlehre

ANALYTISCHES TAROT

Hintergründe beleuchten – Perspektiven erkennen

ZERTIFIZIERTE/R EDELSTEIN-PRAKTIKERIN

Umfassende Edelstein-Ausbildung als Intensivwoche

- Steine spüren
- Sich in Steinen erkennen
- mit Steinen analysieren
- Fühlen und Glauben mit Steinen

Alle Kursinhalte werden sowohl als Jahresgruppe, Intensivwoche oder Einzelunterricht angeboten und sind abgestimmt auf das Berufsbild ENERGETIK

Leitung:
Claudia Lämmermeyer
www.engelalm.com

Der „kleine" Großhandel

engelALM
...einfach für mich!

Naturprodukte & Spirituelles

Bist du TherapeutIn oder HändlerIn und interessierst dich für den **Wiederverkauf** unserer Produkte? Wir freuen uns sehr über Deine Anfrage! **post@engelalm.eu**

www.engelalm.eu

Bezugsquellen für EndverbraucherInnen:
Als Großhändler und Hersteller unserer Produkte beliefern wir ausschließlich WiederverkäuferInnen. Unsere Produkte sind im gut sortierten Fachhandel erhältlich – Adressen auf unserer Webseite

Bildnachweise

S.02 © Shutterstock/nito, **S.05** © Shutterstock/Imfoto, **S.13** © Shutterstock/timothy passmore, **S.19** © Shutterstock/Michaela Stejskalova, **S.31** © Shutterstock/ChinellatoPhoto, **S.39** © Shutterstock/Marrius, **S.50** © Shutterstock/MongPro, **S.74** © Shutterstock/Kudryashka, **S.76** © Shutterstock/vlastas, S.151 Wikimedia Commons/Franz Eugen Köhler, Köhler's Medizinal-Pflanzen, **S.152** © Shutterstock/gyn9037, **S.155** © Shutterstock/picturepartners, **S.157** © Shutterstock/Neung Stocker Photography, **S.159** © Shutterstock/picturepartners, **S.159** © Shutterstock/Irina Solatges, **S.163** © Shutterstock/akkaradech, **S.165** © Shutterstock/Herbert Kratky, **S.167** © Shutterstock/Banprik, **S.169** © Shutterstock/marilyn barbone, **S.171** © Shutterstock/Aggie 11, **S.173** © Shutterstock/Madlen, **S.175** © Shutterstock/antpkr, **S.177** © Shutterstock/Volosina, **S.179** © Shutterstock/Alex Staroseltsev, **S.181** © Shutterstock/Mykhailo, **S.183** © Shutterstock/marilyn barbone, Shutterstock/Olga Miltsova, **S.185** © Shutterstock/Madlen, **S.187** © Shutterstock/Natalya Bidyukova, **S.189** © Shutterstock/Kesu, **S.191** © Shutterstock/Aleksey Klints, **S.193** © Shutterstock/jopelka, **S.195** © Shutterstock/marilyn barbone, **S.197** © Shutterstock/nanka, **S.199** © Wikipedia/Creative Commons/Mogano, **S.201** © Shutterstock/Madlen, **S.203** © Shutterstock/ANCH, **S.205** © Shutterstock/dabjola, **S.207** © Shutterstock/picturepartners, **S.209** © Shutterstock/Butterfly Hunter, **S.211** © Shutterstock/Katarina Christenson, **S.213** © Shutterstock/Imageman, **S.215** © Shutterstock/Peter Radacsi, **S.216/217** © Shutterstock/Seqoya, **S.218/219** © Shutterstock/Subbotina Anna, **S.220/221** © Shutterstock/Elena Elisseeva, **S.222/223** © Shutterstock/Maria Timofeeva, **S.224/225** © Shutterstock/jonson, **S.226/227** © Shutterstock/Zaneta Baranowska, **S.228/229** © Shutterstock/Subbotina Anna, **S.230/231** © Shutterstock/Katrina Leigh, **S.232-245** © Shutterstock/KeilaNeokow EliVokounova, **S.254** © Shutterstock/stockshoppe.

Quellenangaben:

Michael Gienger: Lexikon der Heilsteine, Steinheilkunde, Heilsteine-Taschenapotheke, Edelsteinwasser, Heilsteine der Hildegard von Bingen,
Andreas Gurh/Jörg Nagler: Mythos der Steine
Rolphe A. Grimaître: Edelstein Elixiere
Georgius Agricola: De Natura Fossilium – Handbuch der Mineralogie
Walter Schumann: Der große Steine- und Mineralienführer
Astrid Hess: Die Sprache der Edelsteine
Wighard Strehlow: Die Edelstein-Heilkunde der Hildegard von Bingen

Dr. Kurt Schnaubelt: Neue Aromatherapie – Gesundheit und Wohlbefinden durch ätherische Öle
Dr. med. Beate Rieder und Fred Wollner: Duftführer
Hanns Hatt/Regine Dee: Das Maiglöckchen-Phänomen
Primavera Life: Fachbuch der Aromatherapie Band I, Fachbuch der Aromakultur Band II - Beauty, Wellness & Home
Lydia Bosson: Die energetische Aromatherapie
Eliane Zimmermann: Aromatherapie
Susanne Fischer-Rizzi: Himmlische Düfte
Jeffrey Shaman, Melvin Kohn: „Absolute humidity modulates influenza survival, transmission and seasonality" Proceedings of the National Academy of Sciences (PNAS), Online-Publikation, www.pnas.org/cgi/doi/10.1073/pnas.0806852106

Masaru Emoto: Die Botschaft des Wassers
Heinricht Elijah Benedikt: Die Kabbala
Franz Immoos: Die Energie der Farbe"
http://gestaltung.wilhelm-ostwald-schule.de/wp-content/uploads/2010/04/bedeutung-der-farben.pdf
Joachim Sevenich: Chakra Vocal-Training
Thich Nhat Hanh: Schritte der Achtsamkeit, Ich pflanze ein Lächeln, Im Hier und Jetzt Zuhause sein,
Louise L.Hay: Heile Deinen Körper
Rüdiger Dahlke: Krankheit als Sprache Deiner Seele
Klaus Mirtitsch: Edelstein – Anwendungspraxis, Praxis der Energiearbeit
Dr.med. Wolfgang Bittscheidt: Vom Geist des Heilens – die Rückkehr der Ganzheit
Traude Bollig: Hildegard von Bingen – Die Heilkraft ihrer Symbole
Hajo Banzhaf: Symbolik und Bedeutung der Zahlen, Zwischen Himmel und Erde, Tarot und der Lebensweg des Menschen
Gottfried Hertzka: So heilt Gott
Claudia Lämmermeyer: Wirklich nur Zufall